film

100 IDEEN VERÄNDERN
FILM

David Parkinson

DUMONT

Einleitung	*6*
100 Ideen verändern Film	**8**
Glossar	*208*
Literaturhinweise	*211*
Index	*212*
Bildnachweis	*215*
Dank	*216*

Nr. 1	**LATERNA MAGICA**	*8*		Nr. 51	**STUDIOREALISMUS**	*108*
Nr. 2	**NACHBILDWIRKUNG**	*10*		Nr. 52	**B-MOVIES**	*110*
Nr. 3	**DAS KINETOSKOP**	*12*		Nr. 53	**FILMSERIEN**	*112*
Nr. 4	**DER CINÉMATOGRAPHE**	*14*		Nr. 54	**KURZFILME**	*114*
Nr. 5	**PROJEKTION**	*16*		Nr. 55	**ANIMATION**	*116*
Nr. 6	**TRICKFILME**	*18*		Nr. 56	**MODELLE**	*118*
Nr. 7	**GROSSAUFNAHMEN**	*20*		Nr. 57	**NEOREALISMUS**	*120*
Nr. 8	**OPTISCHE ÜBERGÄNGE**	*22*		Nr. 58	**RÜCKBLENDEN**	*122*
Nr. 9	**SUBJEKTIVE KAMERA**	*24*		Nr. 59	**OFF-TEXT**	*124*
Nr. 10	**KAMERAFAHRTEN**	*26*		Nr. 60	**FILM NOIR**	*126*
Nr. 11	**VERFOLGUNGSJAGDEN**	*28*		Nr. 61	**DIE SCHWARZE LISTE**	*128*
Nr. 12	**KONTINUITÄTSMONTAGE**	*30*		Nr. 62	**METHOD ACTING**	*130*
Nr. 13	**ANSCHLUSSSCHNITTE**	*32*		Nr. 63	**FERNSEHEN**	*132*
Nr. 14	**NICKELODEONS**	*34*		Nr. 64	**DAS NORMALFORMAT**	*134*
Nr. 15	**FILM D'ART**	*36*		Nr. 65	**FARBE**	*136*
Nr. 16	**SPIELFILME**	*38*		Nr. 66	**3-D**	*138*
Nr. 17	**FILMPALÄSTE**	*40*		Nr. 67	**KOPRODUKTION**	*140*
Nr. 18	**DREHBÜCHER**	*42*		Nr. 68	**MONUMENTALFILME**	*142*
Nr. 19	**IN-KAMERA-EFFEKTE**	*44*		Nr. 69	**EXPLOITATION**	*144*
Nr. 20	**SERIEN**	*46*		Nr. 70	**TRAILER**	*146*
Nr. 21	**SLAPSTICK**	*48*		Nr. 71	**SICHERHEITSFILM**	*148*
Nr. 22	**STUNTS**	*50*		Nr. 72	**DIE CINÉMATHÈQUE FRANÇAISE**	*150*
Nr. 23	**DAS STARSYSTEM**	*52*		Nr. 73	**CANNES**	*152*
Nr. 24	**HOLLYWOOD**	*54*		Nr. 74	**FILMKRITIK**	*154*
Nr. 25	**FILMMOGULN**	*56*		Nr. 75	**MISE EN SCÈNE**	*156*
Nr. 26	**BLOCKBUCHUNGEN**	*58*		Nr. 76	**DAS OFF**	*158*
Nr. 27	**DAS STUDIOSYSTEM**	*60*		Nr. 77	**DIE AUTEUR-THEORIE**	*160*
Nr. 28	**GENRES**	*62*		Nr. 78	**HANDKAMERA**	*162*
Nr. 29	**ERFOLGREICHE QUELLEN**	*64*		Nr. 79	**CINÉMA VÉRITÉ**	*164*
Nr. 30	**KINDERSTARS**	*66*		Nr. 80	**FREE CINEMA**	*166*
Nr. 31	**FANZEITSCHRIFTEN**	*68*		Nr. 81	**DAS DRITTE KINO**	*168*
Nr. 32	**DIE OSCARS**	*70*		Nr. 82	**ZOOM**	*170*
Nr. 33	**EINFARBIGKEIT**	*72*		Nr. 83	**ROADMOVIES**	*172*
Nr. 34	**RÜCKPROJEKTION**	*74*		Nr. 84	**BLAXPLOITATION**	*174*
Nr. 35	**KÜNSTLICHE BELEUCHTUNG**	*76*		Nr. 85	**PORNOGRAFIE**	*176*
Nr. 36	**EXPRESSIONISMUS**	*78*		Nr. 86	**FEMINISTISCHE FILMTHEORIE**	*178*
Nr. 37	**DIE NARRATIVE AVANTGARDE**	*80*		Nr. 87	**BLOCKBUSTER**	*180*
Nr. 38	**FILMHOCHSCHULEN**	*82*		Nr. 88	**MAKE-UP-EFFEKTE**	*182*
Nr. 39	**MONTAGE**	*84*		Nr. 89	**KINDERFILME**	*184*
Nr. 40	**TYPISIERUNG**	*86*		Nr. 90	**TEENIEFILME**	*186*
Nr. 41	**SURREALISMUS**	*88*		Nr. 91	**FORTSETZUNGEN**	*188*
Nr. 42	**EXPERIMENTALFILM**	*90*		Nr. 92	**NEUVERFILMUNGEN**	*190*
Nr. 43	**TON**	*92*		Nr. 93	**MULTIPLEXE**	*192*
Nr. 44	**FILMMUSIK**	*94*		Nr. 94	**VIDEO**	*194*
Nr. 45	**SYNCHRONISIERUNG**	*96*		Nr. 95	**HEIMUNTERHALTUNG**	*196*
Nr. 46	**UNTERTITEL**	*98*		Nr. 96	**US-INDEPENDENTFILME**	*198*
Nr. 47	**WOCHENSCHAUEN**	*100*		Nr. 97	**QUEER CINEMA**	*200*
Nr. 48	**ZENSUR**	*102*		Nr. 98	**HISTORIENFILME**	*202*
Nr. 49	**PROPAGANDA**	*104*		Nr. 99	**DIGITALE VIDEOTECHNIK**	*204*
Nr. 50	**POETISCHER REALISMUS**	*106*		Nr. 100	**COMPUTERGENERIERTE BILDER**	*206*

Einleitung

Wie diese alternative Kinogeschichte illustriert, ist „Film" ein sehr loser Begriff. Man kann ihn ebenso treffend auf die frühesten Kurzfilme der Stummfilmzeit wie auf die neuesten Filmereignisse anwenden, auf Zeichentrick- wie Dokumentarfilme, auf Serien wie Wochenschauen, auf Avantgardeexperimente wie pornografische Exploitationfilme. Trotzdem leiten sich all diese Variation des bewegten Bilds weitgehend aus eine Reihe von Kernideen ab, die festgelegt haben, wie Filme seit ungefähr 120 Jahren produziert, vertrieben, vorgeführt, konsumiert und bewertet werden. Ob Sie sich zum ersten Mal mit Film beschäftigen oder ob Sie zu den passionierten Cineasten gehören – Sie werden möglicherweise erstaunt sein, wie viele Ideen und Techniken der Kintopp mit den heutigen Blockbustern teilt.

Film wird oft als siebte Kunst bezeichnet. Verglichen mit Bildhauerei, Architektur, Malerei, Musik, Dichtung und Tanz steckt er noch in den Kinderschuhen. Aber seine Evolution verlief so schnell, dass nur wenige, die am 27. Dezember 1895 an der ersten Kinovorführung im Pariser Grand Café teilnahmen, die Verwandtschaft zwischen den einfachen, per Cinématographe projizierten Szenen und den Hollywoodspektakeln erkennen würden, deren Genreklischees und Computereffekte zurzeit die Zuschauer in aller Welt fesseln.

Niemand weiß, wer zum ersten Mal auf die Idee kam, bewegte Bilder zu erschaffen, und kein einzelner Mensch kann Anspruch darauf erheben, die Mittel zu ihrer Aufzeichnung oder Verbreitung erfunden zu haben. Lange bevor sich Louis und Auguste Lumière ihren Platz in der Filmgeschichte sicherten, waren Schriftsteller, Wissenschaftler und Unternehmer fasziniert von den künstlerischen und wirtschaftlichen Möglichkeiten von Bildern, die zur Unterhaltung und Erbauung zahlender Kunden das Leben zu kopieren schienen. Allerdings konnten all diejenigen, die Geräte wie die Laterna magica und optische Spielzeuge oder Begriffe wie die Nachbildwirkung entwickelten, nicht vorhersehen, dass das Kino die am leichtesten zugängliche, beliebteste und wohl sozial, politisch und kulturell bedeutsamste unter all diesen Kunstformen werden würde.

Dieses Buch unternimmt den Versuch, die wichtigsten Theorien, Techniken und Strategien zu identifizieren, die es dem Film ermöglichten, vom Beiprogramm zur Institution zu avancieren. Obwohl das Kino immer eine globale Dimension hatte, wurden die meisten seiner Ideen in Europa und den Vereinten Staaten ausgeheckt. Viele wurden erdacht, um technische oder kommerzielle Probleme zu lösen, andere wiederum versuchten, ästhetische oder dramatische Vorgaben zu erweitern. Insofern ist das Folgende ebenso sehr eine Chronologie von geschäftlichem Opportunismus und technischem Pragmatismus wie ein Loblied auf künstlerische Fähigkeiten, soziales Engagement und Showtalent. In der Tat wäre aus dem Film ohne den Rückhalt der Geldgeber, den Einfallsreichtum der Tüftler und das Eingreifen der Verwaltungsfachleute vielleicht nie mehr geworden als eine der vielen Kuriositäten des 19. Jahrhunderts.

Interessant ist es auch, darüber zu spekulieren, wie anders die Filmgeschichte verlaufen wäre, wenn der Erste Weltkrieg nicht zur Stilllegung der nationalen Filmbranchen in ganz Europa geführt hätte – er ermöglichte es der aufkeimenden Filmgemeinde von Hollywood, die Kontrolle über den Weltmarkt zu erlangen. In den ersten beiden Jahrzehnten des Kinos hatten Pioniere in Amerika, Frankreich, Großbritannien, Deutschland und Italien gleichermaßen entscheidende Beiträge zur Entwicklung der filmischen Erzählweise geleistet. Aber der Rest der Stummfilmzeit wurde vom Aufstieg des Hollywoodstudiosystems dominiert, das eine Fließbandmethode des Filmemachens pflegte und sich auf kassentaugliche Genres und Stars verließ. Es erlangte damit eine Vorherrschaft über das Weltkino, die es bis heute noch nicht abgetreten hat, trotz des Aufstiegs produktiver Rivalen in Indien (Bollywood) und Nigeria (Nollywood).

In der Tat trug das Geschäftsmodell von Hollywood ebenso stark wie die Qualität der inzwischen mit Ton versehenen Filme dazu bei, dass die Big-Five-Studios MGM, Paramount, Warner Brothers, Twentieth Century-Fox und RKO das Blockbuchungssystem und die Praxis der vertikalen Integration einführen konnten, die ihnen Vertriebswege für ihre Produkte garantierten und das amerikanische Kino die Weltwirtschaftskrise und den Zweiten Weltkrieg überstehen ließen. Allerdings konnte das Goldene Zeitalter nicht ewig dauern, und ein Zusammentreffen von Abwanderung in die Vorstädte, Kartellgesetzen, antikommunistischen Hexenjagden und Fernsehen brachte die Studios dazu, auf Farbe, Breitwand, 3-D und Stereoton zurückzugreifen, um den beinahe ruinösen Rückgang der Zuschauerzahlen in der Nachkriegszeit aufzuhalten.

Der Niedergang des Studiosystems fiel mit dem Wiedererstarken des europäischen Films zusammen. Nachdem Filmemacher aus kontinentaleuropäischen Ländern in der Stummfilmzeit die Konventionen des Hollywoodklassizismus in Frage gestellt hatten, war eine Phase der Stagnation gefolgt, in der autoritäre Regierungssysteme in ganz Europa die Redefreiheit einschränkten und die europäischen Filmbranchen mit Untertitelungs- und Synchronisierungsverfahren kämpften. Eine neue Entschlossenheit, das Leben wahrhaftig darzustellen, löste diese Verzagtheit ab und führte zum Aufkommen des Neorealismus im Italien der Nachkriegszeit. Aus einer französischen Rebellion gegen Hochglanzfilme mit literarischen Drehbüchern und üppigem Produktionsaufwand gingen bald danach die Auteur-Theorie und die Nouvelle-Vague-Bewegungen hervor, die nicht nur die europäische und amerikanische Filmszene veränderten, sondern auch den Aufstieg des Dritten Kinos auslösten, das den Film endlich zu einem wahrhaft globalen Medium werden ließ.

Europa spielte auch für das Aufkommen von Filmhochschulen, Museen, Archiven und Festivals eine große Rolle. Aber von den frühen 1970er Jahren an kamen die großen Filmideen vorwiegend aus den geschäftlichen und technischen Bereichen. Die multinationalen Mischkonzerne, die ab Anfang der 1960er die Hollywoodstudios aufkauften, erkannten junge Leute als neue Zielgruppe und fingen an, Science-Fiction-, Fantasy- und Abenteuerblockbuster zu produzieren, die mit modernsten Effekten gespickt und von massiven Werbe- und Merchandisingkampagnen gestützt wurden, um die Zuschauer in die modernen Multiplexe zu locken.

Einige Kritiker haben daraufhin eine Infantilisierung des amerikanischen Mainstreamkinos diagnostiziert. Sie beklagen die synergiebedingte Abhängigkeit von erfolgreichen Quellen, Fortsetzungen und Neuverfilmungen, die seine Originalität untergraben hat. Aber die zunehmende Macht von Hollywoods Konzernen hat auch eine Gegenreaktion unabhängiger Regisseure provoziert. Ihre von den Exploitationaußenseitern der 1950er und 1960er inspirierte Bereitschaft, sich an Themen heranzuwagen, vor denen die Studios zurückschrecken, hat weiblichen, afroamerikanischen und schwul-lesbischen Filmemachern erlaubt, ihren Platz neben Filmen aus dem Ausland zu finden.

Es ist unmöglich vorherzusagen, wo der Film in einem Jahrzehnt stehen wird. Die Revolution im Bereich der Spiele hat Gerüchte darüber entfacht, dass die Interaktivität das Ende des Kinobesuchs als Gemeinschaftsvergnügen bedeuten könnte. Aber selbst wenn sich der Film in erlebnisorientierte und intellektuelle Formate aufspalten sollte, werden doch viele der hier diskutierten Ideen relevant bleiben. Denn die Grundlagen von filmischem Inhalt und Form sind über die letzten 100 Jahre im Wesentlichen beständig geblieben. Stile, Techniken und Verfahren mögen kommen und gehen. Aber Filme spielen weiterhin mit universellen Gefühlen, und es bleibt zu hoffen, dass sie ihre Zuschauer noch lange herausfordern, bezaubern und trösten werden, egal ob sie den Alltag widerspiegeln oder eine Flucht vor ihm anbieten.

Illusionen vorführen, zum Eskapismus verführen

IDEE NR. 1
LATERNA MAGICA

Diese optischen Laternen enthielten bereits die Hauptbestandteile späterer Filmprojektoren: eine Lichtquelle, einen Mechanismus zum Transport der Bilder durch ein lichtundurchlässiges Gehäuse und Linsen, welche die Bilder bündelten und auf eine entfernte Leinwand projizierten. Als frühe Form der Massenunterhaltung nahmen diese Laternen auch die erzählerischen Experimente späterer Filmemacher vorweg.

Laterna magica mit Einfachlinse, hergestellt in den späten 1880er Jahren von Archer & Sons, Liverpool

Die Namen Christiaan Huygens, Athanasius Kircher und Thomas Walgenstein werden selbst passionierten Cineasten wenig sagen. Aber diese Wissenschaftler spielten im 17. Jahrhundert eine wichtige Rolle bei der Entwicklung der Laterna magica – einer frühen Form des Projektors, mit dem anonyme Vorführer aus Savoyen und der Auvergne von den frühen 1700er bis in die späten 1860er Jahre Könige und Bürger in ganz Europas erstaunten. Obwohl diese Darbietungen die Zuschauer auf die Bildprojektion als Form der Gemeinschaftsunterhaltung vorbereiteten, blieb es späteren Innovatoren wie Henry Langdon Childe und Abbé Moigno überlassen, die Erzähltechniken zu entwickeln, die schließlich die ersten bewegten Bilder prägten.

Attraktionen wie Étienne-Gaspard Roberts Phantasmagoria in Paris (1798–1837) und die Vorführungen der Royal Polytechnic Institution in London (1838–81) erreichten eine erstaunliche Raffinesse. Die Komplexität und das künstlerische Niveau der farbigen Laternenspektakel war um 1895 so hoch, dass viele die ersten Schwarz-Weiß-Filme als vergleichsweise grob und unrealistisch empfanden. Immerhin hatten Laternisten seit den 1860ern Glasdiapositive projiziert. Die ersten solcher Dias waren simple Einzelabbildungen, aber mit der Verfeinerung der Technik wurden sie in Serien oder Streifen hergestellt. Sie erzählten Geschichten aller Art in lückenhafter Form, die oft Untertitel, Erläuterungen oder begleitende Balladen erforderte. Einige sprangen sogar zwischen parallelen Handlungssträngen, die an verschiedenen Orten spielten, hin und her.

Die Laternenbilder sollten bilden und unterhalten; sie schwankten zwischen Realismus und Romantik, Fakten und Phantasie und konnten komisch, inspirierend, schockierend und gelegentlich pornografisch sein. Die meisten Dias wurden von Hand bemalt (was dazu führte, dass auch die frühesten Filme koloriert wurden). Einige waren mit Drehachsen, Zugmechanismen oder Hebeln ausgestattet, die für Bewegung innerhalb des Bilds sorgten. Die Verwendung mehrerer Laternen oder Linsen machte es den Vorführern möglich, Traumszenen, Verwandlungen, Auswechslungen und plötzliches Verschwinden oder Erscheinen einzubauen sowie Ansichten aufzulösen oder auszublenden. Außerdem konnten auf Fahrgestellen befestigte Laternen Motive vergrößern oder verkleinern – eine Vorwegnahme der späteren Totalen, Halbnah- und Nahaufnahmen des Kinos.

Sogenannte Lebensräder (zwei gegenläufig rotierende Scheiben mit Bildfolgen) und Choreutoskopstreifen vermittelten den Eindruck ununterbrochener Bewegung, während Chromatrop und Cycloidotrop wechselnde Formen und Farben produzierten – Vorboten der Sorgfalt, die spätere Experimentalfilmer auf Form, Textur und Rhythmus verwendeten. Außerdem war die Kombination aus festen Hintergrunddias und beweglichen Elementen ein Vorläufer der Folienanimation. Paul Philipstal und Robert (auch Robertson genannt) warfen als Pioniere der Rückprojektion in den ersten Gruselhorrorshows geisterhafte Bilder auf Gazeleinwände und Rauchwolken.

Eadweard Muybridge, Émile Reynaud und Georges Méliès gehörten zu den vielen Filmemachern, die sich von der Laterna magica inspirieren ließen. Aber ihr wichtigstes Vermächtnis liegt darin, dass sie den ungebildeten Massen eine kurze Verschnaufpause vom mühseligen Leben bot – diese populäre Form des Eskapismus machten sich auch die ersten Kinobetreiber zunutze, deren Wanderdasein in den reisenden Kinos weiterlebt, die bis heute Zuschauer in entlegenen Teilen Afrikas und Asiens bezaubern. ■

„Die Laternenbilder sollten bilden und unterhalten ... konnten komisch, inspirierend, schockierend und gelegentlich pornografisch sein."

Bilder aus einer Serie von 24 Glasdias auf der Grundlage von Sir John Tenniels Originalzeichnungen für Alice im Wunderland *(1865)*

OBEN: *Bewegungsstudien von Eadweard Muybridge, veröffentlicht in* Animal Locomotion *(1887)*

UNTEN: *Diese Folge von Pferdeszenen, ebenfalls von Muybridge, wurde mithilfe eines Zoopraxiskops unter dem Titel* **Sallie Gardner at a gallop** *vorgeführt (1878).*

Mal siehst du es, mal siehst du es ... immer noch

IDEE NR. 2
NACHBILDWIRKUNG

OBEN: *Diese Disque Magique aus den 1840ern ist eine Variation des Phenakistoskops, das die Nachbildwirkung dazu nutzte, die Illusion bewegter Bilder zu schaffen.*

UNTEN: *Werbeplakat von Jules Cheret mit einer Szene aus* Pauvre Pierrot *von 1892, einem Animationsstück von Émile Reynauds Théâtre Optique*

In dem Jahrhundert vor der ersten Bildprojektion – und noch in den Jahrzehnten danach – glaubte man, eine schnelle Abfolge unbewegter Bilder könne, dank des Phänomens der Nachbildwirkung, als einheitliche, kontinuierliche Bewegung wahrgenommen werden. Zahlreiche Naturwissenschaftler und Psychologen haben dieses Konzept seither in Zweifel gezogen, aber es löst weiterhin Debatten aus.

Der römische Dichter Lucrez beschrieb die Nachbildwirkung zum ersten Mal in *De rerum natura* (65 v. Chr.). Der irische Mathematiker Chevalier Patrick D'Arcy demonstrierte sie 1765 in einem Experiment mit einer rotierenden glühenden Kohle. Und Peter Mark Roget (berühmt für sein Wörterbuch *Thesaurus of english words and phrases*, 1852) formulierte 1824 die Theorie, dass ein Bild flüchtig auf der Netzhaut nachwirkt, wenn es schon aus dem Blickfeld verschwunden ist. Damit inspirierte er eine Reihe optischer Spielzeuge, die aus statischen Illustrationen eine Bewegungsillusion schufen. Die Aktivitäten der Bewegungsspezialisten Eadweard Muybridge und Étienne-Jules Marey führten in den 1880ern zur Entwicklung der Chronofotografie, die von Thomas Edison und den Brüdern Auguste und Louis Lumière für ihre Kinetograph- und Cinématographegeräte übernommen und verfeinert wurde, die beide anscheinend auf der Nachbildwirkung beruhten.

Nachdem die Vorgänge beim Aufnehmen und Projizieren bewegter Bilder sich von den 1890ern bis zum Digitalzeitalter kaum verändert haben, ist die Bedeutung dieser wahrnehmungspsychologischen Fehlkonzeption kaum zu überschätzen. Trotzdem verwirren die tatsächlichen neurologischen und kognitiven Vorgänge, die zur Wahrnehmung intermittierender Bewegung gehörten, die Psychologie bis heute.

Als isoliertes Phänomen scheint die Nachbildwirkung eine unhaltbare Hypothese zu sein, denn Zuschauer sehen Filme als geschmeidige Bewegung, nicht als Abfolge von Standbildern. Mehr Sinn ergibt sie in Verbindung mit dem „Phi-Phänomen" oder Stroboskopeffekt, den der Gestaltpsychologe Max Wertheimer in seinem Aufsatz „Experimentelle Studien über das Sehen von Bewegung" (1912) enthüllte: Er erklärt, warum die einzelnen Lamellen eines rotierenden Ventilators als eine einzige runde Form erscheinen.

Während das Phi-Phänomen Bewegung zwischen Einzelbildern bei optimalen Projektionsgeschwindigkeiten von 12 bis 24 Bildern pro Sekunde erzeugt, verhindert die Nachbildwirkung, dass die Zuschauer die dunklen Zwischenräume zwischen den Einzelbildern sehen, indem sie „Flimmerverschmelzung" verursacht – der Projektionsstrahl wird dafür mit einer Frequenz von bis zu 50 Mal pro Sekunde unterbrochen. Allerdings lehnen andere Experten diese Theorie ab und befürworten das Konzept der „Scheinbewegung". Es unterstellt, dass bestimmte, für Bewegungsanalysen zuständige Zellen in Auge und Gehirn durch Stimuli, die Bewegung ähneln, dazu überlistet werden können, falsche Signale zu senden.

Wo auch immer die Wahrheit liegt – um Flimmern zu verhindern, muss der rotierende Verschluss im Inneren des Projektors jedes Bild zweimal auf der Leinwand aufblitzen lassen. Wenn wir einen Film anschauen, verbringen wir insofern die Hälfte der Zeit damit, eine optische Täuschung anzustarren. ■

Edisons Präprojektionsschöpfung

Kunden zahlten 25 Cent, um Filme im Kinetoskopsalon der Brüder Holland zu sehen, das im April 1894 am Broadway in New York eröffnet wurde.

IDEE NR. 3
DAS KINETOSKOP

Dieses frühe Gerät zum Vorführen bewegter Bilder – Zuschauer betrachteten Filme jeweils alleine durch ein Guckloch im Gehäuse des Kinetoskops – ist oft als eine der Sackgassen des Kinos gesehen worden. Aber obwohl es im Dezember 1895 von der Projektionstechnik abgelöst wurde, hat das Kinetoskop eine Schlüsselrolle für die technische, industrielle, ästhetische und kommerzielle Entwicklung des Mediums gespielt.

Thomas Edison hatte den Einfall, ein „Instrument, das für das Auge tut, was der Phonograph für das Ohr getan hat" zu erschaffen, bevor er im Februar 1888 Eadweard Muybridge kennenlernte, den Pionier der Serienfotografie. Aber nachdem er schon eine Patentanmeldung für das Kinetoskop eingereicht hatte, vertraute er das Projekt William Kennedy Laurie Dickson an, der einige Testaufnahmen mit John Carbutts beschichtetem Zelluloid machte. Edison selbst widerum brachte neue Anregungen ein, nachdem er bei der Pariser Weltausstellung von 1889 Étienne-Jules Marey kennengelernt hatte. Die Idee der Unterbrechungen zur Nutzung der Nachbildwirkung und die der gelochten Filmstreifen stammten allerdings aus dem Elektrotachyskop von Ottomar Anschütz beziehungsweise dem Théâtre Optique von Émile Reynaud.

1889 stieg Dickson auf George Eastmans 35-mm-Zelluloidfilmstreifen um und entwickelte den Prototypen der Kinetographkamera. Eine Delegation des nationalen Verbands der Frauenklubs probierte das Kinetoskop im Mai 1891 zum ersten Mal aus. Aber erst im Mai 1893 wurde die *Blacksmith Scene* im Brooklyn Institute of Arts and Sciences der Öffentlichkeit vorgeführt, und im April 1894 eröffneten die Brüder Holland den ersten Kinetoskopsalon am Broadway in New York.

Dickson und sein Assistent William Heise stellten ihre 20 bis 40 Sekunden langen „Kinetoscopics" im ersten Filmstudio, der sogenannten Black Maria, her und *Fred Ott's Sneeze* (1894) wurde die erste Filmkomödie. Aufnahmen des Kraftsportlers Eugene Sandow, der Tänzerin Annabelle Moore und der Scharfschützen Annie Oakley und Buffalo Bill Cody verbanden die bewegten Bilder mit andere populären Unterhaltungsformen. Wie seine Konkurrenten nahm auch Edison Sportereignisse auf. Ein von der Familie Latham ausgerichteter Boxwettkampf löste die Erfindung der Latham-Schlaufe aus, die längere Filme möglich machte. Die Lathams setzten auch den ersten Starvertrag auf, als sie den Schwergewichtsboxer Gentleman Jim Corbett 1894 exklusiv verpflichteten – im gleichen Jahr, in dem die Bedenken von

OBEN: *Das Innere von Thomas Edisons Kinetoscope, Phonograph and Graphophone Arcade, die Peter Bacigalupi in der Market Street 946 in San Francisco führte.*

UNTEN: *Für 637,67 Dollar auf dem Gelände von Edisons West Orange Labor errichtet, war die Black Maria das erste speziell für diesen Zweck erbaute Filmstudio.*

Senator James A. Bradley gegen eine Aufnahme der strumpfbekleideten Fesseln der Tänzerin Carmencita zur ersten Leinwandzensur führten.

Die Brüder Lumière und Robert W. Paul gehörten zu den vielen Europäern, die sich vom Kinetoskop inspirieren ließen. Edison musste teuer dafür bezahlen, dass er versäumt hatte, sich internationale Patente zu sichern. Die strikte Durchsetzung seiner nationalen Schutzrechte dagegen führte zu den Patent- und Kartellkriegen (siehe Spielfilme), die in Hollywood entscheidend die Struktur der Filmindustrie (deren wichtigste Protagonisten Kinetoskopsalons betrieben hatten) prägen sollten.

Bis 1914 tüftelte Edison weiter an Kinetoskopprojektionen. Zu jener Zeit wurde das US-Kino von David Wark Griffith dominiert, der bei der American Mutoscope and Biograph Company dazu beigetragen hatte, den Ausdruck des Films zu verfeinern. Auch Dickinson hatte dort angefangen, nachdem er verbittert aus Edisons Unternehmen ausgestiegen war. Edison aber hing dem Irrglauben an, dass Filme eher von Technikern als von Künstlern hergestellt werden sollten. Trotzdem lebt das Erbe des Kinetoskops bis heute weiter: im Betrachten von Filmen im Fernsehen, auf Video, Computern und Mobiltelefonen. ■

Plakat von Henri Brispot, das die klassenübergreifende Anziehungskraft des Cinématographen demonstrieren sollte (1896)

Der Kintopp erwacht zum Leben

OBEN: *Marcellin Auzolles klassisches Plakat für* L'Arroseur arrosé *(1895)*

UNTEN: *Der schelmische Benoît Duval verpasst dem Gärtner François Clerc eine Dusche – über die gleiche Szene amüsiert sich das Publikum auf dem Filmplakat (oben).*

IDEE NR. 4
DER CINÉMATOGRAPHE

Dieses Hybridgerät aus Kamera, Drucker und Projektor nimmt in der Geschichte der Lichtspiele eine einmalige Stelle ein, denn es ermöglichte das Ereignis, das als die Geburtsstunde des Kinos bezeichnet worden ist: die Vorführung von zehn Filmen der Brüder Auguste und Louis Lumière vor zahlendem Publikum im Pariser Grand Café am 28. Dezember 1895.

35 Kunden bezahlten je einen Franc, um an der ersten Vorführung teilzunehmen. Bald verkauften die Lumières 7000 Eintrittskarten pro Woche und der Kintopp wurde zum Renner. Der Erfolg der Lumières markiert das Ende des Erfinderzeitalters. Allerdings haben Thomas Edisons Kinetograph und der Kinetoskopguckkasten, das Wettrennen um die Projektion ausgelöst.

Mit einem Prototypen des Cinématographen gefilmt, war *La sortie des usines Lumière* (1895) die erste Filmaufnahme, die speziell für die Projektion vorgesehen war. Sie wurde bei einer Privatvorführung am 22. März 1895 erstmals gezeigt. Indem er den kompositorischen Stil der zeitgenössischen Fotografie nachahmte, löste Louis Lumière den Trend zur Aufzeichnung von Alltagsereignissen aus, der sich bis in die frühen 1900er Jahre halten sollte. Tatsächlich machte das geringe Gewicht der Kamera Außenaufnahmen und somit für *L'arrivée d'un train à La Ciotat* (1896) eine geeignete Platzierung möglich, um die kinetische Kraft der näherkommenden Lokomotive effektiv einzufangen. Und auch das Off konnte jetzt auf innovative Weise eingesetzt werden, indem Figuren aus dem Bereich hinter der Kamera ins Bild traten. Lumière produzierte auch die erste Filmkomödie, *L'Arroseur arrosé* (1895), in der ein Junge einen Gärtner mit dessen eigenem Schlauch nass spritzt.

Viele der frühen Lumière-Werke wie *Repas de bébé* (1895) waren aber im Grunde Heimkino, und es blieb den weltweit ausgesandten Mitarbeitern überlassen, die Aufnahmetechniken zu verfeinern. In fast jedem Land fand die erste Filmvorführung mit einem Cinématographen statt, und Mitarbeiter wie Alexandre Promio lockten Neugierige an, indem sie Aufnahmen lokaler Sehenswürdigkeiten machten. Die so entstandenen Filme wurden später in Europa als Reisedokumentationen vermarktet.

Der Cinématographe entlehnte seinen Namen von einer fehlerbehafteten, von Léon-Guillaume Bouly patentierten Filmkamera. Die Brüder Lumière und der Ingenieur Jules Carpentier perfektionierten das Gerät und entwickelten so die Grundlage für die Aufnahme und Projektion von Filmen, die mehrere Jahrzehnte lang weitgehend unverändert bleiben sollte. Der Cinématographe arbeitete mit 16 Bildern pro Sekunde, was die Norm blieb, bis der Ton einen Wechsel zu 24 Bildern pro Sekunde erzwang. Beliebte Kamerafabrikate wie die Pathé Professional (1905), die Arriflex (1937) und die Éclair Cameflex (1948) übernahmen seinen Antriebsmechanismus, der einen Negativfilmstreifen mit Unterbrechungen von einer Filmrolle zu einer Linse und einer Öffnung transportierte, wo er angehalten wurde, bis ein Verschluss sich öffnete und Licht einließ, das vom Aufnahmeobjekt gebündelt durch eine Linse fiel und mit einer chemischen Emulsion auf der Zelluloidoberfläche fixiert wurde.

Louis Lumière stellte im Jahr 1900 die Produktion ein und widmete sich von da an mit ganze Tatkraft der Entwicklung von Breitwand-, Farb- und Stereotechniken. Eine Chance ließ er sich allerdings entgehen, als er ein 10 000-Franc-Angebot für einen Cinématographen von einem Mitglied seines Premierenpublikums von 1895 ausschlug – der fragliche Zuschauer, der Zauberer Georges Méliès, sollte der erste kommerziell erfolgreiche Erzählkünstler des Kinos werden. ■

Auf dem Weg zur überlebensgroßen Gemeinschaftserfahrung

IDEE NR. 5
PROJEKTION

Die Faszination für Formen, die das Licht wirft, ist älter als die Schatten aus Platons Höhlengleichnis. Obwohl erst gegen Ende des 19. Jahrhunderts endlich bewegliche Bilder auf einer Leinwand flimmerten, wurden in allen Phasen der Vorgeschichte des Kinos Maschinen und Techniken erfunden, die auf ein Massenpublikum zielten.

GANZ OBEN: *Projizierte Wirklichkeit: Louis Lumières* L'arrivée d'un train à La Ciotat *(1896)*

OBEN: *Robert Donat in der Filmbiografie* Der wunderbare Flimmerkasten *(1951), die William Friese-Greene als Erfinder des ersten funktionierenden Kameraprojektors zeigt*

Schon 1420 enthielt Giovanni da Fontanas *Bellicorum Instrumentorum Liber* eine Illustration, die andeutete, wie man eine Laterne dazu verwenden könnte, feindliche Truppen in Schrecken zu versetzen – indem man dämonische Bilder in die Luft warf. Mitte des 19. Jahrhunderts versuchten T. W. Naylor und Franz von Uchatius, Bilder aus optischen Spielzeugen zu projizieren, während Henry Heyl, Thomas Ross, Eadweard Muybridge und Ottomar Anschütz versuchten, bewegte Bilder aus gestellten oder von Hand kopierten Fotografien zu projizieren. Obwohl er die Kinematografie perfektioniert hatte, schaffte es Thomas Edison nicht, den kommerziellen und sozialen Nutzen der Filmprojektion zu erkennen. Der Preis, den er dafür bezahlte, war, dass seine Kinetoskopguckkästen von Nickelodeons verdrängt wurden, in denen städtische Zuschauer aller Altersstufen, Klassen und ethnischen Gruppen die Grundlagen der Leinwanderzählung kennenlernten.

Die berühmte Anekdote, in der sich die Zuschauer während einer Vorführung von *L'arrivée d'un train à La Ciotat* ängstlich zu Boden werfen, ist mit Sicherheit nicht authentisch. Sie ist aber auch nicht so weit hergeholt, wie man annehmen könnte, denn die meisten Filmpioniere nutzten das Staunen des Publikums, um zu verblüffen, zu erfreuen und zu beunruhigen. Diese Begeisterung für Gemeinschaftserlebnisse erklärt den Erfolg der Samstagsmatineen, der spätabendlichen Doppelvorführungen von Thrillern und Horrorfilmen und der Musicals zum Mitsingen wie *Meine Lieder, meine Träume* (1965) und *Grease* (1978).

Die Projektion trug dazu bei, das Kino zum sozial akzeptierten Zeitvertreib zu machen. Um die Nachfrage zu decken, wurde der Produktionsprozess industrialisiert und es entstanden verschiedene Genres, die den Geschmack des Publikums prägten und das Risiko von Misserfolgen reduzierten. Außerdem wurden neue Techniken und Erzählstrategien entwickelt, um das Bedürfnis der Zuschauer nach Neuem und Spektakulärem zu stillen. Aber populäre Unterhaltung konnte auch als Form sozialer Kontrolle dienen. Die Zensur unterdrückte bestimmte Ideen, während sie andere unterstützte, die den Geldgebern der Studios oder denen, die staatliche Mittel bereitstellten, zuträglich waren. Dies erwies sich vor allem in Zeiten nationaler Not als nützlich, denn die Propaganda in Spielfilmen, Dokumentationen, Wochenschauen und kurzen Lehrfilmen erreichte garantiert die größtmögliche Zuschauerschaft.

Allerdings sanken die Zuschauerzahlen in der Zeit nach dem Zweiten Weltkrieg durch die Konkurrenz anderer Freizeitaktivitäten wie dem Fernsehen scharf ab. Aber obwohl die Studios schließlich ihre Filme für die Übertragung an Haushalte verkauften, investierten sie Anfang der 1950er Jahre große Beträge in Breitwand-, Farb- und Stereotechnologien, um die Menschen aus ihren Wohnzimmern herauszulocken. In Hollywood experimentierte man auch mit 3-D, Autokinos und Exploitationfilmen, um die jüngere Generation zu ködern. Der große Wert, der darauf gelegt wurde, Jugendliche durch Eventmovies voller Spezialeffekte in Multiplexe mit riesigen Leinwänden zu locken, trägt seit Mitte der 1970er Jahre das Zeitalter der Blockbuster.

Trotz des Einsatzes digitaler Techniken hat sich die Projektionstechnik seit 1895 wenig verändert. Allerdings bleibt abzuwarten, welchen Einfluss die Einführung des interaktiven Kinos, über die seit langem spekuliert wird, auf die traditionelle Gemeinschaftserfahrung haben wird. ∎

Die Hügel leben: Julie Andrews in dem Film **Meine Lieder, meine Träume** *(1965), der bei speziellen Mitsingvorführungen zum Kultfilm der Zuschauer wurde*

Ein Streich mit Pfeffer stürzt in Lewin Fitzhamons populärer Trickkomödie **That Fatal Sneeze** *(1907) eine ganze Stadt ins Chaos.*

Das Kino öffnet die Trickkiste

IDEE NR. 6
TRICKFILME

Der Trickfilm markiert den Beginn der Spezialeffekte – er weckte die Phantasie des Publikums, als der anfängliche Neuigkeitswert der bewegten Bilder zu verblassen begann. Darüber hinaus konnten Filmemacher anhand der magischen Verwandlungen, die er möglich machte, die publikumswirksamen Techniken entwickeln, die für das kommerzielle Erzählkino entscheidend werden sollten.

GANZ OBEN: *Trickszene, in der ein Auto in dem von Robert W. Paul produzierten Film* The '?' Motorist *(1906) nach einer Rundfahrt um den Saturn zur Erde zurückkehrt*

OBEN: *Erfindungsgabe und ein wunderbarer Detailblick vereinen sich in Georges Méliès' Phantasie* Die Reise zum Mond *(1902), einem Pionierfilm der Science-Fiction.*

Die ersten Kintoppfilme waren Szenen aus dem Alltagsleben, Berichte über Reisen, Sportereignisse und Prominente aus dem Showbusiness und Rekonstruktionen historischer und aktueller Ereignisse. Wenn man in Betracht zieht, wie viele Zauberer zu den Filmpionieren gehörten, waren Trickfilme allerdings fast unvermeidlich. Die französischen Geschwister Émile und Vincent Isola, die Briten David Devant und John Nevill Maskelyne sowie die Amerikaner Billy Bitzer und James Stuart Blackton experimentierten mit Stopptricks, Filmtransportgeschwindigkeiten und Kameraeffekten wie Masken und Mehrfachbelichtungen. Aber der Meister der Trickfilme war der ehemalige Bühnenzauberer Georges Méliès.

Méliès behauptete zwar, er sei zufällig auf das Trickpotential des Kinos gestoßen, als seine Kamera klemmte, während er 1896 auf der Place de l'Opéra filmte, in Wirklichkeit aber war diese Technik, bei der die Kamera angehalten wird und einige Objekte für den Trickeffekt ausgetauscht werden, ein Jahr zuvor für Edisons The Execution of Mary, Queen of Scots entwickelt worden. Egal, wo die Ursprünge der Technik liegen, sie passte zu Méliès' stilistischer Fingerfertigkeit bei den „scènes à trucs" (Verwandlungsszenen) wie in *Escamotage d'une dame au théâtre Robert Houdin* (1896) und *L'homme-orchestre* (1900). In diesen Filmen wurden Figuren mit illusionistischem Schwung zum Verschwinden gebracht oder verdoppelt. Méliès verbeugte sich oft und gestikulierte zu den Zuschauern hin, um sicherzustellen, dass sie keinen seiner genialen Einfälle verpassten.

In ähnlicher Weise wärmte Méliès alte Bühnenerfolge für *La lune à un mètre* (1898) auf, den Vorläufer von „féeries" (Märchenfilmen) wie *Cendrillon* (1899) und Phantastischem wie *Die Reise zum Mond* (1902). Dieser Film durchbrach die Neigung des jungen Mediums, sich auf etwas zu verlassen, was der Kritiker André Gaudreault „monstration" (Vorführung) genannt hat, und verwandelte es in ein exhibitionistisches „Kino der Attraktionen". Nach Auffassung des Filmwissenschaftlers Tom Gunning folgte es dem Vorbild von Jahrmärkten, Zirkus und Varieté, indem es Spektakel und Überraschungen dazu einsetzte, seine Zuhörer zu verführen, zu fesseln, zu schockieren und zu erfreuen.

Märchenstücke waren eine althergebrachte Theatertradition in Frankreich, und Filmmärchen wurden immer frontal vor gemalten Hintergründen aufgenommen. Viele wurden allerdings mit per Schablone aufgetragener Farbe aufgebessert und endeten mit einem extravaganten, großartigen Finale. Aber obwohl Filme wie beispielsweise David Wark Griffiths *Aladin* (1906) mehr Wert auf Pomp als auf Handlungslogik und Charaktere legten, zeigten sie doch den Versuch, Drama und Darstellung zu vereinen. Und allmählich lernten Regisseure, Spezialeffekte in ihre Handlungsstränge einzubauen, wie Griffith, der sein Handwerk als Schauspieler in Trickfilmen wie *The Sculptor's Nightmare* (1908) erlernt hatte.

Trotz der Beliebtheit von Filmen wie Edwin S. Porters *Dream of a Rarebit Fiend* (1906) konnte Amerika mit europäischen Trickkünstlern wie Segundo de Chomón und Cecil Hepworth nicht mithalten. Hepworth rief mit *How it Feels to Be Run Over* (1900) ein Sensationskino ins Leben, mit einem exzentrischem Humor, der Slapstick und Surrealismus vorwegnahm. Zu dem Zeitpunkt, als Méliès *Die Entdeckung des Nordpols* (1912) herausbrachte, waren Trickfilme passé. Aber die Betonung des magischen Augenblicks war der Zündfunke für die bis heute andauernde Abhängigkeit des Kinos von spektakulären Schlüsselszenen in Komödien, Musicals, Mantel- und-Degen-, Science-Fiction- und Horrorfilmen. ∎

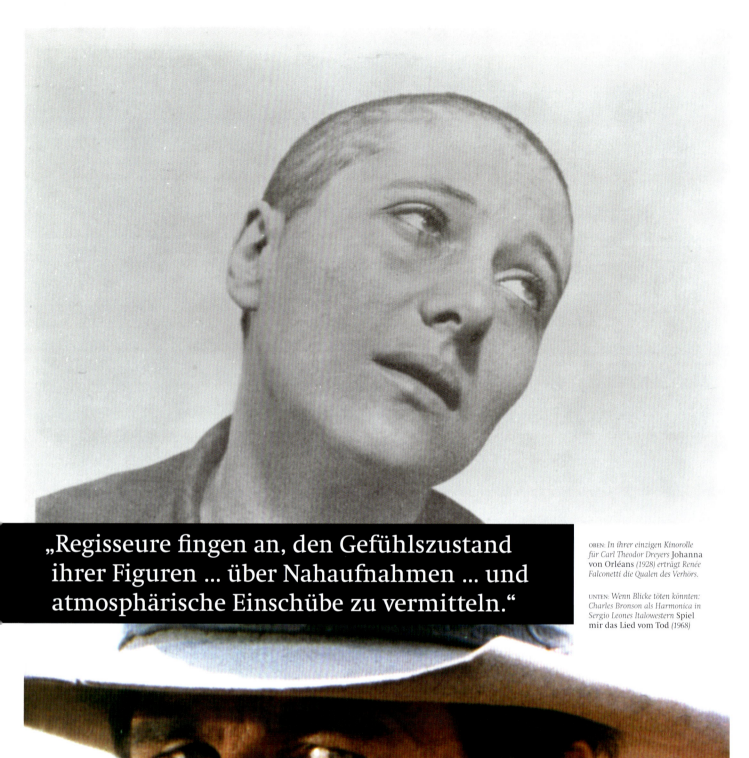

„Regisseure fingen an, den Gefühlszustand ihrer Figuren … über Nahaufnahmen … und atmosphärische Einschübe zu vermitteln."

OBEN: *In ihrer einzigen Kinorolle für Carl Theodor Dreyers* Johanna von Orléans *(1928) erträgt Renée Falconetti die Qualen des Verhörs.*

UNTEN: *Wenn Blicke töten könnten: Charles Bronson als Harmonica in Sergio Leones Italowestern* Spiel mir das Lied vom Tod *(1968)*

In den Kopf einer Figur eindringen

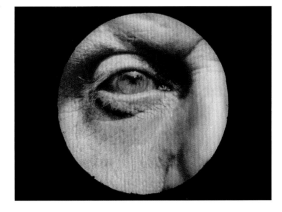

Eine kreisförmige Maske wird in George Albert Smiths bahnbrechendem Kurzfilm Grandma's Reading Glass *(1900) verwendet, um den Blickwinkel eines Jungen anzudeuten.*

IDEE NR. 7
GROSSAUFNAHMEN

Aufnahmen aus kurzer Distanz, die das Schauspielergesicht eng umrahmen, wurden erst zum vertrauten Teil der Filmtechnik, nachdem sie sich bei den Hollywoodstars der 1920er Jahre zum Statussymbol entwickelt hatten. Aber seither nutzen Filmemacher Großaufnahmen, um das Innenleben einer Figur anzudeuten oder die Aufmerksamkeit auf einen bestimmten Ausdruck, eine Geste oder ein Requisit zu lenken.

In der Malerei und der Fotografie, aber auch bei den Laterna-magica-Bildern gab es viele Vorläufer der Großaufnahme. So konzentriert sich einer der berühmtesten Kinetoskopkurzfilme, *Fred Ott's Sneeze* (1894), vor allem auf das Gesicht der Hauptperson. Auch George Albert Smith setzte Großaufnahmen in innovativer Weise ein, indem er Szenen in mehrere Aufnahmen aufteilte. Er befestigte beispielsweise eine runde Maske am Kameraobjektiv, um in *Grandma's Reading Glass* (1900) die extreme Nahperspektive eines Jungen darzustellen, der durch ein Vergrößerungsglas schaut.

Obwohl einige Filmemacher diese gesteigerte Intimität ablehnten, bestanden gegen Ende des Jahrzehnts nur noch wenige weiterhin darauf, Ganzkörperaufnahmen zu drehen. Der französische Schauspieler und Regisseur Max Linder verwendete „bust shots" (sie zeigten Schauspieler von der Taille an aufwärts), um die Zuschauer in seine komischen Possen einzubeziehen, während Lew Kuleschow 1918 ein Bild von Iwan Mosjukin verschiedenen gefühlsgeladenen Objekten gegenüberstellte, um die zentrale Bedeutung der Großaufnahme für die assoziative Montage deutlich zu machen. In der Stummfilmzeit und danach wurde dies zur zentralen Technik, aber erst als skandinavische und deutsche Regisseure anfingen, den Gefühlszustand ihrer Figuren über Nahaufnahmen des Kopfs und atmosphärische Einschübe zu vermitteln, wurde die Großaufnahme zum filmischen Basisvokabular.

Obwohl David Wark Griffiths seit *The Lonedale Operator* (1911) häufig Großaufnahmen verwendete, hatte man sich in Hollywood unterdessen vor allem für Objektivität entschieden. Erst in der späten Stummfilmzeit, als das Starsystem Weichzeichnerposen nutzte, um die Fans von ihren Idolen und deren Energie, Glamour und Bedeutung zu überzeugen, fing man an, näheren Kameraeinstellungen wirklich einzusetzen. Großaufnahmen hatten aber auch einen erzählerischen Wert, denn sie zogen die Zuschauer in die Geschichte hinein, indem sie Schlüsselelemente innerhalb der Mise en Scène betonten: ein Requisit, über das ein Slapstickkomiker im nächsten Augenblick stolpert, eine Waffe, die ein Gangster gleich abfeuern wird, oder ein Geheimnis, das in Kürze gelüftet werden soll. Oft war der subjektive Blickwinkel der Point-of-View-Shots noch wirkungsvoller, denn ein leinwandfüllendes Bild von 15 Metern Breite konnte ein Publikum, das mit der Not einer Hauptfigur mitfühlt, nachhaltig emotional beeindrucken.

Filmemacher nutzen die Entfernung zur Kamera, um Muster und Rhythmen zu schaffen und Motive oder Themen anzulegen. Höhe und Winkel sind dabei ebenso wichtig. Alles hängt vom Kontext ab, aber meistens deuten Aufnahmen aus niedrigem Blickwinkel die Macht einer Figur an, während der Blick nach unten Verwundbarkeit betont. Ein gekippter Kamerawinkel, der sogenannte Dutch Angle, deutet eine aus dem Lot geratene Welt an, wie in Carol Reeds *Der dritte Mann* (1949), auch wenn Alfred Hitchcock für *Die Vögel* (1963) Aufsichteinstellungen mit ähnlich beunruhigender Wirkung verwendete.

In den frühen 1950er Jahren hatten Regisseure Mühe, Großaufnahmen in der Breitwandfilmgestaltung unterzubringen. Sie setzten oft Landschaft oder Schatten ein, um unerwünschten Raum zu füllen. Allerdings passten Großaufnahmen zu den Fernsehbildschirmen, und Fernsehregisseure, die zum Film wechselten, verwendeten sie häufig. Außerdem wurde es immer wichtiger, die Kernhandlung in den „sicheren Bereich" der häuslichen Bildschirmformate zu pressen, sodass die neue Generation der Blockbustersuperstars in ihren Verträgen beträchtliche Anteile von Großaufnahmen fordern konnten. ■

Von der Blende zum Standbild

Jean-Pierre Léaud blickt als Antoine Doinel in eine unsichere Zukunft, als die Schlusseinstellung von François Truffauts Sie küssten und sie schlugen ihn *(1959) einfriert.*

IDEE NR. 8
OPTISCHE ÜBERGÄNGE

Seit dem Wechsel zur digitalen Filmbearbeitung ist der Schnitt zu einer der wichtigsten Filmbearbeitungstechniken geworden. Die frühesten bewegten Bilder erforderten aber eine vielfältigere Bauweise, und viele der optischen Techniken, die entwickelt wurden, um die ersten Zuschauer durch stumme Handlungsverläufe zu führen, bleiben bis heute gültig.

Auf- oder Abblenden und Überblendungen waren Überbleibsel der Laterna-magica-Vorführungen. Tatsächlich waren die Zuschauer so sehr an sanfte Übergänge gewöhnt, dass viele Filmpioniere Schnitte, die als zu abrupt und ablenkend galten, vermieden. Sie konnten allerdings auch aufregend wirkungsvoll sein, wie Alfred Hitchcock mit *Die 39 Stufen* (1935) bewies. Die Überblendung wurde nach *Cendrillon* (1899) zu einem entscheidenden Teil der Technik von Georges Méliès. Solch weiche Übergänge wurden aber bald schon klischeehaft und dienten bis in die 1920er Jahre allenfalls als Alternative zu Schnittstellen oder als Vorläufer der Rückblenden – Marcel L'Herbier zum Beispiel verzichtete in *Eldorado* (1921) auf Zwischentitel und verwendete Überblendungen, um das Verstreichen der Zeit anzudeuten, und Ewald André Duponts *Variété* (1925) leitete mit lebhaften überlappenden Sequenzen den Hollywoodmontagestil ein.

Die Überblendung wurde auch zur Darstellung von Verwandlungen wie Brigitte Helms Metamorphose zum Roboter in Fritz Langs *Metropolis* (1926) eingesetzt. Die Eröffnungsszene von Orson Welles' *Citizen Kane* (1941) zeigte allerdings, dass sie auch als lyrische Variation des Schnitts dienen konnte, während Michelangelo Antonioni ihr einen metaphysischen Zweck verlieh, indem er David Hemmings in einer Szene „auflöst", als er es in *Blow Up* (1966) nicht schafft, das Rätsel zu lösen. Der Wechsel zur Farbfilmproduktion und die größere Unmittelbarkeit der Nouvelle Vague und des Fernsehschnitts hätten die Überblendtechnik altmodisch erscheinen lassen können, aber sie behielt eine wichtige temporale Funktion.

Auf- oder Abblende, weitere Mittel zur Darstellung verstreichender Zeit, können auch dafür verwendet werden, die Zuschauer in die Welt eines Films hineinzuziehen, wie in der Eröffnungseinstellung von Frank Tuttles *Die Narbenhand* (1942). Außerdem können Auf- und Abblende auch wichtige Entwicklungen der Handlung betonen, wie die Abblenden ins Rote in Ingmar Bergmans *Schreie und Flüstern* (1973), die dem Publikum erlauben, darüber nachzudenken, was gerade geschehen ist, bevor die Handlung weitergeht.

Die Irisblende bietet ähnliche Möglichkeiten. Sie war David Wark Griffiths liebstes Mittel zum Beenden einer Geschichte, wirkt aber etwas veraltet, seit Orson Welles sie verwendet hat, um die Autofahrtszene in *Der Glanz des Hauses Amberson* (1942) abzuschließen. Auch die Wischblende ist aus der Mode gekommen, trotz der dramatischen Kraft, die sie in Victor Sjöströms *Der Mann, der die Ohrfeigen bekam* (1924) entwickelte; sie wurde von Laurel und Hardy in *Dick und Doof mit der Kuckucksuhr* (1935) persifliert. Aber auch sie hat heute einen nostalgischen Charme, der George Lucas dazu brachte, sie in *Star Wars* (1977) als Hommage an Akira Kurosawas *Die verborgene Festung* (1958) einzusetzen.

Schließlich gibt es noch das Standbild. Joseph L. Mankiewicz setzt es als Ausgangspunkt einer Rückblende an den Anfang von *Alles über Eva* (1950). Aber solch statische Einstellungen dienen normalerweise als dramatischer Endpunkt, wie in George Roy Hills *Butch Cassidy und Sundance Kid* (1969) und Peter Weirs *Gallipoli* (1981). Sie können allerdings auch Zweideutigkeit vermitteln, wie der eingefrorene Zoom auf Jean-Pierre Léaud am Strand, dem Höhepunkt von François Truffauts *Sie küssten und sie schlugen ihn* (1959). ∎

OBEN: *Ingmar Bergman nutzt in* **Schreie und Flüstern** *(1973) Abblenden ins Rote, um die symbolische Verbindung der Farbe zu Blut, Leidenschaft und Seele zu verstärken.*

UNTEN: *Ein gewagter audiovisueller Match Cut von einer schreienden Wirtin zu einer kreischenden Lokomotive in Alfred Hitchcocks* **Die 39 Stufen** *(1935)*

Freund oder Feind? Der Blickwinkel des Künstlers Xavier Lafitte, der Pilar López de Ayala in José Luis Guerins **En la ciudad de Sylvia** *(2007) verfolgt*

Die Welt durch die Augen eines anderen sehen

IDEE NR. 9
SUBJEKTIVE KAMERA

Spiegelbild: Einer der wenigen kurzen Blicke auf Philip Marlowe, der in Die Dame im See *(1947)* von Schauspielerregisseur Robert Montgomery versucht, einen Mordfall zu lösen

Ob sie Aristokratenblicke darstellen wie in Ernst Lubitschs *Lady Windermeres Fächer* (1926) oder Ted Levines Pirsch mit einem Nachtsichtgerät in *Das Schweigen der Lämmer* (1991) – subjektive Kameraeinstellungen oder Point-of-View-Shots (POV-Shots), bei denen Zuschauer die Handlung durch die Augen einer Figur sehen, steigern die Unmittelbarkeit der Handlung und ziehen das Publikum in die Welt des Films hinein.

Die frühesten subjektiven Bilder waren die „Phantom Rides", die in den 1890ern von der Spitze sich bewegender Fahrzeuge aus gefilmt wurden. In der Nachfolge von George Albert Smiths *Grandma's Reading Glass* (1900) wurden subjektive Kameraeinstellungen an den Rändern immer mit Unschärfe oder Dunkelheit versehen, um den Blick durch ein Teleskop, ein Fernglas oder ein Schlüsselloch nachzubilden. Allerdings wurden bald Aufnahmen ohne Maske üblich. Vincenzo Denizot setzte POV-Shots erstmals in *Tigris* (1913) ein, um körperliche Wahrnehmung zu vermitteln.

Auch die französischen Impressionisten erkannten das Potential subjektiver Kameraeinstellungen für den Ausdruck seelischer Zustände: Germaine Dulac und Jacques Feyder benutzten anamorphotische Objektive, um die Qualen der Heldin in *Das Lächeln der Madame Beudet* (1922) und die Langeweile des alten Mannes in *Der Mann von der Straße* (1923) darzustellen (siehe Narrative Avantgarde). Friedrich Wilhelm Murnau hingegen verwendete in *Der letzte Mann* (1924) eine frei bewegliche Kamera, Abblenden, Überblendungen, Einkopierungen, Bildmontagen und Zerrspiegel, um sowohl die physische Perspektive von Emil Jannings' heruntergekommenem, demoralisiertem und gelegentlich betrunkenem Portier zu zeigen als auch die Bilder, die sich vor dessen geistigem Auge abspielen.

Dieser Film war sehr einflussreich, und bald wurde die subjektive Kamera für Vor- und Rückschauen genutzt. Indem sie Parallelmontage und Blickachsenanschlüsse einsetzten, entwickelten Filmemacher außerdem fortlaufende, enthüllende, verzögerte, multiple, offene und verzerrte Perspektiven. Aber es war schwierig, komplette Filme im subjektiven Modus zu drehen – Orson Welles gab eine POV-Verfilmung von *Herz der Finsternis* auf, um *Citizen Kane* (1941) zu drehen und Robert Montgomery war gezwungen, visuelle Kunstgriffe anzuwenden, um *Die Dame im See* (1947) aus der Perspektive des Detektivs Philip Marlowe darzustellen.

Alfred Hitchcock setzte häufig subjektive Kameraeinstellungen ein und wechselte oft innerhalb einer Szene von der Perspektive einer Figur zur anderen. Brian De Palma verwendete in ähnlicher Weise subjektive Kamerafahrten, um in *Dressed to Kill* (1980) Spannung zu erzeugen, während Ruggero Deodatos *Cannibal Holocaust* aus dem gleichen Jahr das initiierte, was inzwischen zum Horrorklischee geworden ist – die Enthüllung des Schicksals einer vermissten Person über ihr wiederentdecktes POV-Filmmaterial.

Mit wachsendem Einfluss der Videospiele wurden subjektive Kameraeinstellungen ein gewohnter Bestandteil von Actionfilmblockbustern, 3-D-Spielfilmen und Digitaltrickfilmen. Computergenerierte Bilder ermöglichen auch eine Annäherung an nichtmenschliche Perspektiven wie in James Camerons *Terminator 2 – Tag der Abrechnung* (1991) oder sogar an Perspektiven von Geschossen wie die der Gewehrkugeln in den Hongkongblutopern.

Allerdings werden POV-Shots nicht nur für spektakuläre Effekte verwendet. Vittorio De Sica und Agnès Varda verwendeten subjektive Kamerafahrten für *Schuhputzer* (1946) und *Cleo – Mittwoch zwischen 5 und 7* (1962), während Alain Resnais POV-Shots einsetzte, um in *Letztes Jahr in Marienbad* (1961) das Zusammenspiel von Zeit, Erinnerung und Phantasie zu erkunden. In erster Linie aber erlauben subjektive Bilder den Zuschauern, in die zeitliche und räumliche Wirklichkeit einer Figur einzudringen. Wie José Luis Guerín am Beispiel eines Künstlers zeigt, der in *En la cuidad de Sylvia* (2007) eine junge Frau verfolgt, ist es allerdings nicht immer möglich, die genaue Natur ihrer Gedanken zu ermessen. ∎

Die Kamera bekommt Räder

Details aus der meisterhaften durchgehenden Kamerafahrt, die die ersten drei Minuten und 20 Sekunden von Orson Welles' Im Zeichen des Bösen (1958) einnimmt

IDEE NR. 10
KAMERAFAHRTEN

Die Kamera auf ein Fahrgestell zu montieren, das auf Schienen lief, machte es möglich, sie nicht nur hin- und herzubewegen, sondern auch auf ihr Motiv zu, von ihm weg oder um es herum – das verlieh dem Kino eine völlig neue Dynamik.

Seit der Zeit, als Alexandre Promio auf die Idee kam, einen Cinématographen auf einer venezianischen Gondel unterzubringen, hat die Filmkamera kaum je stillgestanden. Kamerabewegungen liefern erzählerische Information und schaffen ausdrucksvolle, spektakuläre Effekte – sie verändern die Art, in der die Zuschauer die erzählte Welt und die Psyche ihrer Figuren wahrnehmen.

Da die ersten Kameras noch keine Sucher hatten und von Hand gekurbelt werden mussten, waren die meisten Kamerabewegungen der ersten Kinojahrzehnte einfache Horizontal- und Vertikalschwenks. Von Robert W. Paul für seine Filmdokumentation von Queen Victorias 60-jährigem Thronjubiläum im Jahr 1897 erdacht, wurden sie verwendet, um die Aufmerksamkeit auf dem Hauptgeschehen innerhalb des Bilds zu halten. Schließlich wurde man etwas abenteuerlustiger, wie bei dem Reißschwenk in Rouben Mamoulians *The Song of Songs* (1933) und dem 360-Grad-Schwenk in *Das ist New York* (1949) von Gene Kelly und Stanley Donen.

Aber erst die Kamerafahrt gab Filmen echte visuelle Dynamik. Viele der frühen Filmemacher mochten es nicht, wenn die Technik Aufmerksamkeit auf sich zog, und beschränkten sich daher auf Parallelfahrten, wie sie David Wark Griffith für seine Szenen von Rettungen in letzter Sekunde verwendete. Die diagonalen Kamerafahrten in Giovanni Pastrones *Cabiria* (1914) erwiesen sich allerdings als ein so kraftvolles Mittel, um die Zuschauer ins Herz eine Szene zu führen, dass diese „Cabiria Movements" nun in den unterschiedlichsten Filmen verwendet wurden: in Jewgeni Bauers *Das Kind der Großstadt* (1914), Charlie Chaplins *Der Vagabund* (1916) und William J. Bowmans fast vergessenem *The Second in Command* (1915). Die ausgiebig eingesetzten Kamerafahrten in diesen Filmen nahmen impressionistische Meisterwerke wie Marcel L'Herbiers *Geld! Geld! Geld!* (1928), Lupu Picks *Sylvester* (1924) und Friedlich Wilhelm Murnaus *Der letzte Mann* (1924) mit seiner Perfektionierung der ungebundenen subjektiven Kamera vorweg.

Die Geburt des Tonfilms hemmte die Bewegung für kurze Zeit, da die Kameras plötzlich in geräuschgedämmte „Ice Boxes" verbannt wurden. Aber Mamoulians *Applaus* (1929) führte die Parallelfahrt wieder ein, und Schallschutzgehäuse zum Dämpfen der Motorgeräusche ermöglichten es den Kameras bald, neu zu fokussieren und der Handlung wieder zu folgen. Einstellungen aus erhöhter Perspektive wurden alltäglicher, nachdem für Pal Fejos' *Broadway* (1929) der fahrbare Kran erfunden worden war; allerdings blieb dessen Verwendung vorerst weitgehend auf Musicals und Mantel-und-Degen-Filme beschränkt.

Die Möglichkeiten der Handkamera, die für die Nouvelle Vague und das Cinéma vérité erkundet worden waren, brachten neue Authentizität und Unmittelbarkeit in die Kamerabewegungen. Eine Reihe von Aufhängungen und Fernsteuerungsgeräten sind seither eingeführt worden; sie erleichtern Kamerafahrten, Kran- und Luftaufnahmen, während die Digitaltechnik die potentielle Länge einzelner Einstellungen erheblich erweitert hat. ■

OBEN: Ewan McGregor wird am Set von Roman Polanskis **Der Ghostwriter** *(2010)* mit einer leichtgewichtigen Arricam-Kamera gefilmt.

RECHTS: Busby Berkeleys Markenzeichen war die Aufnahme von oben, auf die kaleidoskopartigen Muster der Tänzerinnen herabblickend. In dieser Szene aus **Die 42. Straße** *(1933)* entschied er sich allerdings nur für eine erhöhte Perspektive.

Äußere und innere Bewegung

IDEE NR. 11
VERFOLGUNGSJAGDEN

Heute mag die Verfolgungsjagd wie eine klischeehafte Facette des Actiongenres erscheinen. Aber neben der „Rettung in letzter Sekunde" brachte sie den ersten Filmemachern Entscheidendes darüber bei, wie man eine Geschichte in überzeugender und mitreißender Form strukturiert. Und bis heute liefert sie einige der aufregendsten Szenen in den Blockbustern des 21. Jahrhunderts.

In typischer Mack-Sennett-Manier werden die Stars wie menschliche Requisiten behandelt, wenn die Keystone Kops loseilen, um einen neuen Fall zu verpfuschen.

In *A Practical Joke* (1898), George Albert Smiths in einer einzigen Einstellung gedrehter Neuverfilmung von Louis Lumières *L'Arroseur arrosé* (1895), verfolgt ein erzürnter Gärtner den Jungen, der ihn nassgespritzt hat, um einen Baum herum. Die Einführung des Kurzfilms bot Regisseuren die Gelegenheit, komplizierte und ausgiebigere Actionszenen einzubauen. Diese Bilder verbanden Handlung, Zeit und Raum und präsentierten als einheitliche Sequenz die Szene in ihrer Gesamtheit, bevor es weiterging. Die Betonung der Einzelaufnahme beeinflusste sogar die frühen Verfolgungsjagdfilme: Erst wenn alle Teilnehmer das Bild verlassen hatten, wurde die Einstellung als vollständig angesehen. Allerdings hatten Filmemacher auf beiden Seiten des Atlantiks das Bedürfnis, der Verfolgungsjagd mehr Tempo zu geben – so entwickelten sie eine neue Methode, Einstellungen zu verbinden, die dem Publikum eine emotionale Reaktion entlockten, ohne die erzählerische Logik zu stören.

Anfangs versuchten sich Filmemacher wie Edwin S. Porters in *The Life of an American Fireman* (1902) an größerer Linearität, indem sie ganze Passagen aus verschiedenen Perspektiven wiederholten. Aber in Porters *Der große Eisenbahnraub* und in britischen Filmen wie Frank Mottershaws *A Daring Daylight Burglary* (beide 1903) wurde zwischen gleichzeitig stattfindenden Ereignissen hin- und hergeschnitten, um Kontinuität mit Unterbrechungen zu erzielen. Als die Länge der einzelnen Einstellungen kürzer wurde, führten Regisseure die komische Verfolgungsjagd aus dem Varieté ein. Aber die Tollheiten aus den Studios von Biograph wie *The Escaped Lunatic* und *Personal* (beide 1904) führten auch so zentrale Ideen wie den Sinn für Tiefe, rhythmische Schnitte, Handlungsanschlüsse (sodass sich die Handlung vom Ende einer Einstellung in der nächsten aus anderer Perspektive fortsetzt), einheitliche Bildrichtung und das Off ein.

Die Verfolgungsszenen waren so eindeutig, dass die Zuschauer ihren Sinn einfach erfassen konnten, ohne dass auf einen begleitenden Erzähler oder ein Lied mit erzählerischem Text zurückgegriffen werden musste. Dies wiederum ermutigte Regisseure dazu, sich an komplexeren Szenarien zu versuchen. David Wark Griffith ließ sich vom Sensationshunger der Groschenromane und Bühnenstücke inspirieren – er nutzte die Möglichkeit, über Parallelmontagen zeitliche wie räumliche Verhältnisse zu definieren und so die Spannung der Rettung in letzter Sekunde zu erhöhen, die seit *The Fatal Hour* (1908) ein Leitmotiv seiner Arbeit war. Darüber hinaus verlieh sein Einsatz der Kamerabewegung den Sequenzen, die von Livemusikbegleitung noch weiter angetrieben wurden, zusätzlichen Schwung.

Die Verfolgungsjagd wurde auch zu einem entscheidenden Bestandteil des Slapstick: Die überdrehten Tollereien in Mack Sennetts Filmen inspirierten Slapstickclowns und Surrealisten, aber auch die Regisseure der Gaunerkomödien der 1960er und späteren Jahre. Aber zuletzt assoziierte man mit Verfolgungsjagden und Rettungsaktionen eher Spannung als Komik, egal, ob sie zu Serien, B-Western, Krimidramen oder Abenteuerfilmen gehörten.

Die Hetzjagd zu Pferd war besonders aufregend, und sogar Verfolgungsszenen zu Fuß wie die Schlüsselszene in der Kanalisation aus *Der dritte Mann* (1949) konnten extrem spannend sein. Aber die Autojagd, die in *Bullitt* (1968), *Charlie staubt Millionen ab* (1969) und *French Connection* (1971) perfektioniert wurde, bestärkte das Bedürfnis der jüngeren Generation nach Geschwindigkeit und Spektakel. Und bis heute zählen Verfolgungsjagden zu den Höhepunkten von Blockbustern wie *Star Wars* (1977), *Avatar* (2009) oder den *James-Bond-007*- und *Indiana-Jones*-Filmen. ■

OBEN: *Zwei der drei Minis, die nach einem Goldbarrenraub in* **Charlie staubt Millionen ab** *(1969) ihren Fluchtweg quer durch Turin suchen*

UNTEN: *Der Archäologe Indiana Jones (Harrison Ford) flieht in* **Jäger des verlorenen Schatzes** *(1981) im Inneren eines peruanischen Tempels vor einem rollenden Felsblock.*

„Die Autojagd ... bestärkte das Bedürfnis der jüngeren Generation nach Spektakel."

Für eine nahtlose Seh-Erfahrung

Kontinuität durch Parallelmontage: Ein heldenhafter Hund spürt in Rescued by Rover *(1905) ein entführtes Kind auf.*

IDEE NR. 12
KONTINUITÄTSMONTAGE

Die Grundprinzipien der Kontinuitätsmontage – die darauf zielt, das filmische Geschichtenerzählen so geschmeidig und scheinbar natürlich wie möglich zu machen – haben sich seit ihrer Einführung wenig verändert. Allerdings brachten einige der bedeutsamsten Entwicklungen des Kinos Revolten gegen die klassische lineare Erzählweise mit sich.

Die Kontinuitätsmontage ist so wirkungsvoll, dass die meisten Menschen im Publikum sie kaum bemerken. Die ersten Filmemacher ließen das filmische Format einer einzigen Einstellung bald hinter sich; so fügte Georges Méliès in bemerkenswerter Weise eigenständige Szenen aneinander, um Geschichten wie *Die Reise zum Mond* (1902) zu erzählen. Die Verfolgungsjagden in Edwin S. Porters *Der große Eisenbahnraub* (1903) und Cecil Hepworths *Rescued by Rover* (1905) führten allerdings die Idee der Parallelhandlung (das Hin- und Herschneiden zwischen gleichzeitig stattfindenden Ereignissen) ein, die David Wark Griffith während seiner fruchtbaren Zeit bei Biograph (1908–13) verfeinerte. Indem er Szenen aus verschiedenen Winkeln und Entfernungen aufnahm, konnte Griffith die Dramatik des Geschehens herausarbeiten und das Innenleben seiner Figuren erkunden. Er variierte auch die Länge seiner Einstellungen, um Rhythmen und Stimmungen zu erzielen, und verlieh seinen optischen Übergängen wie Auf- und Abblenden, Überblendungen sowie Iris- und Wischblenden sowohl erzählerische Bedeutung als auch Ausdruckskraft.

Griffith schnitt auch in der Bewegung, um Bildwechsel durch sorgfältige Anschlüsse zu verstecken. Die nahtlose Montage wurde von Friedrich Wilhelm Murnau und Georg Wilhelm Pabst perfektioniert. Die einzigartige Möglichkeit, mit dieser Art der Montage kausale, temporale und räumliche Information zu vermitteln, sorgte dafür, dass diese Technik zum Standard in Hollywood wurde und sich ab den 1920er Jahren über alle Genres und rund um die Welt verbreiten sollte.

Obwohl die Parallelmontage ein ästhetischer Impuls war, hatte sie auch ökonomischen Sinn: Sie erlaubte Regisseuren, in freier Abfolge zu drehen, und bot ihnen und ihren Cuttern die Möglichkeit, misslungene Szenen und mittelmäßige Auftritte zu verwerten. Entweder sie setzten nur die besten Sequenzen daraus zusammen oder verwendeten Teile der Aufnahmen, um Positionierungs-, Anschluss- oder Continuity-Probleme zu

Christopher Nolans innovativer Aufbau von **Memento** *(2000) stellte die Erzählkonventionen von „Fabula" (Inhalt der Geschichte) und „Syuzhet" (Präsentation der Geschichte) in Frage.*

lösen und um sicherzustellen, dass die Filme Konventionen wie der 180-Grad-Regel, die die Handlungsachse festlegt, und der 30-Grad-Abweichung von Bild zu Bild (sogar in Schuss-Gegenschuss-Sequenzen) entsprechen. Außerdem können Cutter Einstellungen erweitern oder verkürzen, indem sie Techniken wie Zeitlupe und harte Schnitte einsetzen.

Klarheit war immer das Hauptziel der Kontinuitätsmontage, vor allem im Fall der kommerziellen Unterhaltung. Eine derartige narrative Folgerichtigkeit kam Dokumentar- und Experimentalfilmern nicht immer zupass. Mehr noch, sie wurde von dem sowjetischen Filmemacher Sergei Eisenstein mit offener Feindseligkeit betrachtet, der eine aggressive Form der dialektischen Montage entwickelte, um der „kapitalistischen Tyrannei" entgegenzutreten. Französische Impressionisten und deutsche Expressionisten stellten die Hegemonie des unsichtbaren Schnitts ebenfalls in Frage, wie auch die Autorenfilmer der Nouvelle Vague, die allerdings ebenso häufig lange Mise-en-Scène-Einstellungen verwendeten wie Ellipsen und Nichtlinearität.

Das amerikanische Kino assimilierte die subversive Diskontinuität schließlich in den späten 1960er Jahren, obwohl die Point-of-View-Montage die Regel blieb, bis die Kombination von Fernsehtechnik und digitaler Schnittsoftware eine Mischung aus Handkameraaufnahmen, Großaufnahmen und schnellen Schnitten förderte, die der Kritiker David Bordwell „intensivierte Kontinuität" nennt. Nachdem die meisten Zuschauer drei Sekunden brauchen, um sich auf ein neues Bild einzustellen, werden sie gezwungen, eher emotional als intellektuell auf die schnelle Montage zu reagieren, die kaum Raum lässt für eine künstlerische Einschätzung von Besetzung und Filmteam. Ironischerweise hat diese Bevorzugung grafischer und rhythmischer Beziehungen gegenüber räumlichen und zeitlichen den Mainstreamfilm abstrakter gemacht. Aber Zuschauer auf der ganzen Welt bevorzugen weiterhin Geschichten mit einem Anfang, einer Mitte und einem Ende. ∎

Das Geheimnis der Kontinuität

IDEE NR. 13
ANSCHLUSSSCHNITTE

Stellen Sie sich einen Dialog vor, bei dem von der Nahaufnahme einer Frau, die eine Liebeserklärung macht, zur Aufnahme der Knie des zuhörenden Manns geschnitten wird. Wenn die nächsten Schnitte zur Schulter der Frau und dann auf das Kinn des Manns führen, sind die Zuschauer schnell desorientiert, weil diese Parallelmontage der visuellen Logik eines Gesprächs mit Augenkontakt widerspricht. Anschlussschnitte sichern die räumliche und zeitliche Konsistenz, indem sie die Blickrichtung einer Figur suggerieren. Man sollte sie kaum wahrnehmen, aber sie sind der Schlüssel für das Konzept des unsichtbaren Schnitts.

OBEN: *Alfred Hitchcock verwendet in* Das Fenster zum Hof *(1954) kühne Blickachsenanschlüsse, die den Zuschauer James Stewarts Blickwinkel teilen lassen, und steigert so die Spannung.*

UNTEN: *In* Carrie *(1976) verwendet Brian De Palma grafische Schnitte, um Sissy Spaceks Trauma mit Telekinese, häuslichen Missbrauchserfahrungen und religiösem Eifertum zu verbinden.*

Die Technik des Anschlussschnitts von zueinander passenden Einstellungen entwickelte sich über einen langen Zeitraum. Gegenschüsse wurden erst in den 1910er Jahren üblich. Die Regisseure begannen, Blickachsenanschlüsse einzusetzen, die den Blickwinkel einer Figur nachahmten, um Aufnahmen aus verschiedenen Positionen und Winkeln zu verbinden. Da die meisten Filmsets L-förmig gebaut waren, um Geld zu sparen, beschränkten sich Schuss-Gegenschuss-Szenen in der Regel auf Außenaufnahmen. Sogar nachdem Arthur Mackley in *The Loafer* (1912) den über die Schulter gefilmten Over-the-Shoulder-Shot eingeführt hatte, blieben sie eine Seltenheit, bis Ralph Ince sie mit Filmen wie *His Phantom Sweetheart* (1915) zur filmischen Basistechnik machte.

David Wark Griffith mochte die Schuss-Gegenschuss-Technik nicht und sein Widerstand verzögerte ihre Einführung sowohl in Hollywood als auch in Europa bis in die 1920er. Als sie sich schließlich doch durchsetzte, führte das zu einer Verschiebung – weg von Schnitten entlang der Kameraachse und hin zu solchen auf einer 180-Grad-Achse, entlang derer sich die Handlung abspielte. Dies stellte sicher, dass jede Einstellung innerhalb einer Szene die räumlichen Verhältnisse zwischen Kamera und Handlung beibehielt und dass die relativen Positionen im Bild stimmig blieben. Die räumliche Kontinuität folgte ebenfalls dem 180-Grad-Prinzip, während eine 30-Grad-Regel aufkam, die einen angemessenen Abweichungswinkel zwischen aufeinanderfolgenden Einstellungen festlegte.

Yasujiro Ozu durchbrach diese 180-Grad-Achse oft, um Figuren zu kommentieren oder die desorientierende Wirkung eines Ereignisses zu betonen. Trotzdem schienen die Zuschauer nicht übermäßig verwirrt von dieser Technik oder von den Bildsprüngen, die die Nouvelle Vague populär machte. Regisseure in aller Welt fanden in der Schuss-Gegenschuss-Technik einen so bequemen Weg, Szenen aufzubauen, dass sie selten das Bedürfnis hatten, ihr zuwiderzuhandeln. Insofern wird sie bis heute häufig verwendet, um Gruppendynamik aufzubauen, Spannung zu schaffen, Kampfszenen zu inszenieren, Reaktionen einzufangen und Gespräche in

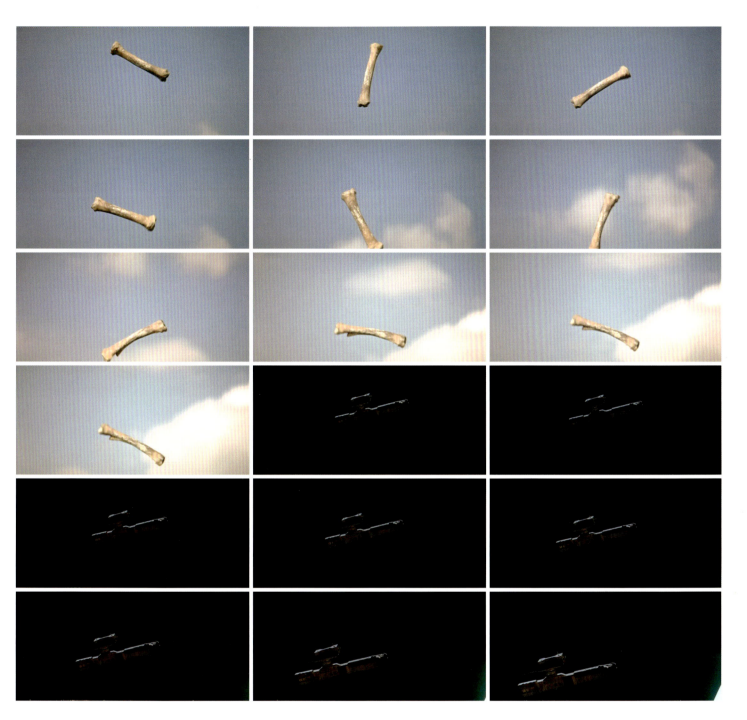

einer halbsubjektiven, visuell aufregenderen Weise festzuhalten als einer einfachen Zweiereinstellung.

Um Schnitte zu verbergen, wurde es üblich, in der Bewegung zu schneiden, mit Einführungsaufnahmen, die dazu dienten, dem Zuschauer neue Orientierung zu liefern, bevor die Gegenschussstrategie wieder einsetzte. Eine weitere Taktik war der subjektive Schnitt, eine Variante des Blickachsenanschlusses, die Alfred Hitchcock mit genialer Wirkung in *Das Fenster zum Hof* (1954) einsetzte. Hitchcock war ein Meister der Anschlussschnitte, und auch sein Schüler Brian De Palma zeigte in dem Psi-Thriller *Carrie* (1976), wie sich Bilder zu Schockeffekten gegenüberstellen lassen.

Grafische Schnitte oder „Raccords" dienen auch metaphorischen Zwecken, wie der Knochen, den der Affe in Stanley Kubricks *2001: Odyssee im Weltraum* (1968) als Waffe benutzt und der sich im Flug durch die Luft in ein Raumschiff mit nuklearer Fracht verwandelt. Umgekehrt verwendete Alain Resnais grafisch unzusammenhängende Schnitte für seinen Holocaustdokumentarfilm *Nacht und Nebel* (1955). Diese Methode der konzeptionellen Verbindung ist seither immer wieder in Avantgardefilmen wie Bruce Conners *A Movie* (1958) und Kenneth Angers *Scorpio Rising* (1964) aufgetaucht, außerdem in Godfrey Reggios poetischen Reiseberichten wie *Koyaanisqatsi* (1982) und Zusammenstellungen von Archivmaterial wie Gustav Deutschs *FILM IST. a girl & a gun* (2009). ∎

Ein zur Ikone gewordener Anschlussschnitt über Jahrmillionen der menschlichen Evolution hinweg: Ein prähistorischer Knochen wird in 2001: Odyssee im Weltraum *(1968) zum Weltraumsatelliten.*

Ein erfolgreiches Nickelodeon in Waco, Texas, der Heimat von Thomas Tally, der 1902 das Electric Theatre als erstes Filmtheater von Los Angeles eröffnete.

KLEINES BILD: *Stummfilmstar Mabel Normand begann ihre Karriere als Fotomodell für Liederdias, die als Begleitung zu den beliebten Mitsingveranstaltungen gezeigt wurden.*

Das Angebot an Massenunterhaltung wird perfektioniert

IDEE NR. 14
NICKELODEONS

Als Vorläufer moderner Vergnügungspark-Attraktionen präsentierte Hale's Tours Reiseberichte von 1906 in Kinos, die nach dem Vorbild von Eisenbahnwaggons gestaltet waren.

Lichtspieltheater waren vor allem ein neuartiges Wandergewerbe, bevor Harry Davis im Juni 1905 sein Nickelodeon in Pittsburgh eröffnete. Es hatte solchen Erfolg, dass es bald 42 städtische Konkurrenten hatte; gegen Ende 1906 hatten in den Vereinigten Staaten 2500 Nickelodeons eröffnet. Sie revolutionierten die Art, wie Filme in Amerika betrachtet, vertrieben und produziert wurden.

Schon nach vier Jahren gingen jede Woche 26 Millionen Amerikaner ins Kino, und 1914 gab es 14 000 Nickelodeons – benannt nach dem Spitznamen der 5-Cent-Münzen – als Konkurrenz zu den entstehenden Filmpalästen. Einige waren schmutzig und verrufen, aber die meisten waren gepflegt und reichten von 99-Platz-Kinos bis zu umgebauten Konzertsälen, die mehreren Hundert Menschen Platz boten.

Trotz Louis Lumières Überzeugung, dass bewegte Bilder eine vorübergehende Modeerscheinung sein würden, blieben sie weit in die 1900er Jahre eine profitable Attraktion für Varietés, Jahrmarktstände, Gemeindesäle und alle anderen Orte, an denen geschäftstüchtige Schausteller ein Publikum fanden. Ungefähr ab 1902 wurden Reiseberichte, Nachrichtenfilme und Trickfilme allerdings in amerikanischen Varietétheatern als „Rausschmeißer" verwendet, um Herumlungerer zu vertreiben, und das Kino erlangte seine Popularität nur dank der Kombination von erzählten Geschichten und Nickelodeons zurück.

Zukünftige Filmmogul wie Adolph Zukor, Carl Laemmle, Louis B. Mayer und die sogenannten Warner Brothers gehörten zu den ersten Nickelodeonbesitzern, und sie machten den Kinobesuch zur nationalen Gewohnheit, indem sie 16 Stunden am Tag geöffnet waren, sodass Einkaufende und Arbeiter, aber auch diejenigen, die abendliche Fluchten suchten, hereinkommen konnten, um die 20- bis 30-minütigen Vorstellungen zu genießen. Immigranten freuten sich über Unterhaltungsformen, die ihre Sprachkenntnisse nicht überforderten, aber der Großteil des Publikums bestand aus Kindern und Frauen über 30. Die Betreiber versuchten, Familien aus der Mittelklasse anzulocken, indem sie ihre Programme mit bebilderten Liedern und Varieténummern anreicherten.

Die Filme selbst waren stumm, aber die meisten wurden von Livemusik oder Aufnahmen populärer Lieder begleitet, die die Verwicklungen des neu entstehenden Erzählstils erläuterten. Größere Häuser boten Erzähler oder Schauspieler, die in den Kulissen Szenarien vorspielten. Einige investierten sogar in Maschinen, die Toneffekte produzierten, aber die meisten verließen sich auf ihre Pianisten und deren atmosphärische Begleitung, und die Filmemacher reagierten darauf, indem sie Musikszenen in ihre Filme einbauten.

Am Thanksgiving Day 1908 verkaufte William Fox in seinem New Yorker Dewey Theatre 12 000 Eintrittskarten. Die Notwendigkeit regelmäßiger Programmwechsel, um solche Zahlen aufrechtzuerhalten, hatte zur Bildung von Filmverleihfirmen geführt, die die neuesten Filme vermieteten. Aber obwohl die Produktion sich in den ersten Monaten des Jahres 1908 verdreifachte, konnte das Produzentenkartell, welches das amerikanische Kino kontrollierte (die Motion Picture Patents Company, auch Edison Trust genannt, zu dem unter anderem Edison, Biograph, Vitagraph, Lubin und Selig gehörten), nicht die Nachfrage bedienen und zwei Drittel der in den USA gezeigten Filme mussten, zumeist aus Frankreich und Großbritannien, importiert werden.

Amerikanische Branchenneulinge nahmen sich der Produktionsengpässe an, darunter Kalem, Essanay, Nestor and Champion. Die französischen Firmen Pathé und Éclair, die erste weibliche Regisseurin, Alice Guy Blaché, und der erste namentlich bekannte Filmstar, Florence Lawrence, gründeten ebenfalls Studios in den USA – lange vor der Gründung von United Artists im Jahr 1919 (siehe US-Independentfilme).

Mit der Einführung der Spielfilme endete der Nickelodeonboom. Aber zu diesem Zeitpunkt hatte er schon den Grundstein gelegt, der es Hollywood erlauben sollte, den Weltmarkt zu dominieren, nachdem die europäische Produktion im Ersten Weltkrieg zusammengebrochen war. ∎

Das eindrucksvolle babylonische Szenenbild für Belsazars Fest in David Wark Griffith's Intolerance *(1916)*

Unterhaltung erster Klasse

IDEE NR. 15
FILM D'ART

Viele Kritiker haben dem Film d'Art vorgeworfen, die Entwicklung des Kinos als autonomer Kunstform verzögert zu haben, indem er es zwang, sich vorhandenen Orthodoxien von Literatur und Theater anzupassen. Aber die Adaptionen historischer Stoffe und Neufassungen der Klassiker verschafften dem Kino eine neue soziale und moralische Achtbarkeit bei Zuschauern der Mittelschicht und waren der Beginn der spektakulären Monumentalfilme.

Plakat für Les amours de la reine Élisabeth *(1912) – der Film d'Art, der dazu beitrug, die amerikanische Einstellung zum Kino zu verändern*

Noch immer waren bewegte Bilder vor allem das Revier der Jahrmärkte und Nickelodeons, als ein Unternehmen namens Le Film d'Art sich bemühte, ihren ästhetischen und intellektuellen Reiz zu steigern, indem es Frankreichs größte Schauspieler in einer Reihe prestigeträchtiger Literatur- und Theaterverfilmungen vorführte. André Calmettes' und Charles Le Bargys *Die Ermordung des Herzogs von Guise* (1908) wurde von Mitgliedern der Comédie-Française gespielt und konnte sich einer speziell in Auftrag gegebenen Filmmusik von Camille Saint-Saëns rühmen; das Drehbuch stammte von dem Académie-française-Mitglied Henri Lavedan. Weil er mit einer statischen Kamera in Halbtotale vor gemalten Kulissen aufgenommen wurde, wird der Film gewöhnlich als bühnenhaft hochtrabend abgetan. Aber die zurückhaltende Schauspielkunst und der geschickte Einsatz historischer Requisiten, des Off-Bereichs und des Schnitts in der Bewegung beeindruckte Produzenten in ganz Europa und Amerika. Sie ahmten den Film d'Art-Stil in Verfilmungen der Werke von William Shakespeare, Victor Hugo, Charles Dickens und Lew Tolstoi sowie zahlreicher Opern und Ballette nach.

Das neue Publikum war nicht nur gewillt, längere Filme durchzuhalten, sondern auch bereit, für dieses Privileg mehr zu bezahlen. Diese Tatsache blieb Adolph Zukor nicht verborgen, der die amerikanischen Rechte für Louis Mercantons 50-minütigen Vierakter *Les amours de la reine Élisabeth* (1912) erwarb und von jedem, der die göttliche Sarah Bernhardt in Aktion sehen wollte, einen Dollar pro Eintrittskarte verlangte. In der Tat machte Zukor so erfreuliche Gewinne, dass er die Famous Players Film Company gründete, die zum Eckpfeiler von Paramount Pictures wurde, einem der Begründer von Hollywoods Studiosystem.

Trotzdem war Italien das Land, in dem der Film d'Art seinen Höhepunkt erreichte. Enrico Guazzonis *Quo Vadis?* (1913) konnte mit atemberaubenden Wagenrennen, der Feuersbrunst in Rom, den 5 000 Komparsen und der Kolosseumsszene mit echten Löwen Anspruch darauf erheben, der erste Kassenschlager zu sein. Allerdings wurde er bald von Giovanni Pastrones bahnbrechendem Spielfilm *Cabiria* (1914) übertroffen, der mehr als eine Million Lire kostete und über sechs Monate in prächtigen, dreidimensionalen Szenenbildern in Turin sowie vor Ort in Sizilien, den Alpen und Tunesien gedreht wurde. Pastrone und sein spanischer Kameramann Segundo de Chomón zogen darüber hinaus die Zuschauer ins Herz der Handlung hinein, indem sie Mise-en-Scène-Techniken verwendeten, die später von Jean Renoir, Orson Welles und Max Ophüls verfeinert werden sollten. David Wark Griffith fühlte sich angespornt, diese italienischen Großspektakel mit seinem Monumentalfilm über den amerikanischen Bürgerkrieg, *Die Geburt einer Nation* (1915), und mit *Intolerance* (1916) zu übertreffen, dessen Episoden im alten Babylon, im biblischen Judäa und im Frankreich des 16. Jahrhunderts ihn zum ehrgeizigsten Film d'Art machen.

Die Bereitwilligkeit, mit der gefeierte Bühnendiven wie Sarah Bernhardt und Gabrielle Réjane vor der Kamera auftraten, trug viel dazu bei, den Status der Filmschauspielerei aufzuwerten, während die Akzeptanz des Kintopps von Seiten des Bürgertums zum Bau der ersten Filmpaläste führte. Aber die größte Bedeutung hatte der Film d'Art hinsichtlich der Inspiration, die er Regisseuren lieferte, die aus dem Proszenium entfliehen und wahrhaft filmische Filme produzieren wollten. ∎

Und die Größe zählt doch

VON LINKS NACH RECHTS: *Desperados mit Pistole: Dan Kelly (Sam Crewes) und Steve Hart (Mr McKenzie) im ersten Spielfilm,* Die Geschichte der Kelly-Bande *(1906), sowie McTeague (Gibson Gowland) und Marcus (Jean Hersholt) in Erich von Stroheims verstümmeltem Meisterwerk* Gier *(1924)*

IDEE NR. 16
SPIELFILME

Es ist kaum vorstellbar, welche Wirkung der einstündige Film *Die Geschichte der Kelly-Bande* (1906) des Australiers Charles Tait auf Zuschauer hatte, die zehnminütige Einakter gewohnt waren. Auch wenn die ersten Kinogänger damit zufrieden waren, Nachrichten und Trickfilme zu bestaunen, hatten die Filmemacher, die mit Romanen und Bühnenstücken groß geworden waren, größere künstlerische Ambitionen.

Die Umwandlung der flimmernden Neuheit in ein anspruchsvolles Erzählmedium wäre ohne die Latham-Schlaufe nicht möglich gewesen, die sicherstellte, dass auch Zelluloidstreifen von mehr als 30 Metern Länge abgespielt werden konnten, ohne durch die Kamera- und Projektormechanik eingerissen zu werden. Der Impuls, auf längere Filme umzusteigen, kam allerdings aus Europa. Georges Méliès' *Die Reise zum Mond* (1902) zeigte 30 Tableaus in ungefähr 14 Minuten und war damit fast dreimal so lang wie seine Konkurrenten. Eine Kombination aus Film d'Art wie *Les amours de la reine Élisabeth* (1912) und italienischen Großspektakeln wie *Quo Vadis?* (1913) inspirierte David Wark Griffith dazu, sich mit *Judith of Bethulia* (1913) auf das Gebiet der Spielfilme zu wagen, und den Unternehmer Adolph Zukor dazu, eine Verleihfirma zu gründen. Das wiederum bewegte Kinobesitzer dazu, Filme zu mieten anstatt zu kaufen und ihre Nickelodeons zugunsten prächtigerer Filmpaläste aufzugeben, die eine gebildetere Klientel anzogen.

Weil der Umstieg auf Spielfilme zu einem Zeitpunkt stattfand, als Europa im Ersten Weltkrieg versank, konnte Hollywood seine bis heute anhaltende weltweite Vormachtstellung über das Kino aufbauen. Das Filmemachen wurde zum Geschäft und Drehpläne, die zu Drehbüchern entwickelt wurden, ersetzten den eher improvisierten Ansatz der Kurzfilmproduktion. Studios, die aus den Einspielgewinnen der Spielfilme aufgebaut wurden, gaben den Regisseuren stärkere Kontrolle über Dekoration, Beleuchtung und Technik und verfeinerten die Filmgrammatik zu einer universellen, wortlosen Sprache, die Geschichten aller Genres in visuell neuartiger und verständlicher Weise erzählen konnte.

Trotzdem gab es nur wenige Filmemacher in Hollywood, die komplette künstlerische Freiheit hatten. Denn Spielfilme waren ein Teil von Kinoprogrammen, die jeden Tag eine bestimmte Zahl von Vorstellungen umfassten, um die Kasseneinnahmen zu optimieren. Infolgedessen musste Erich von Stroheim sein neunstündiges 42-Filmrollen-Meisterwerk *Gier* (1924) von MGM auf zehn Rollen zusammenschneiden lassen. In der Tonfilmzeit waren A-Movies im Schnitt 90 Minuten lang, B-Movies ungefähr eine Stunde. Aber Victor Flemings 226-Minuten-Werk *Vom Winde verweht* (1939) demonstrierte

> „Die Laufzeiten stiegen bis zur Epoche der Blockbuster weiter an."

OBEN: Scarlett O'Hara (Vivien Leigh) in Vom Winde verweht (1939) zwischen verwundeten Soldaten der Konföderierten im Eisenbahndepot von Atlanta

UNTEN: Während Phil Jutzis Verfilmung von Alfred Döblins Berlin Alexanderplatz aus dem Jahr 1931 eine Laufzeit von 85 Minuten hatte, dauerte Rainer Werner Fassbinders Version von 1980 (hier gezeigt) 931 Minuten.

das kommerzielle Potenzial von Filmstartsondervorführungen. Sie ermöglichen den Studios, überhöhte Preise für Vorstellungen in prestigeträchtigen Lichtspielhäusern zu verlangen. Die Ausmaße wurden sogar noch epischer, als die Studios anfingen, auf Überlängen zu setzen, um den Rückgang der Zuschauerzahlen aufzuhalten.

Die Laufzeiten stiegen bis zur Epoche der Blockbuster weiter an. Aber es gab auch Kunstfilm- und Avantgardemonster, die sogar Rainer Werner Fassbinders 931-Minuten-Film *Berlin Alexanderplatz* (1980) und Jacques Rivettes 773-minütiges *Out 1: Noli me tangere* (1971) zwergenhaft erscheinen ließen, wie Gérard Courants *Cinématon* (1978–2009), eine lautlose Sammlung von 2269 Vignetten, die über die Jahre auf 151 Stunden anwuchs. ∎

Ein kleiner Luxus für die Mittelschicht

IDEE NR. 17
FILMPALÄSTE

Das britische Unternehmen Odeon, bis heute Europas größte Kinokette, wurde 1928 von Oscar Deutsch gegründet, der behauptete, der Name stehe für „Oscar Deutsch Entertains Our Nation".

Um die Mitte der 1910er Jahre war der Kinobesuch zum nationalen Freizeitvergnügen der Amerikaner geworden. Die Vorführer waren so eifrig darauf bedacht, ihren Kunden unvergleichliche Fluchten aus dem Alltag zu bieten, dass Architekten Lichtspieltheater entwarfen, die „die palastartigen Heime von Prinzen und Königen im Namen und im Auftrag seiner Exzellenz – des amerikanischen Bürgers" imitierten.

Die frühesten Zuschauer hatten ihre Seherfahrungen in der weit weniger zuträglichen Umgebung von Jahrmarktständen, Zirkuszelten und Varietéhäusern gemacht. Sogar die Nickelodeons, die nach 1905 aus dem Boden geschossen waren, hatten wenig mehr als harte Bänke und Klavierbegleitung zu bieten. Aber während diese Ladenlokale als passende Orte für Einwanderer und Proletarier galten, schafften sie es nicht, die Mittelschicht anzulocken – sie war von Vorführungen in Theatern beeindruckt, in denen Spektakel wie *Les amours de la reine Élisabeth* (1912) und *Die Geburt einer Nation* (1915) gezeigt wurden. Als sie merkten, dass diese neue, ehrbare Klientel gewillt war, für Spielfilme überhöhte Preise zu bezahlen, beeilten sich die Vorführunternehmen, das erste Großkino nachzuahmen, das 1913 in New York eröffnet worden war – Thomas W. Lambs Regent mit 1 845 Sitzen.

4 000 Lichtspielhäuser wurden im Lauf des folgenden Jahrzehnts erbaut, als Lamb, John Eberson, George Rapp und Charles S. Lee die Architekturstile Europas und Asiens plünderten, um Normalbürgern ein Gefühl von Luxus zu geben. Samuel L. Rothapfel eroberte den Broadway mit seinem Rialto, dem Rivoli und dem Roxy, die an Exotik noch von Sid Graumans Kinos in Los Angeles übertroffen wurden: dem Million Dollar, dem Egyptian Theatre und dem Chinese Theatre. Überall in den USA – und tatsächlich auf der ganzen Welt – hatten Städte nun ihre eigenen Filmpaläste, komplett mit Marmorfoyers, Kronleuchtern, vergoldetem Stuck, Teppichen, Wandgemälden, geschwungenen Treppenaufgängen, Brunnen und Klimaanlagen, viele mit liviertem Personal und eigenem Orchester, das den Abend durch die Begleitung von Auftritten weiter aufwerteten.

Aber die meisten Amerikaner gingen in kleinere Häuser und im Geiste der aufkeimenden Konsumkultur verlangten sie etwas für ihr Geld. Infolgedessen begann Hollywood, Kurzfilme im Real- und Trickfilmformat, Filmserien und Wochenschauen zu produzieren, um ein ausgewogenes Programm vor dem Hauptfilm anzubieten. Als Art déco zum vorherrschenden Baustil aufstieg und die Weltwirtschaftskrise schmerzlich spürbar wurde, entstanden B-Movies und Pausen, die die Gastronomieeinnahmen ankurbeln sollte. Mit Samstagsmatineen für Kinder, „Midnight Rambles" für Afroamerikaner und Tombolas für die Mittellosen versuchten sowohl die Kinoketten als auch die unabhängigen Kinos den Einnahmerückgang aufzuhalten. Trotzdem sanken die wöchentlichen Zuschauerzahlen 1932 um ein Drittel und 8 000 amerikanische Kinos wurden geschlossen.

Aber es verschwanden nicht nur die kleinen Vorführer, denen Blockbuchungen von Filmen und die Umstellungskosten für den Tonfilm aufgebürdet wurden. Auch die Ketten, die den Big Five der Hollywoodstudios gehörten (Metro-Goldwyn-Mayer, Paramount, Warner Brothers, Fox und RKO) – wurden dezimiert, bis sie schließlich verkauft wurden, nachdem die Auflagen der Paramount Decrees von 1948 es den Studios untersagt hatten, eigene Kinos zu besitzen. Als sich die Sehgewohnheiten der neuerdings in Vorstädten lebenden Bevölkerung veränderten, wurden Dutzende pompöser Gebäude abgerissen oder umgebaut. Aber durch die Art und Weise, in der sie Filme gefördert und präsentiert hatten, spielten sie eine Schlüsselrolle für das Goldene Zeitalter Hollywoods, denn ihre Einnahmen erhielten die Studios am Leben und diktierten die Art der produzierten Filme. Mehr noch, sie erschufen die Gewohnheit des Kinobesuchs, die den amerikanischen Film über nachfolgende Krisen hinweg am Leben erhielt und kommerzielle Erfolge hervorbrachte, deren Export es dem US-Kino ermöglichte, seine globale Vorherrschaft beizubehalten. ∎

1928 eröffnet, wurde John Ebersons im Stil der französischen Renaissance erbautes Paradise-Kino in Chicago 1956 wieder geschlossen, weil die Akustik seiner Kuppeldecke für Tonfilme ungeeignet war.

„Die meisten Drehbücher ... sind organische Dokumente, die während der Dreharbeiten ergänzt werden können."

John Turturro als Intellektueller, der sich in Joel und Ethan Coens Hollywoodsatire Barton Fink *(1991) mit dem Drehbuch für einen Wrestlingfilm mit Wallace Beery abplagt.*

Die unterschätzte Kunst des Schreibens

IDEE NR. 18
DREHBÜCHER

Das Kino hat ohne Drehbücher begonnen, und es ist auch heute noch möglich, einen Film ohne Buch zu drehen. Aus diesem Grund ist die Bedeutung der Autoren im Lauf der letzten 100 Jahre oft angezweifelt worden. Aber als Laufzeiten und Budgets stiegen, wurde das Drehbuch zum Grundpfeiler der Filmfabrik von Hollywood.

Im Jahr 1909 entschied die Motion Picture Patents Company, dass alle Filme die Laufzeit einer einzigen Filmrolle von 1000 Fuß (circa 300 Meter) Länge haben sollten. Diese Standardisierung veränderte die amerikanische Filmindustrie, indem sie vorhandene Vertriebs- und Aufführungssysteme vereinfachte und einen entscheidenden Einfluss auf die Art, wie Filme gedreht wurden, hatte. Denn Produzenten wie Thomas Ince bestanden von nun an darauf, dass Drehbücher und Szenarien verwendet wurden, die dem Regisseur nicht nur einen erzählerischen Ablauf lieferten, dem er folgen konnte, sondern auch eine logistische Struktur, mit der man Abläufe rationalisieren konnte. Kostüme, Requisiten, technische Ausrüstung und Darsteller waren so immer am richtigen Drehort oder Filmset, um Zeit und Geld zu sparen.

Die meisten Drehbücher umfassen ungefähr eine Seite pro Filmminute und sind organische Dokumente, die während der Dreharbeiten verändert werden können, indem auf den nummerierten und farbkodierten Seiten Szenen ausgelassen oder neues Material hinzugefügt wird. Ein Script- oder Continuity-Mitarbeiter hält alle Veränderungen fest, die während der Produktion vorgenommen werden, um sicherzustellen, dass die Bildinformationen an den Schnittstellen übereinstimmen. Aber obwohl Drehbücher an den meisten Filmsets genauso essentiell sind wie Storyboards, sind Hollywoods Autoren nicht immer sehr respektvoll behandelt worden.

Erst ab 1912 gab es ein Copyright für Szenarios und im Abspann der Filme tauchte der Beitrag der Autoren selten auf. Auch die berühmten Schriftsteller, Journalisten und Theaterautoren, die die Studios für die aufkommenden Tonfilme nach Kalifornien eingeladen, wurden oft schlecht bezahlt. Außerdem mussten sie hinnehmen, dass ihre Arbeit – oft Adaptionen von Entwürfen, deren Rechte bereits vorab verkauft worden waren – von hauseigenen Schreiberlingen und „Skript Doctors" korrigiert wurde. 1933 wurde die Writers Guild gegründet. Aber auch sie hatte nicht die Macht, zu verhindern, dass den Autoren (unter ihnen viele Frauen) immer wieder die gleichen Genres oder Spezialaufgaben wie Handlungsabläufe, Dialoge oder Gags zugeteilt wurden.

Weil Regisseure in Europa häufiger an ihren Drehbüchern mitarbeiteten, wurde die Kunst der Autoren dort höher geschätzt. Trotzdem verurteilte François Truffaut die „Tradition de la Qualité", die bei den französischen Nachkriegsdrehbüchern entstanden war, und das Postulat seiner Auteur-Theorie ermutigte weitere Filmemacher dazu, Drehbücher mit ihrer eigenen Persönlichkeit zu durchtränken. Aber obwohl einige Regisseure es vorziehen, zu improvisieren oder mit kurz gefassten Treatments zu arbeiten, verlassen sich die meisten immer noch auf ein mit Anmerkungen versehenes Drehbuch – trotz der alten Hollywoodmaxime, dass noch nie jemand eine Eintrittskarte gekauft hat, um ein Drehbuch zu sehen. ∎

Boris Karloff liest das Drehbuch von Karl Freunds Die Mumie *(1932), in dem er sowohl Ardath Bey als auch den zum Leben erwachten Imhotep spielt.*

Zauberei am Set

OBEN LINKS: *Durchs Dunkel stolpern: Robert Kraskers meisterhafte Lichtführung stürzt Holly Martins (Joseph Cotton) in* Der dritte Mann *(1949) in Verwirrung.*

OBEN: *Peter Jackson kombiniert Effekttechniken aus Stummfilm- und Digitalära für seine Trilogie* Der Herr der Ringe *(2001–03).*

IDEE NR. 19
IN-KAMERA-EFFEKTE

Für den modernen Blick mögen Bilder, die erst bei der Nachbearbeitung erstellt werden, authentischer sein, aber in den ersten Jahrzehnten des Kinos wurden Kunstfertigkeit und Erfindungsgabe in Kameraeffekte investiert, die direkt an den Filmsets produziert wurden – von Shutter-Effekten bis zu Matte Paintings, die vergangene oder phantastische Welten heraufbeschworen.

Visuelle Effekte haben Zuschauer schon seit den Tagen des Kinetoskops verzaubert. Georges Méliès erkannte schnell das Potenzial der Tricktechniken, und seine Verwendung von Stop-Motion und Mehrfachbelichtungen zeigte, dass bewegte Bilder mehr konnten, als die Wirklichkeit abzubilden. Edwin S. Porter gab den Effekten in *Der große Eisenbahnraub* (1903) eine dramatische Funktion und David Wark Griffith und die französischen Impressionisten gehörten zu den ersten, die zeigten, dass Auf- und Abblenden, Irisblenden, Überblendungen und Doppelbelichtungen für die Sprache des Stummfilms ebenso zentral waren wie Position und Bewegung der Kamera.

Von Norman Dawn erfunden, beschwören Matte Paintings illusionistische Filmwelten wie die Smaragdstadt in *Der Zauberer von Oz* (1939) und den Freiheitsstatuenstrand in *Planet der Affen* (1968). Ebenso hilfreich bei der Reduzierung der Kosten für Dekorationen und der Schwierigkeiten von Dreharbeiten im Ausland war der Schüfftan-Prozess, bei dem ein halbtransparenter Spiegel in einem Winkel von 45 Grad an der Kamera angebracht wurde, um Landschaftsbilder oder Miniaturgebäude zu spiegeln und so die Illusion zu vermitteln, dass sich die Schauspieler in riesigen Räumen aufhalten. Von dem deutschen Kameramann Eugen Schüfftan für *Metropolis* (1926) perfektioniert, wurde das Verfahren oft von Alfred Hitchcock verwendet und von Peter Jackson für *Der Herr der Ringe: Die Rückkehr des Königs* (2003) wiederbelebt.

Das Dunning-Pomeroy-Verfahren, eine primitive Form des Bluescreenverfahrens, bot für *Tarzan, der Affenmensch* (1932) andere Möglichkeiten. Aber beide Systeme wurden von der Rückprojektion überflüssig gemacht. Für diese Technik verwendete man durchscheinende Leinwände, um Straßenaufnahmen, Reiseszenen und Verfolgungsjagden zu verschönern, nachdem die Einführung des Tons Außenaufnahmen problematisch gemacht hatte. Die Einführung eines Dreifachprojektorformats machte farbige Hintergründe möglich, aber schließlich wurde die Aufprojektion zum Standard, nachdem Douglas Trumbull für *2001: Odyssee im Weltraum* (1968) damit größere, hellere und detaillierte Bilder erzielt hatte. Obwohl die Aufprojektionssysteme danach immer effizienter wurden, ist die Bildmischung inzwischen fast vollständig eine Domäne der Digitaltechnik geworden.

Zeitrafferaufnahmen gaben dem Slapstick der Stummfilme bei der Vorführung das unverwechselbar überschnelle Tempo. Filmemacher wie Jean Cocteau, Akira Kurosawa, Martin Scorsese und John Woo haben hingegen die Zeitlupe eingesetzt, um entweder Drama und Spannung oder aber die unterschwellige Wirkung wichtiger Szenen zu verstärken. Obwohl sie primär für komische Zwecke verwendet wird, kann die Rückwärtswiedergabe ebenfalls eine beunruhigende Wirkung haben, genauso wie Schärfenverlagerung, Kamerafahrten mit Zoom, Slitscan-Aufnahmen, Speed-Ramp-Beschleunigungseffekte sowie Zeitraffer und Bullet-Time-Sequenzen. ■

Martin Scorsese verwendete Großaufnahmen und Zeitlupe, um die Brutalität der Boxkämpfe in **Wie ein wilder Stier** *(1980) zu betonen.*

Betty Hutton durchlebt noch einmal die glorreichen Tage der Stummfilmserien in Pauline, lass das Küssen sein *(1947), einer Verfilmung des Lebens der legendären Serienheldin Pearl White.*

Der Aufstieg des Cliffhangers

IDEE NR. 20
SERIEN

Mehr als 470 Serien wurden zwischen 1912 und 1956 in den USA produziert. Die Chapterplays, wie sie auch genannt wurden, erzählten Fortsetzungsgeschichten in 10 bis 15 wöchentlichen Folgen von je 15 bis 25 Minuten und trugen damit dazu bei, den Kinobesuch zur Gewohnheit zu machen. Ihr Erbe lebt im Hollywoodblockbuster weiter.

OBEN: *Buster Crabbe zwischen Frank Shannon (Dr. Zarkov) und Jean Rogers (Dale Arden) in* Flash Gordon's Trip to Mars *(1938)*

UNTEN: *Plakat für Edward Sedgwicks 20-Teiler* Fantomas *(1920), der seine visuellen Kernelemente aus dem Original des französischen Serienmeisters Louis Feuillade von 1913 übernahm*

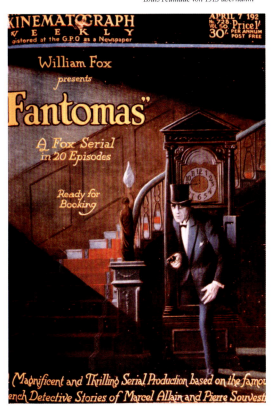

Die Serienform war schon lange eine übliche Praxis der Literatur, bevor Thomas Edison 1912 *What Happened to Mary?* in Zusammenarbeit mit der Zeitschrift *McClure's Ladies' World* herausbrachte. Aber es waren *Die Abenteuer der Kathlyn* (1913), die den Stummfilmserienboom auslösten, indem sie die Sensationslust von Groschenroman, Volkstheater und Filmmelodram zu einem Episodenformat verschmolzen, das beherzte Heldinnen gegen teuflische Bösewichte und ihre Höllenmaschinen antreten ließ. Die Geschichten verließen sich eher auf Erfindungsgabe, Zufall und Verwicklungen als auf Kontinuität und Charaktere. Aber jede Folge versprach reichlich Action und einen Cliffhanger als Höhepunkt. Serienstars wie Kathlyn Williams, Grace Cunard, Ruth Roland und Pearl White wurden so beliebt, dass die Produktion zwischen 1914 und 1920 von sechs auf 28 Serien pro Jahr anstieg.

Parallel zum neu entstehenden Spielfilm nutzen amerikanische Serien Naturkräfte, Technologie, Verfolgungsjagden und Rettungen in letzter Sekunde, um genreübergreifende Spektakel zu erschaffen. Billigimitate wurden in Großbritannien, Dänemark, Deutschland, Italien und Spanien produziert. Aber nichts kam Louis Feuillades *Fantômas* (1913), *Die Vampire* (1915) und *Judex* (1916) gleich. Sie führten einen inhaltlichen Anspruch und eine psychologische Tiefe ein, die Hollywood kaum nachahmen wollte. Denn der Ton verwandelte die Serie in ein eskapistisches Format, das sich primär an das Publikum der Samstagsmatineen richtete und die tapfere Heldin durch männliche Actionstars ersetzte, die in Dschungel-, Luftfahrt- und Spionageabenteuern sowie in Krimis, Western, Science-Fiction- und Superheldengeschichten auftraten.

Die kleineren der wichtigen Studios wie Columbia und Universal sowie Hollywoods Low-Budget-Studios der Poverty Row wie Republic dominierten die Szene. Republic zählte Roy Rogers und Gene Autry zu seinen Stars und William Witney und John English zu seinen wichtigsten Regisseuren. Und dank der Spezialeffektzauberer Howard und Theodore Lydecker und des Stuntmans Yakima Canutt konnte das Studio seine Filme spannend, fristgerecht und ohne Budgetüberschreitungen produzieren. Universal dagegen war in der Lage, 250 000 Dollar für *Flash Gordon* (1936) auszugeben und durch Neufassungen der Serie und ihre Spielfilmnachfolger Geld zu verdienen.

In den 1930ern nahmen Serienhelden wie Buster Crabbe, Ralph Byrd, Tom Tyler und Kane Richmond ihre Rollen ebenso wichtig wie die Cowboys Buck Jones, Johnny Mack Brown, Ken Maynard und John Wayne. Aber sobald die Serien nach dem Krieg aufgehört hatten, gegen die Achsenmächte anzugehen, wurde Geist durch Muskeln ersetzt und ein gewisses Maß an Kitsch fing an, sich in die Handlung einzuschleichen. Aber die Paramount Decrees hatten gravierende Folgen für die Filmserien, genauso wie das Fernsehen, das das Einzelfolgenformat auf seine Dauerserien übertrug. Insofern endeten die Studioproduktionen 1956 mit Columbias *Blazing the Overland Trail*.

Trotzdem zeigt sich deutlich der Einfluss, den die Filmserien auf Regisseure wie George Lucas und Steven Spielberg hatten: an der Ähnlichkeit von Darth Vader aus den *Star-Wars*-Filmen mit „The Lightning" aus *The Fighting Devil Dogs* (1938) und von Indiana Jones mit dem Titelhelden aus *Don Winslow of the Navy* (1942). Außerdem hat auch die Tatsache, dass Hollywoods Großunternehmen bis heute auf Superhelden fixiert sind, ihre Wurzeln in Filmserien über Superman, Batman, Captain America, die Grüne Hornisse, Buck Rogers und den Lone Ranger. ■

OBEN: *Hier lauert ein Unfall:* In **Das unfertige Fertighaus** *(1928) werden Stan Laurel und Oliver Hardy gleich Ruhe in Chaos verwandeln.*

LINKS: *Meister und Schüler: Charlie Chaplins Figur „Little Tramp" ist als abgerissene Version von Max Linders Dandy bezeichnet worden.*

Von der Rauferei zum Ekelhumor

IDEE NR. 21
SLAPSTICK

OBEN: Die Marx Brothers im Krieg *(1933)*, die letzte Komödie der Marx Brothers mit Groucho, Chico, Harpo und Zeppo, führt die einzigartige Form von verbalem Slapstick vor.

UNTEN: Oh, benimm dich!: Mike Myers durchsetzte die Handlung von Austin Powers – Das Schärfste, was Ihre Majestät zu bieten hat *(1997)* mit Slapstick-Elementen und Zweideutigkeiten.

Es gibt viele Formen der Filmkomödie, aber der Slapstick ist die unvergänglichste. Er hat viel dazu beigetragen, bewegte Bilder bei Zuschauern in aller Welt beliebt zu machen, denn die körperbetonten Possen von Helden, die darum kämpften, ihre Würde zu retten – während um sie herum alles im Chaos versank – waren viel weniger kulturspezifisch als Sprachwitz.

Der Slapstick ist nach dem „Schlagstock" benannt, der ein Knallgeräusch produzierte, wenn die Schauspieler einander damit schlugen – er wurde in der Commedia dell'Arte verwendet, einer Tradition der italienischen Bühne, deren Mischung aus Stereotypen, Sketchen und Bühnennummern über Zirkus und Pantomime an Varieté, Burlesquetheater und zuletzt an das Kino weitergereicht wurde. Viele der frühen Witzfilme kopierten beliebte Varieténummern und Comics, aber das temporeiche Gerangel spiegelte auch die Alltagserfahrung in den immer stärker industrialisierten, zersiedelten Städten – der Stummfilmslapstick enthielt unweigerlich sozialkritische Elemente.

Louis Lumières *L'Arroseur arrosé* (1895) schuf den ersten Leinwandwitz, und verschiedene französische Comedyserien trugen zur Entwicklung von Filmsprache und -technik bei. Darüber hinaus erlaubten Kurzfilme mit André Deed als Boireau (1906–09), Charles Prince als Rigadin (1909–20) und Ernest Bourbon als Onésime (1910–14) ihren Stars, kreative Ideen zu entwickeln – Max Linder wurde buchstäblich zum Slapstickautor durch seine Kurzfilme, die er zwischen 1910 und 1917 drehte und die beträchtlichen Einfluss auf Charlie Chaplin hatten.

Chaplin gab sein Debüt 1914 für Mack Sennett. Auch „King of Comedy" genannt, pflegte Sennett einen schnellen, ruppigen Stil namens Socko, der seine scheinbar unzerstörbaren Keystone Kops und Bathing Beauties in halsbrecherische Verfolgungsjagden, lebensgefährliche Höhen oder Begegnungen mit widerspenstigen Requisiten schickte.

Chaplin fand solch überdrehte Clownerien grobschlächtig und verlegte sein Augenmerk auf Rolle und Situation, während er immer noch Slapstick nutzte, um die Nöte seines Little Tramp in einer feindseligen Gesellschaft menschlich zu machen und zu untergraben. Harold Lloyd wählte einen ähnlich eleganten Ansatz, als er sein Markenzeichen, den Draufgänger, erfand. Seine Spannungskomödien wurde nur von Buster Keaton übertroffen, der seinen meisterhaftem Umgang mit übergroßen Requisiten so fließend und präzise in die Filmerzählung integrierte, dass er es in die Titelrollen seiner selbstentwickelten Filme schaffte, während Komödienstars wie Ben Turpin, Chester Conklin und Snub Pollard ins Dunkel des Statistendaseins abdrifteten.

Allerdings gehörte Keaton zu den vielen Komikern, die in der Zeit des Tonfilms zu kämpfen hatten – nur Hal Roachs Duo, Stan Laurel und Oliver Hardy, und ihre dänischen Pendants Carl Schenstrøm und Harald Madsen schafften den Übergang erfolgreich. Die Marx Brothers, W. C. Fields, Charley Chase, Abbott und Costello (Bud Abbott und Lou Costello) und die Three Stooges haben Slapstick in ihre Filme eingebaut. Slapstick wurde auch zur wichtigsten Stütze von Zeichentrickfilmen wie *Tom und Jerry*.

Der Slapstick wurde schließlich nichts weiter als eine weitere komische Zutat in wilden Tollheiten wie den Filmen von Jerry Lewis. Jim Carrey trieb Lewis' umstrittene Art der mimischen Komik in den 1990er Jahren bis ins Extrem. Aber während die physische Komik in *Kevin – Allein zu Haus*, *American Pie* und *Austin Powers* genauso wie die Ekelkomik der Brüder Farrelly immer kindischer wurde, griffen Bollywood-Unterhaltungsfilme und Hongkong-Kampfsportfilme weiterhin mit ihren Slapstickelemente auf unschuldigere Zeiten zurück. ∎

Tollkühne Doubles

Wire-Fu-Techniken machen es Nameless (Jet Li) und Sky (Donnie Yen) möglich, sich in Zhang Yimous Wuxia-Klassiker Hero *(2002) in der Luft zu duellieren.*

IDEE NR. 22
STUNTS

Das Hollywoodmotto „Der Schmerz geht vorüber, der Film bleibt ewig" klingt oberflächlich. Aber es könnte als Grabspruch für die Stuntmen und Stuntwomen stehen, die ihr Leben gelassen haben, um Filme spektakulärer und authentischer zu machen, seit Frank Hanaway in *Der große Eisenbahnraub* (1903) von seinem Pferd geschossen wurde.

Die ersten Stuntmen waren Akrobaten, Rodeoreiter, Sportler und Bodybuilder, die sich ebenso sehr auf ihren physischen Mut wie auf ihre Technik verließen. Das Gleiche galt für den Cowboy Tom Mix und die Slapstickkomiker der Keystone Studios. Mack Sennetts temporeiche Possen dagegen wurden von dem ehemaligen Rennfahrer Del Lord sorgfältig inszeniert, und sowohl Buster Keaton als auch Harold Lloyd planten ihre Stunts bis ins kleinste Detail, um sicherzugehen, dass sie ebenso gefahrlos wie einfallsreich komisch waren. In ähnlicher Weise verbrachte Douglas Fairbanks Stunden damit, seine Mantel-und-Degen-Bravourstücke zu proben. Aber straffere Drehpläne brachten größere Risiken mit sich. Außerdem wurden Stuntmen selten im Abspann genannt, weil die Produzenten das spannungshungrige Publikum in dem Glauben lassen wollten, dass Stars wie Pearl White und Charles „the Thrill-a-Minute Stunt King" Hutchison ihre Tollkühnheiten ausschließlich selbst ausführten.

In der Stummfilmzeit trotzten Stuntmen wie Gene Perkins und Harvey Parry Feuer, Wasser und wilden Tieren, um die Handlung so sensationell wie möglich zu halten, während sich Al Wilson und Dick Grace in Flugabenteuern wie dem ersten oscarprämierten Film *Flügel aus Stahl* (1927) in die Lüfte schwangen. Man bemühte sich, die Sucht des Publikums nach Cliffhangern, Luftrettungsaktionen, Prügeleien und Verfolgungsjagden zu befriedigen, und zwischen 1925 und 1930 gab es bei Dreharbeiten zu Hollywoodfilmen 10794 Verletzte, darunter 55 Todesfälle. Auch viele Pferde starben durch Fallgruben- und Stolperdrahtmethoden. Nachdem sich der amerikanische Tierschutzverband Zugang zu Filmsets gesichert hatte, wurden solche Methoden 1940 verboten.

Außerhalb der Errol-Flynn-Actionstreifen waren in den 1930er Jahren vor allem B-Movies und Filmserien das Revier von Stunts. Aber Meister der Stuntkunst wie Yakima Canutt und B. Reeves Eason belebten auch Prestigefilme wie *Höllenfahrt nach Santa Fé* und *Vom Winde verweht* (beide 1939), und die tollkühne Schlüsselszene wurde zum Kernelement von Breitwandmonumentalfilmen wie *Ben Hur* (1959). Als die Studioära endete, wandelte sich der Themenschwerpunkt – weg von der klassischen Antike und dem Wilden Westen, hin zur modernen Großstadt. Cary Loftin perfektionierte die Autojagd in *Bullitt* (1968) und *Fluchtpunkt San Francisco* (1971), nachdem er 30 Jahre lang Explosionen, Überschläge und Zusammenstöße geplant hatte. Die *James-Bond-007*-Filme setzten neue Maßstäbe für Stuntszenen, die von Stuntexperten wie Hal Needham, Glenn Randall, den Brüdern Corbould, Jeannie Epper und Yuen Wo-Ping im Zeitalter der Blockbuster fortgeführt wurden. Trotz des Widerstands der Versicherungen setzten außerdem Sylvester Stallone, Jackie Chan und Tom Cruise die Tradition anderer Stars fort und übernahmen ihre Stunts selbst.

Die Entwicklung neuer Abriss-, Zünd- und Pyrotechnikverfahren sowie von Techniken wie dem Wire Fu demonstriert den andauernden Erfindungsreichtum und die Lebendigkeit der physischen Stuntkunst. Aber der unstillbare Appetit des Publikums auf immer tollkühnere spektakuläre Stunts hat zur Entwicklung unzerstörbarer Synthespians (virtuelle Schauspieler) geführt, deren simuliert waghalsiges Aussehen nur von der menschlichen Phantasie eingeschränkt wird. ∎

RECHTS: *Aller guten Dinge sind drei: Buster Keaton wiederholt in* Wasser hat Balken *(1928) einen Stunt, den er schon in* Back Stage *(1919) und* One Week *(1920) vorgeführt hatte.*

UNTEN: *Yakima Canutt als Double für John Wayne in John Fords* Höllenfahrt nach Santa Fé *(1939), wo er noch einen weiteren waghalsigen Sprung zu Pferd als Apache vorführte*

„Cliffhanger, Luftrettungsaktionen, Prügeleien und Verfolgungsjagden"

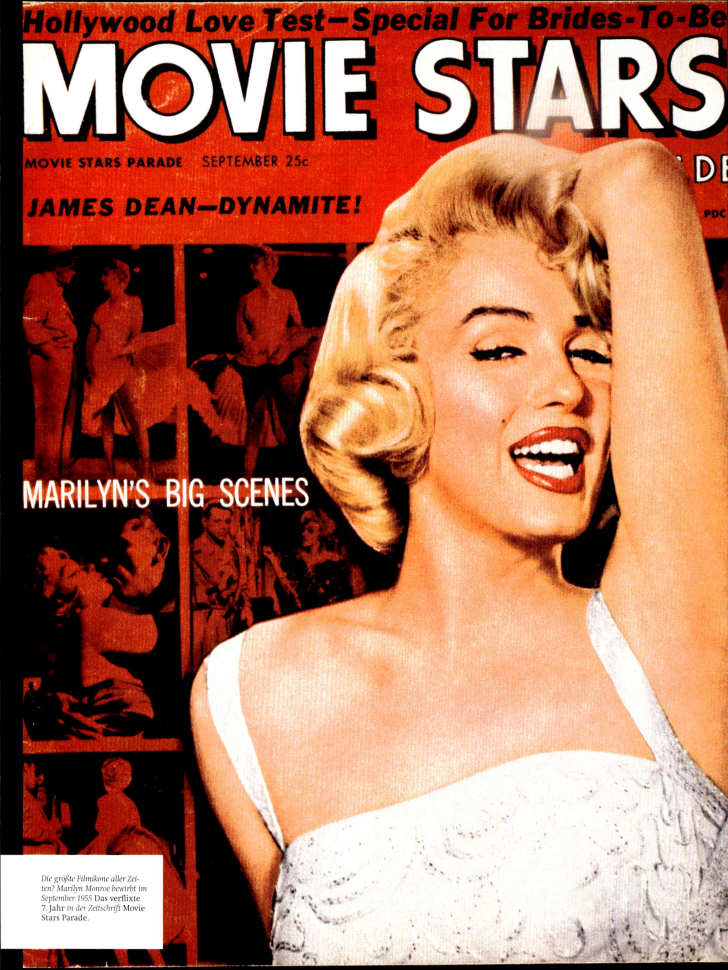

Die größte Filmikone aller Zeiten? Marilyn Monroe bewirbt im September 1955 Das verflixte 7. Jahr *in der Zeitschrift* Movie Stars Parade.

Träume werden käuflich

IDEE NR. 23
DAS STARSYSTEM

Indem es die Persönlichkeiten der Schauspieler kontrollierte und sogar neu erfand, stellte Hollywoods Starsystem sicher, dass die Matinee-Idole vorführten, wie Träume wahr werden können. Aber im Lauf der letzten 60 Jahre haben Freiberuflertum, neugierige Medien und der Aufstieg des Internets die von den Studios kontrollierten Starmythen deutlich abgeschwächt.

UNTEN: Hüterin der Flamme: Bollywood-Superstar Aishwarya Rai in Sanjay Leela Bhansalis Devdas (2002)

GANZ UNTEN: Aus einem Kriegsgebiet gerettet, drehte der Deutsche Schäferhund Rin Tin Tin von 1922 bis 1931 26 Filme für Warner und bewahrte so das Studio vor dem Bankrott.

Die meisten frühen Kinodarsteller waren Amateure. Aber der Umstieg vom Nachrichten- zum Erzählfilm veranlasste amerikanische Filmemacher, feste Ensembles von Schauspielern zusammenzustellen, um die Nachfrage der Nickelodeons zu decken. Ein Jahr, nachdem Thomas Edison die französische Importschauspielerin Madame Pilar-Morin präsentiert hatte und die Kalem Company seine Hauptakteure mit Namen nannte, täuschte Carl Laemmle, der Chef der Independent Moving Picture Company (IMP), den Tod von Florence Lawrence vor, um den Kassenerfolg von The Broken Oath (1910) anzukurbeln – auf diese Weise erschuf er das Starsystem.

Die Identitäten der Stars wurden zu Markenartikeln: Namen wurden geändert, Lebensläufe erfunden und Aussehen verändert. So wurden Fangemeinden geschaffen, Kinokarten verkauft und Matinee-Idole zu Schönheitsidealen und Vorbildern. Aber obwohl jede nationale Filmbranche ihre Stars hatte, gab es für Hollywood mit seiner Vielfalt und Talentfülle keine Konkurrenz. Die meisten Stars spielten entweder Variationen ihrer Filmcharaktere oder sie wurden zur Personifizierung ihres Genres. Nicht nur bei den A-Movies gab es Stars, sondern auch im Bereich der B-Movies, Filmserien, Serien und Kurzfilme. Ebenso erlangten Kinder, Tiere und Zeichentrickfiguren Ruhm, denn Fanzeitschriften und PR-Abteilungen der Studios arbeiteten gemeinsam daran, den Hollywoodlebensstil zu glorifizieren.

Allerdings führten Fatty Arbuckles berüchtigter Totschlagprozess und die schockierenden Todesfälle von William Desmond Taylor und Wallace Reid dazu, dass Hollywood in den frühen 1920ern ein Kodex von Verboten und Vorsichtsgeboten auferlegt wurde und die Studios ihr Kapital viel besser behüteten. Zugkräftige Tonfilmstars, die lukrative, aber restriktive Abmachungen unterzeichnet hatten (zu denen oft Moralklauseln gehörten) tauschten ihre Eigenständigkeit gegen Traumrollen, sanft ausgeleuchtete Großaufnahmen und diskrete Unterstützung, falls ihr Privatleben zu öffentlich zu werden drohte. Während Clark Gable und Myrna Loy als König und Königin von Hollywood regierten, wurden unbeugsamere Filmikonen wie Bette Davis oft „suspendiert", weil sie Rollen ablehnten.

Im Zweiten Weltkrieg spielte Davis eine herausragende Rolle beim Hollywoodunterhaltungsprogramm für die Truppe, während Schauspieler wie James Stewart in Europa mitkämpften. Stewart gehörte auch zu den ersten Stars, die selbständig arbeiteten, als Agenten immer mächtiger wurden und Paketgeschäfte und Prozente Verträge und Zwänge ersetzten. Außerdem gründeten Newcomer wie Burt Lancaster und Kirk Douglas eigene Produktionsfirmen, während die älteren Stars ins Fernsehen abdrifteten. Marlon Brando dagegen führte den Method-Acting-Stil ein und der Afroamerikaner Sidney Poitier landete Mainstream-Erfolge.

Im neuen Kino der computergenerierten Bildattraktionen wurden Konzept und Spektakel wichtiger als Berühmtheit, auch wenn Filmstars wie Tom Cruise und Julia Roberts ihren kommerziellen Wert bis in die Blockbusterära behielten. Heute beginnen Filmereignisse ebenso sehr mit Gerüchten im Internet wie mit Starpräsenz, und wenn die Filmaristokratie auch weiterhin existiert, ist sie doch inzwischen in Bollywood prominenter als in Hollywood. ∎

Hurra für Hollywood!

IDEE NR. 24
HOLLYWOOD

Ohne Hollywood gäbe es kein Bollywood, kein Lollywood (in Pakistan) und kein Nollywood (in Nigeria). Es hätte auch keine Abwandlungen des Studiosystems in Großbritannien, Frankreich, Deutschland und Japan gegeben. Aber die amerikanische Filmhauptstadt könnte genauso gut in Florida oder sogar auf Kuba sein.

Anders, als der Mythos es will, wurde das ehemalige Orangenbauernprovinznest gut zehn Kilometer nordwestlich des Zentrums von Los Angeles nicht deshalb ausgewählt, weil es nahe an Mexiko lag und damit den unabhängigen Studios, die der Motion Picture Patents Company (siehe Spielfilme und Drehbücher) trotzten, die Möglichkeit bot, über die Grenze auszuweichen, um Vollstreckertrupps zu entkommen. Überzeugender ist die Erklärung, dass es viele Sonnenstunden und milde Winter bot und damit die Ganzjahresproduktion ermöglichte, die nötig war, um die florierenden Nickelodeons laufend zu beliefern. Außerdem war Hollywood attraktiv wegen seiner niedrigen Steuersätze, einem reichlichen Angebot an Arbeitskräften, begrenztem Gewerkschaftseinfluss, niedrigen Immobilienpreisen und einer vielfältigen Landschaft in 80 km Umkreis, die für jeden Ort der Welt stehen konnte.

Selig Polyscope machte den Anfang, indem es dort 1907 *The Count of Monte Cristo* drehte und 1909 das erste dauerhafte Studio gründete. Sechs Jahre später wurden 60 Prozent aller amerikanischen Filme in Hollywood gedreht. Thomas Inces industrielle Rationalisierung der Produktion, Adolph Zukors Systeme der vertikalen Integration, durch die Produktions-, Vertriebs- und Vorführungsressourcen im Besitz eines Studios waren, und die Blockbuchungen erlaubten es den börsengestützten Studios, am laufenden Band starorientierte, austauschbare Spielfilme zu produzieren, die den Weltmarkt nach dem Ersten Weltkrieg eroberten. Darüber hinaus erlaubte die wirtschaftliche Übermacht den Studios der Big Five, technische Innovationen wie Ton, Farbe und Breitwand einzuführen, die überall entscheidende Bedeutung für die Filmproduktion hatten und Hollywood halfen, ökonomische Durststrecken zu überstehen.

Hollywoods sagenumwobenes Goldenes Zeitalter, von der frühen Tonfilmzeit bis zum Auftreten des Fernsehens, war relativ kurz. Aber das, was André Bazin als „Genie des Systems" bezeichnet hat, ermöglichte ihm eine Beschleunigung der Umstellung von der Massenproduktion zur kreativen Zusammenarbeit und zur gemeinsamen Vertriebskontrolle. Als die Studios danach von multinationalen Mischkonzernen geschluckt wurden, begannen sie, von unabhängigen Produzenten, Regisseuren oder Stars entwickelte Filme zu finanzieren, die von Schauspieleragenturen oder Koproduktionspartnern zu Paketen geschnürt und in gemieteten Filmstudios oder im Ausland gedreht wurden. Trotzdem behielt die Marke Hollywood ihre Macht; sie wurde von den Blockbustern neu belebt, die weltweit die Phantasie beflügelten und Hollywoods Vorherrschaft an den Kinokassen mit Nachbearbeitungsspezialeffekten verstärkten.

Die Unternehmen, die die Studios seit den 1980ern führten, haben die Veränderung der Publikumsdemografie, den Boom der Heimunterhaltung und

Ehrlich gesagt, meine Liebe: Rhett Butler (Clark Gable) und Scarlett O'Hara (Vivien Leigh) in David O. Selznicks aufwendiger Produktion **Vom Winde verweht** *(1939)*

die Öffnung des Ostblocks und Chinas genutzt und Synergieeffekte eingesetzt, indem sie Filme mit Soundtrackaufnahmen, Videospielen, Fast-Food-Angeboten, Spielzeug, Fernseh- und Zeichentrickserien, Romanversionen, Comics, Bühnenshows und Vergnügungspark-Attraktionen verbanden. In der Tat ist Hollywood heute eher eine Geschäftschance als eine Filmgemeinde, und die Tatsache, dass es sich auf Buch- und Neuverfilmungen oder Fortsetzungen verlässt, bedeutet, dass immer weniger künstlerische Risiken in Kauf genommen werden. Aber obwohl Hollywood heute in Bezug auf die Produktionsmenge (nach Bollywood und Nollywood) nur noch die drittgrößte Filmindustrie hat, wird seine kulturelle und kommerzielle Übermacht in absehbarer Zeit nicht ins Wanken geraten. ∎

„Heute ist Hollywood eher eine Geschäftschance als eine Filmgemeinde."

1923 auf dem Mount Lee als Reklame einer Immobilienfirma errichtet, lautete der berühmte, 150 Meter lange Schriftzug bis 1949 „Hollywoodland".

Die Männer hinter der Magie

Vom Drehbuchautor zum Manager mutiert, war Darryl F. Zanuck zweimal Produktionschef von Twentieth Century Fox: 1934–56 und 1962–71.

IDEE NR. 25
FILMMOGULN

Wenige Männer wurden mehr verehrt oder verteufelt als die Moguln, die Hollywood in seinem Goldenen Zeitalter regierten. Despotisch, launenhaft und schlecht ausgebildet, hatten diese opportunistischen Showmen trotzdem ein instinktives Gespür für den Massengeschmack – sie nutzten die vertikal integrierte Struktur, die sie der amerikanischen Filmindustrie aufgezwungen hatten, um die Welt zu unterhalten.

Nachdem sie sich in verschiedenen Branchen über Wasser gehalten hatten, stolperten die meisten Moguln – die Mehrheit war osteuropäisch-jüdischer Herkunft – als Besitzer von Spielhallen, Nickelodeons oder Vertriebsfirmen ins Filmgeschäft. William Fox und Carl Laemmle wandten sich der Produktion zu und versuchten, das Kartell Thomas Edisons zu durchbrechen (siehe Das Kinetoskop und Nickelodeons), wobei sie dank ihrer Erfahrung als Einwanderer den Wert weltweit verständlicher Filme erkannten, die zum Markenzeichen Hollywoods wurden. Laemmle begriff außerdem die Bedeutung von Stars und Reklamerummel für die längeren Filme, denen er in der Nachfolge von Adolph Zukors Erfolg mit dem importierten Film d'Art *Les amours de la reine Élisabeth* (1912) den Weg bereitete. Außerdem eröffnete Laemmle 1915 die Universal Studios, die Hollywoods Vorherrschaft über die immer stärker industrialisierte Branche verstärkten.

In der Tat waren Laemmle, Fox, Zukor, Samuel Goldwyn, Louis B. Mayer, Harry Cohn und die vier Warner-Brüder so etwas wie kundenorientierte Autorenfilmer, die nicht nur das Tagesgeschäft ihrer Studios leiteten, sondern auch die Art der produzierten Filme vorgaben. Laemmle förderte bei Universal deutschsprachige Einflüsse und Zukors Ansatz bei Paramount stand der Eleganz Kontinentaleuropas nahe. Mayers MGM wurde berühmt für seine opulenten Familiensagas mit Starbesetzung, deren Happy Ends die Tugendhaften belohnten. Cohn versuchte mit knapperen Budgets etwas ähnliches bei Columbia, genauso wie der verbissen unabhängige Goldwyn, dessen geschliffene Filme von einer Intelligenz waren, die seinen Ruf als Wortverdreher Lügen strafte: „Über unsere Komödien lacht man nicht." Jack L. Warner allerdings entschied sich für einen bissigen, temporeichen Sozialrealismus, der ihm häufig Konflikte mit den Hütern des Produktionskodex einbrachte. Diesem Kodex hatten die Moguln zugestimmt, um nach der Flut von Skandalen in den 1920ern eine Einmischung von außen zu verhindern (siehe Das Starsystem). Er reglementierte ab 1934 streng den Inhalt aller Hollywoodfilme.

Zusammenarbeit war typisch für die Art, in der die Studioleiter soziale, ökonomische oder technische Fragen angingen. Sie unterstützten Praktiken wie die Block- oder Blindbuchung und akzeptierten auch ein gemeinsames Lichttonverfahren, um die Einführung des Tonfilms zu erleichtern. Außerdem teilten sie sich Stars, Autoren und Regisseure, die sie über stahlharte Verträge kontrollierten, und verteidigten ihre Investitionen vereint durch ihren Widerstand gegen die Forderungen von Berufsverbänden und durch ihre umstrittene Zusammenarbeit mit dem Komitee für Unamerikanische Umtriebe des Repräsentantenhauses (siehe Die Schwarze Liste). Infolgedessen schafften es diese unverwüstlichen Überlebenskünstler mit einer Kombination aus Frechheit, Grips, Glück, Vetternwirtschaft, Durchhaltevermögen und Skrupellosigkeit, Hollywood durch die Weltwirtschaftskrise und den Zweiten Weltkrieg zu steuern.

Gelegentlich zeigten die Moguln auch künstlerische Einsicht und reagierten eilfertig auf wechselnde Trends in Mode, Musik, Sprache und Umgangsformen. Dank ihres eigenen Migrationshintergrunds nahmen sie ausländische Talente bereitwillig auf und nutzten ihre Kenntnis der europäischen Kultur dazu, ein größtmögliches Publikum anzusprechen. Sie hatten zwar keine Lösung für die finanziellen Probleme der Nachkriegszeit, die durch das Fernsehen, steigende Kosten und die Paramount Decrees verschärft wurden. Aber die Markennamen, die sie geschaffen hatten, verhalfen den Studios dazu, die Launen von New Hollywood durchzustehen und in der weniger romantischen Ära der globalisierten Multimediamischkonzerne, die in den 1980ern begann, wieder aufzublühen. ∎

„Frechheit, Grips, Glück, Vetternwirtschaft, Durchhaltevermögen und Skrupellosigkeit"

OBEN: *Louis B. Mayer (vorn Mitte) belegte MGMs Prahlerei, man habe „mehr Stars, als Sterne am Himmel sind", bei der Oscarverleihung von 1943.*

RECHTS: *Robert De Niro war der Star in Elia Kazans Verfilmung von F. Scott Fitzgeralds* Der letzte Tycoon *(1976), die vom Produzenten Irving G. Thalberg (1899–1936), dem „Wunderknaben" der MGM, inspiriert war.*

„Der Verkauf ganzer Blöcke ungesehener Filme war von ... Großhandelsmethoden inspiriert."

Das Ende der Blockbuchungen führte dazu, dass Hollywood Monumentalfilme produzierte, wie **Cleopatra** *(1963), der 44 Millionen Dollar kostete, aber an den Kinokassen nur 26 Millionen einspielte.*

Es ist ein Verkäufermarkt

IDEE NR. 26
BLOCKBUCHUNGEN

Das Studiosystem von Hollywood war auf Blockbuchungen aufgebaut. Der Verkauf ganzer Blöcke ungesehener Filme war von traditionellen Großhandelsmethoden inspiriert und sollte garantieren, das die Aufführungshäuser immer genug Ware hatten. Anfangs hielt man dies für ein flexibles, für beide Seiten vorteilhaftes Arrangement. Allerdings führten Proteste schließlich zu einer drastischen Neustrukturierung, die die amerikanische Filmbranche wandelte.

Im Zeitalter der Nickelodeons wurden Filme nach ihrer Länge in Fuß verkauft. Aber die Umstellung auf die Spielfilmproduktion machte die Einführung von Verleihstellen notwendig, um die Verteilung zu optimieren. 1914 entstand Adolph Zukors Paramount Pictures aus der Fusion mehrerer Verleihfirmen, und durch die Verbindung von Paramount mit Famous Players-Lasky wurden Produktion, Vertrieb und Aufführung zum ersten Mal innerhalb einer Firma vereinigt. MGM, Warner Brothers, RKO und Twentieth Century Fox erreichten schließlich einen ähnlichen Grad vertikaler Integration, und als in der frühen Tonfilmzeit eine Teilung der Einkünfte mit den Vorführhäusern eingeführt wurde, begannen sie ihre Kapazität voll zu nutzen. Sie verlagerten das Produktionsrisiko, indem sie ihre üblichen Starvehikel um B-Movies ergänzten, die durch den Zwang zur Abnahme von Gesamtpaketen zu festen Verleihpreisen garantiert Abnehmer fanden.

Anderswo waren kleinere Studios wie Universal und Columbia stark von Blockbuchungen abhängig, während die Poverty Row sich mit dem „States-Rights"-System eines regionalen Vertriebs begnügten, bei dem der Filmverkauf pro Bundesstaat, nicht landesweit stattfand. Aber obwohl United Artists den Blockbuchungen abschwor, hatten viele unabhängige Produzenten das Gefühl, benachteiligt zu werden. Außerdem behaupteten konservative Interessengruppen, das System fördere eine vermehrte Produktion moralisch zweifelhafter Filme. Mit der Perspektive einer externen Zensur konfrontiert, erklärten sich die Studios bereit, sich an den Produktionskodex von 1934 zu halten, auf Saisonbuchungen kleinerer Blocks zu verzichten und den Aufführungshäusern detaillierte Beschreibungen noch nicht produzierter Filme zur Verfügung zu stellen. Trotzdem wurde Hollywood, nachdem es unter Präsident Franklin D. Roosevelts Schutz die Weltwirtschaftskrise überstanden hatte, bald von missionarischen Senatoren, dem US-amerikanischen Justizministerium und der neu entstandenen Society of Independent Motion Picture Producers belagert. Nur durch den Zweiten Weltkrieg verzögerte sich die Verabschiedung der Paramount Decrees durch den Obersten Gerichtshof auf Mai 1948 – sie untersagten nicht nur Blockbuchungen, sondern zwangen die Big Five auch dazu, ihre Kinos zu veräußern.

Der Zeitpunkt dieser Entscheidung hätte nicht ungünstiger sein können, denn es sanken nicht nur die Zuschauerzahlen wegen der Umzüge in die Vorstädte, wo die Amerikaner anderen Freizeitvergnügungen wie dem Fernsehen nachgingen – auch die Produktionskosten stiegen immer stärker an. Nachdem sie keine gesicherte Vertriebseinnahmen mehr hatten, bauten die Studios Personal ab und verzichteten auf Programmfüller (siehe B-Movies), Zeichentrickfilme und Kurzfilme mit lebenden Akteuren. Außerdem fingen sie an, sich auf Prestigefilme zu konzentrieren, die sich aus eigener Kraft tragen mussten.

Ironischweise waren die Kinobetreiber ebenfalls vom Absinken der Produktion betroffen, und die Schließungen kleiner Kinos leitete das gegenwärtige Zeitalter der Multiplexe und Blockbuster ein, in dem eine modifizierte Form von Blockbuchungen und studioeigenen Kinoketten zugelassen ist. Das System lässt auch zu, dass das Schicksal eines Films fast ausschließlich von den Einnahmen des Startwochenendes abhängt, bevor er eilig für den Heimunterhaltungsmarkt freigegeben wird. ■

Kunst als Industrie

Das RKO-Studio an der Gower Street, das 1957 von Lucille Balls Firma Desilu TV übernommen wurde, bevor es ein Jahrzehnt später mit seinem unmittelbaren Nachbarn Paramount fusionierte.

IDEE NR. 27
DAS STUDIOSYSTEM

Die Amerikaner haben das Studiosystem, das so viele verschiedene Arbeitsschritte von Filmproduktion und -vertrieb integrierte, nicht erfunden, aber sie nutzten es am effizientesten. Indem Hollywood die Filmproduktion industrialisierte, konnte es die heimischen Nachfrage befriedigen, den Weltmarkt dominieren und sich selbst im Angesicht gelegentlicher Rückschläge neu erfinden.

Die Hollywoodstudios teilten sich auf in fünf große Studios (Metro-Goldwyn-Mayer, Paramount, Warner Brothers, Twentieth Century Fox und RKO), drei kleinere (Universal, Columbia und United Artists) sowie die verschiedenen „B-Studios" der Poverty Row. Die meisten waren in den 1920er Jahren durch Fusionen entstanden. New Yorker Finanziers hatten die Studios nicht nur während der Weltwirtschaftskrise und dem Übergang zum Tonfilm liquide gehalten, sondern ihnen auch betriebliche und ethisch-politische Zwänge auferlegt, die sicherstellten, dass Hollywood den American Way of Life hochhielt und Geld verdiente. Zu diesem Zweck erdachten die Großstudios die vertikale Integration, die ihnen erlaubte, ihre eigenen Filme zu produzieren, sie in ihren eigenen Kinoketten zu zeigen und sie über Blockbuchungen an externe Aufführungshäuser zu vertreiben.

Die kreative Macht lag im wesentlichen bei den Studiochefs und ihren Aufnahmeleitern. Straffe Budgets und Drehpläne begrenzten den Spielraum für Spontaneität. Trotzdem tauchten neben den Handwerksgesellen, die an ihren Drehbüchern und Storyboards hingen, wenn sie Prestigefilme, B-Movies, Serien sowie Real- oder Zeichentrickkurzfilme herstellten, auch talentierte Autorenfilmer auf. Einige Stars durften ihre Wandelbarkeit demonstrieren, aber viele wurden mit Genres identifiziert, der Basisware eines Fließbandprozesses, der fortlaufend Unterhaltung auf niedrigem Niveau ausstieß und die Risiken der Kunstfilme ausschließen sollte. Ein Großteil der Produktion fand in der kontrollierbaren Umgebung der Studios statt, obwohl die vielfältige kalifornische Landschaft auch Außenaufnahmen erlaubte.

Jedes Studio hatte seinen eigenen Charakter, aber Hollywood war eine Gemeinschaft, die von kooperativer Rivalität sowie gemeinsamen Idealen und Arbeitsmethoden zusammengehalten wurde. Infolgedessen verwendete die überwiegende Mehrheit der 7 500 Filme, die zwischen 1930 und 1945 produziert wurden, die Linearität von Ursache und Wirkung und die Kontinuitätsmontage mit unsichtbaren Schnitten, um sicherzustellen, dass die Handlung verständlich war – ihr Inhalt wiederum wurde von dem selbstauferlegten Produktionskodex bestimmt, der zwischen 1934 und 1968 von dem Branchenverband Motion Picture Producers and Distributors of America durchgesetzt wurde, um Einmischungen durch Interessengruppen von außen zu verhindern.

Das Studiosystem begann sich allerdings aufzulösen, als die Auswirkungen des Fernsehens, die Kostensteigerungen, das Komitee für Unamerikanische Umtriebe und die Paramount Decrees unmittelbar nach dem Krieg spürbar wurden. Farbe, Stereoton, Breitwand und 3-D wurden allesamt in dem Versuch eingeführt, Zuschauer zurückzugewinnen. Die Massenproduktion wurde aufgegeben zugunsten angemieteter Räumlichkeiten, die im Rahmen von Pauschalgeschäften mit unabhängigen Produzenten, Agenturen und freiberuflich arbeitenden Stars gegen Vertriebsrechte getauscht wurden. Trotzdem schloss RKO 1957, und die Misserfolge mehrerer Megaproduktionen mit Starbesetzung im folgenden Jahrzehnt machte die Studios zur Beute multinationaler Konzerne.

Deregulierung und Blockbusterboom lösten in den 1980er Jahren eine zweite Übernahmewelle aus. Die Studios gingen in Multimediagruppen über, die Marketingsynergien befürworteten. Aber die alten Namen blieben und neue Strategien für Technik und Vertrieb haben es Hollywood ermöglicht, sowohl den internationalen Einfluss als auch die Marktanteile bei der florierenden Heimunterhaltung auszubauen. ∎

Paramount Pictures mit seinem berühmten Tor, dem Bronson Gate an der Marathon Street, war das erste vertikal integrierte Studio und hat als einziges heute noch seinen Sitz in Hollywood.

Genretypische Ikonografie: Ein Held mit weißem Hut (Charles Bronson) stellt sich dem Mann in Schwarz (Henry Fonda) in Sergio Leones Spiel mir das Lied vom Tod *(1968).*

Die universelle Sprache des Kinos

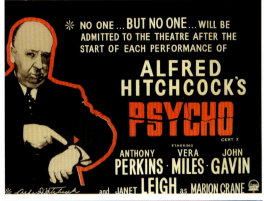

RECHTS: *Alfred Hitchcocks Thriller waren so überragend, dass er den Spitznamen „Meister der Spannung" erhielt.*

UNTEN: *Ein typisches Douglas-Sirk-Melodram – seine Filme wurden nach ihrem Zielpublikum „Frauenfilme" genannt.*

IDEE NR. 28
GENRES

Genres – die Filmkategorisierung nach dem Typus – sind eine nützliche Idee des Kinos. Dank der Genres können Produzenten den populären Geschmack treffen, und die Zuschauer wissen beim Kauf einer Eintrittskarte immer, was sie erwartet. Außerdem erlauben sie den Kritikern, die Qualität eines Films anhand einer Reihe vorgegebener Kriterien zu beurteilen.

Obwohl Genre ein literarischer Begriff ist, war seine erste Anwendung auf Filme eine rein geschäftliche. Die Hollywoodstudios funktionierten wie effiziente Fabriken, und die Manager waren eifrig darauf bedacht, in die Projekte zu investieren, die am wahrscheinlichsten Profite abwerfen würden. Genres beendeten das Rätselraten bei der Filmproduktion, denn Melodramen, Komödien, Western, Krimis, Abenteuer-, Horror-, Science-Fiction-Filme und – nach der Einführung des Tonfilms – Musicals hatten jeweils ihr Stammpublikum. Die wiederkehrenden Klischees erleichterten Produktion und Vertrieb solcher Genrefilme, denn sie teilten Ikonografie, Techniken, Schauplätze, Musikthemen, Figuren und Stars. Bestimmte Studios waren allmählich sogar für spezielle Genres bekannt: Warner zum Beispiel für Gangsterfilme, Universal für Horrorfilme und MGM für Musicals.

Genres ließen sich auch in Subkategorien einteilen oder zu Hybridformen mischen. Sie konnten auch für B-Movies, Serien, Dokumentarfilme, Zeichentrickfilme und für die Avantgarde gelten. Aber in welcher Form sie auch immer auftraten, spiegelten Genrefilme doch unweigerlich die soziokulturellen Bedingungen, unter denen sie entstanden waren. Oft wurden sie dazu benutzt, bürgerliche Werte zu stärken, aber sie konnten genauso leicht für Eskapismus oder Verwirrung eingesetzt werden, da alle Genrefilme ein gewisses Maß an Bedrohung für den Status Quo darstellen – mal in Form eines Vampirs, mal in der eines Aliens, einer Femme fatale oder einer Screwball-Komödienheldin.

Viele Filmemacher empfanden solche formelhaften Muster als einengend. Aber es gab mehrere Autorenfilmer, die in der Tradition des Genrefilms aufblühten. Howard Hawks meisterte viele Stilrichtungen, während John Ford ein Synonym für Western wurde, Douglas Sirk für Melodramen, Vincente Minnelli für Musicals und Alfred Hitchcock für Thriller. Infolgedessen hatten Einzelgänger wie Mel Brooks und Robert Altman ihren Spaß daran, Genrekonventionen und die vorherrschende Ideologie, die sie repräsentierten, zu unterwandern.

Einige Hollywoodgenres sind mittlerweile aus der Mode gekommen. Western und Musicals, die in der klassischen Ära Kinoerfolge waren, sind heute von Fantasyfilmen voller Spezialeffekte ersetzt worden. Viele beschuldigen solche Produkte, das geistige Niveau des amerikanischen Kinos zu senken.

Hollywood hat den Aufstieg von Genrefilmproduktionen in aller Welt bewirkt, denn viele Produzenten versuchten, der kommerziellen Vorherrschaft Amerikas entgegenzutreten. Einige übernahmen nur existierende Genres in die einheimische Kultur, insbesondere in der Form der Spaghetti-, Paella-, Sauerkraut-, Borscht- und Curry-Western, die in den 1960ern auftauchten. Aber die meisten hatten ein stärkeres Gefühl nationaler Identität. Das Deutschland der Weimarer Republik erlebte das Aufkommen des Bergfilms und des Heimatfilms, während die schicken Telefoni-Bianchi-Komödien, die im faschistischen Italien produziert wurden, dem Sandalenfilm und dem „Giallo", einem erotischen, blutigen Thriller wichen. Indische Zuschauer erfreuten sich an historischen und mythologischen Variationen des „Masala"-Musicalformats, die Mexikaner bevorzugten derbe „Chanchada"-Musikkömodien und Ringkampffilme. Kampfsportfilme beherrschten Hongkong, während in Japan Samurai- und Yakuza-Kodizes mit so dramatischen Genres wie dem „Jidai-geki" (Historienfilm), „Gendai-geki" (zeitgenössische Filme) und dem „Shomin-geki" (Alltagsgeschichten) koexistierten. Auch Anime sind durchsetzt von Subgenres und ihr Einfluss ist in Hollywoods Comicverfilmungen immer stärker zu spüren (siehe Animation). Das Genre ist in der Tat zur universellen Sprache des Kinos geworden. ∎

Der Reiz des Alten

IDEE NR. 29
ERFOLGREICHE QUELLEN

Die Tatsache, dass sich das Kino in Bezug auf Inhalt und Form auf andere Medien stützte, war immer ebenso sehr kommerziellen wie kreativen Erwägungen geschuldet. Einen Film auf einer erfolgreichen Quelle aufzubauen – Material, das schon in einem anderen Format beim Publikum angekommen war – reduziert schließlich das Risiko erheblich, mit einer Filmversion finanziell zu scheitern.

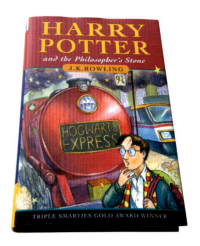

In mehr als 67 Sprachen übersetzt und weltweit in einer Auflage von über 300 Millionen verkauft, waren J. K. Rowlings Harry-Potter*-Lizenzen eine der sichersten Wetten auf eine erfolgreiche Quelle in der Geschichte Hollywoods.*

Von Louis Delluc zur „siebten Kunst" erklärt (nach Musik, Tanz, Malerei, Literatur, Architektur und Bildhauerei), hat das Kino nie in ästhetischer Isolation existiert. Die Literatur spielte für seine Entwicklung eine entscheidende Rolle. Die ersten One-Reeler konnten nur einzelne Szenen darstellen, aber bald versuchten Regisseure in aller Welt, ganze Romane in Zwanzig-Minuten-Dramen zusammenzufassen. Mitte der 1910er Jahre trugen Klassiker und Bestseller nicht nur zur Entwicklung des Spielfilms bei, sondern halfen auch, eine bessere Zuschauerschicht anzuziehen (siehe Film d'Art). Kritiker verurteilten allerdings oft die ungenierte Haltung des Kinos gegenüber Literaturverfilmungen, denn Nebenfiguren und Nebenhandlungen wurden im Verkürzungsprozess einfach über Bord geworfen.

Drehbuchautoren finden es meist leichter, eine Kurzgeschichte oder einen Zeitungsartikel auszubauen als einen ganzen Roman zu verdichten; im letzteren Fall war die Neubearbeitung von Billigkrimis und Westernromanen oft einfacher als die von anerkannteren Titeln. Fans beklagen sich immer wieder, wenn eine Verfilmung zu frei ist. Robert Bresson, Akira Kurosawa und Luchino Visconti fingen die Essenz einer Vorlage brillant ein – trotzdem wurde Viscontis *Tod in Venedig* (1971) seinerzeit mit der Begründung angegriffen, er nehme sich zu viele Freiheiten gegenüber Thomas Manns Novelle heraus. Umgekehrt wurden Historienfilme nach Romanvorlagen von Merchant Ivory und Claude Berri aus den 1980ern dafür angegriffen, dass sie ihre Quellentexte eher illustrierten als interpretierten. Im Fall der *Harry-Potter*-Filmserie (2001–11) wurde dies wiederum als Tugend angesehen.

Zu wissen, wann man die Intimität und Unmittelbarkeit des Bühnenraums beibehalten und wann man die Handlung aufbrechen sollte, war immer eines der Hauptprobleme, dem sich alle gegenübersahen, die Theaterstücke verfilmten. Die Dialoge sind normalerweise unantastbar, wenn es um berühmte Dramatiker geht, aber stilisierte Bühnenansprachen wurden seit der frühen Tonfilmzeit, in der man langatmige Filmdramen oft als „Theaterkonserven" abtat, tendenziell abgemildert. Mittlerweile werden Theaterstücke, Opern und Musicals nicht mehr so häufig verfilmt, moderne Abwandlungen findet man eher in Fernsehprogrammen, Comics und Videospielen.

Cartoons, die an mehrere Tageszeitungen gleichzeitig verkauft wurden, waren in der Gründungszeit des Kinos der Inbegriff der Populärkultur. Diese komischen Kurzgeschichten und Fortsetzungsabenteuer inspirierten bald Serien und Filmserien in Europa wie in Amerika. Comic-Hefte schafften es als Poverty-Row-Verfilmungen in den 1940er Jahren ebenfalls auf die Leinwand. Seit Richard Donners *Superman* (1978) ist das Subgenre Superheld zum Eckpfeiler der Blockbusterproduktion in Hollywood geworden, wobei computergenerierte Effekte die Fans begeistern und Synergieeffekte und Merchandising die dahinterstehenden Mischkonzerne reich machen.

Japanische Mangas liefern in ähnlicher Weise die Grundlage für Animationsfilme. Und europäische Lieblinge wie Tintin (Tim) und Asterix haben ebenfalls den Übergang vom Comic zum Film geschafft. Auch Videospiele haben eine wechselseitige Verbindung zum Kino entwickelt, aber die fehlende Interaktivität führte dazu, dass Erfolgsfilme wie *Lara Croft: Tomb Raider* (2001) eher selten blieben. Nachdem die Produktion und Vermarktung von Spielfilmen immer teurer wird und ihr Schicksal von den Einnahmen des Eröffnungswochenendes abhängt, werden sich Filmemacher weiterhin auf bereits etablierte Quellen, Neuverfilmungen und Fortsetzungen verlassen, um die Launen der Kinokassen auszugleichen. ∎

„Kritiker verurteilten ... oft die ungenierte Haltung des Kinos gegenüber Literaturverfilmungen."

RECHTS: *John Mortimers und Truman Capotes Drehbuch für* Schloss des Schreckens *(1961) verdankte William Archibalds Theaterstück von 1950 ebensoviel wie Henry James' Novelle* Das Durchdrehen der Schraube *von 1898.*

UNTEN: *Luchino Viscontis Verfilmung eines posthum veröffentlichten Romans von Giuseppe Tomasi di Lampedusa,* Der Leopard *(1963), gewann in Cannes die Goldene Palme.*

„Sie bezahlten den Preis ..."

OBEN: *Judy Garland war 16, als die Dreharbeiten zu* **Der Zauberer von Oz** *(1939) begannen. Für Dorothy Gales kindliche Erscheinung musste sie ein Korsett tragen.*

LINKS: *Das Leben imitierte die Kunst im Titel dieses Films von 1936: Shirley Temples Vater George, ein Bankier, verschleuderte die fünf Millionen Dollar, die sie als Kind verdient hatte, fast vollständig, bis auf 44 000 $.*

Eine Familie, keine Fabrik

IDEE NR. 30
KINDERSTARS

Aus 300 sizilianischen Jungen ausgewählt, war der achtjährige Salvatore Cascio noch nie im Kino gewesen, bevor er Giuseppe Tornatores Cinema Paradiso *(1988) drehte.*

Nur wenige Kinderdarsteller genossen ein langes Leben, obwohl sie Charme und Authentizität in Filme für Zuschauer aller Altersgruppen brachten. Tatsächlich hatten mehrere von ihnen schwierige, tragisch kurze Lebenswege, denn sie bezahlten den Preis dafür, dass Eltern, Produzenten, Presse, Publikum und sie selbst nicht mit ihrem unvermeidlichen Heranwachsen zurechtkamen.

Obwohl Kinder schon seit langem auf der Bühne auftraten, kamen sie in frühen Filmen selten vor. Insofern übernahmen Mary Pickford, die Schwestern Gish und Richard Barthelmess noch in ihren Zwanzigern Rollen Jugendlicher. Aber der Erfolg des siebenjährigen Jackie Coogan neben Charlie Chaplin in *Der Vagabund und das Kind* (1921) bewegte alle Studios dazu, sich ihre eigenen Knirpse zu suchen, obwohl das bedeutete, für Schulbildungsmöglichkeiten zu sorgen und strenge Arbeitsgesetze zu beachten. Kinder auf dem Studiogelände verstärkten den Mythos, das Hollywood eher eine Familie als eine Fabrik war. Außerdem brachten Filme mit Jackie Cooper, Anne Shirley und Freddie Bartholomew genauso wie Kurzfilme und B-Serien, darunter *Our Gang* und *The Bowery Boys,* Geld ein.

Das Phänomen Shirley Temple erwies sich als noch lukrativer – Eltern bettelten um den Verkauf passender Merchandisingartikel und ehrgeizige Mütter strömten nach Hollywood. Ethel Gumms Tochter Frances wurde für *Every Sunday* (1936) als Judy Garland neu erfunden. Auch Deanna Durbin, deren Little-Miss-Fixit-Musicals Universal vor dem Bankrott gerettet hatten, spielte mit. Beide Mädchen kämpften mit ihrem Gewicht, aber Garland litt am stärksten unter der Pillenkur, die die meisten Studios verordneten, um ihre Kinderstars „flott" zu halten für Filme, die bürgerliche Werte, häusliches Glück und jugendliche Unschuld feierten – selbst nachdem sich der Schwerpunkt verlagert hatte und sie nicht mehr Helfer der Erwachsenen oder Showtalente spielten, sondern in Geschichten über Schulprobleme und erste Liebe auftraten.

Während die Studios in Hollywood die idealisierte Vision der Kindheit anboten, die ihre konservativen Unterstützer forderten, boten Filmemacher anderswo eine realistischere Perspektive, wie Vittorio de Sica mit *Schuhputzer* (1946), René Clément mit *Verbotene Spiele* (1952) und François Truffaut in *Sie küssten und sie schlugen ihn* (1959) – Filme, die Themen wie Krieg, Armut und kaputte Elternhäuser aufgriffen. Die jugendlichen Debütanten der genannten Filme, Franco Interlenghi, Brigitte Fossey und Jean-Pierre Léaud bewegten sich auf respektablen Karrierepfaden weiter, obwohl das europäische Kino Kinderstars nicht so systematisch einsetzte wie Hollywood oder Bollywood, wo Filmikonen wie Nargis, Madhubala und Meena Kumari bereits früh begonnen hatten.

Im Nachkriegshollywood standen weniger Kinder unter Vertrag, denn das Studiosystem begann sich aufzulösen. Den lausbübischen Teenager, den Mickey Rooney verkörpert hatte, ersetzten kantigere Typen, die von älteren Schauspielern wie Marlon Brando und James Dean gespielt wurden – sie spiegelten die Ängste und Entfremdungsgefühle der Jugendlichen besser wider, die vom Kalten Krieg, Rock 'n' Roll und Exploitationfilmen (siehe Teeniefilme) geprägt wurden. Walt Disney versuchte die Flut von Kriminalität, Aufsässigkeit und Sex mit seinen altmodisch netten Hayley-Mills-Filmen einzudämmen. Aber die provokativen Rollen, die Jodie Foster, Linda Blair und Brooke Shields in den 1970ern spielten, betonten die Härte, den Zynismus und die Erniedrigung, die viele von ihrer Umgebung geschädigte Kinder erlebten.

Wie die Karrieren von Macaulay Culkin und Haley Joel Osment bezeugen, ist die Haltbarkeitsdauer eines Kinderstars heute kürzer denn je, und viele bringen es während ihres Abstiegs von Ruhm über Bekanntheit bis zur Vergessenheit nur mit drogenbedingten Eskapaden in die Schlagzeilen. Image ist alles, und die Medien lieben es, Stars vom Sockel zu stoßen. Aber solange Talente wie Leonardo DiCaprio und Natalie Portman es zu Ruhm und Geld bringen, werden starversessene Kinder und ihre Eltern weiter träumen. ∎

Pflichtlektüre für Cineasten

 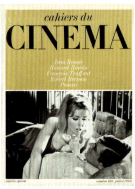 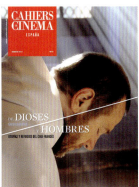 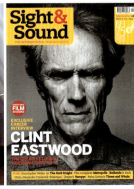

Zeitschriften wie Cine Arte, Cahiers du Cinéma, Sight & Sound *und* Premiere *bewerten Film in vielfältiger Weise – als Unterhaltungsform, Kunst, Geschäft und akademisches Fach.*

IDEE NR. 31
FANZEITSCHRIFTEN

Die Fanzeitschriften gehören zu den deutlichsten Indikatoren für den demografischen Wandel, den das Kino in seinen ersten 120 Jahren durchlaufen hat. Die frühesten Publikationen zielten auf immer stärker emanzipierte Frauen, die von Romantik und Glamour angelockt wurden, während sich die heutigen Branchenmagazine geradewegs an junge, männliche Filmfreaks richten, die verrückt nach Genrefilmen und Spezialeffekten sind.

Branchenblätter wie *Moving Picture World* erschienen erstmals Mitte der 1900er Jahre und boten eine Mischung aus Wirtschaftsnachrichten, technischer Information und Kritiken. Als Nachahmer folgten bald so langlebige Titel wie *American Cinematographer* (gegründet 1921) und *The Hollywood Reporter* (1934), der zur ersten Tageszeitung der Filmkolonie wurde und im Wettbewerb mit der selbsternannten Bibel des Showbusiness, *Variety* (1905), stand. 1910 beendete die Enthüllung, dass es sich bei dem „IMP-Girl" um Florence Lawrence handle (siehe Das Starsystem), die Anonymität der Filmdarsteller und das Einsetzen des Starkults führte dazu, dass *Motion Picture Story* und seine Artgenossen mehr abdrucken mussten als nur illustrierte Zusammenfassungen.

Jetzt wollten die Leser etwas über die Persönlichkeiten, Meinungen und Lebensstile ihrer Idole wissen, und Hollywoods Produzenten erkannten schnell die Bedeutung von Magazinen wie *Photoplay* (1911) für den Erfolg des aufkeimenden Studiosystems. Herausgeber James Quirk verkaufte als Branchenpionier das Image der Traumfabrik jeden Monat an zwei Millionen Kinogänger, weiger-

Der Markt der Filmzeitschriften, der Cineasten und Kultfilmfans versorgt, sieht sich wachsender Konkurrenz durch E-Zines und spezialisierte Blogs im Internet ausgesetzt.

te sich aber, Klatsch zu verbreiten oder im Privatleben anderer herumzuschnüffeln. Das garantierte ihm den Zugang zu den Stars, sodass seine Nachfolger Kolumnisten von Rang wie Hedda Hopper, Louella Parsons, Walter Winchell, Sidney Skolsky und Adela Rogers St. John beauftragen konnten. Auf diese Weise schuf er eine Vorlage, die von Publikationen in aller Welt kopiert wurde.

Während des langsamen Abstiegs von Hollywood in den Nachkriegsjahren nutzten Klatschblätter wie *Confidential* die Tatsache aus, dass die Publicitymaschinerie der Studios es immer seltener schaffte, die Nachrichtenagenda zu kontrollieren und Skandale zu vertuschen. Während die Zuschauerzahlen der Mainstreamfilme sanken, begannen Fachzeitschriften, eine treue Anhängerschaft zu sammeln. Tatsächlich initiierten *Sight & Sound* (1932), *Film Quarterly* (1945), *Cahiers du Cinéma* (1951), *Positif* (1952), *Film Comment* (1961) und *Movie* (1962) Theoriedebatten, die die Aufmerksamkeit von den Stars auf die Regisseure verschob und die eine neue Welle von Hochglanz- und Fanmagazinen mit sich brachte, die den Enthusiasmus der jüngeren Generation für Blockbuster und Videos anheizte.

Im Gegensatz zu den ernsthaften, aber leicht zugänglichen Titeln wie *Studio* (1987) in Frankreich, *Movieline* (1985) in den Vereinigten Staaten und *Empire* (1989) in Großbritannien waren die ersten Fanzines kopierte oder fotografierte Pamphlete, die über Abonnements oder bei Fantreffen und in Kultfilmläden verkauft wurden. Von *Famous Monsters of Filmland* (1958) und *Castle of Frankenstein* (1959) beeinflusst, spiegelten und verstärkten sie die zunehmende männliche Fixierung auf Exploitationfilme, und ihre Autoren, die weniger vom Wohlwollen der Studios abhängig waren, genossen eine viel größere Meinungsfreiheit. Viele schrieben später für sogannte Prozines – professionell produzierte Magazine, die sich an die Zuschauer spezieller Genres richteten – wie *Starlog* und *Fangoria*, während sich Zeitschriften wie *Gore Creatures* und *Garden Ghouls Gazette* mit dem Desktop-Publishing erfolgreich als *Midnight Marquee* und *Cinefantastique* neu erfanden.

Trotz des Aufstiegs der Fankultur (die zahlreiche Indipendent- und Z-Movie-Regisseure hervorgebracht hat), waren die meisten Titel kurzlebig. Trotzdem gibt es von *Shock Xpress*, *Necronomicon* und *Flesh and Blood* Sammlungen in Buchform, während *Psychotronic* und *Video Watchdog* eine neue Heimat im Internet gefunden haben, neben Webseiten wie *Ain't It Cool News*, *Green Cine Daily* und *Senses of Cinema*. Solche Internetseiten haben dazu beigetragen, die Krise der Printmedien zu verschärfen, die viele angesehene Zeitungskritiker ihre Arbeitsplätze gekostet hat und mehrere Kinozeitschriften dazu zwang, zu schließen. ∎

Der rote Teppich wird ausgerollt

IDEE NR. 32
DIE OSCARS

Die Academy Awards sind die angesehenste Preisverleihung des Weltkinos. Gemeinhin sind sie als Oscars bekannt, zu Ehren der 34 Zentimeter hohen Metallstatue, die von Cedric Gibbons entworfen wurde und von Bette Davis, der Academy-Bibliothekarin Margaret Herrick oder dem Filmkolumnisten Sidney Skolsky den Spitznamen Oscar erhielt – je nachdem, wessen Geschichte man glaubt.

Als erste spanische Darstellerin gewann Penélope Cruz einen Oscar für Vicky Cristina Barcelona *(2008).*

Die Oscarverleihung wurde 1927 von der Academy of Motion Picture Arts and Sciences (AMPAS) eingeführt, um ein neues künstlerisches und technisches Gemeinschaftsgefühl in Hollywood zu fördern. Dieses Gemeinschaftsgefühl sollte dazu beitragen, den wachsenden Gewerkschaftseinfluss einzudämmen, die Zensurforderungen religiöser und konservativer Interessengruppen abzuwehren sowie die kommerziellen Aussichten des Tonfilms zu legitimieren und zu optimieren. Filmpreise gab es schon länger. Das National Board of Review hatte schon seit 1917 jährlich Preise verliehen. Aber bereits seit dem Eröffnungsdinner, das am 16. Mai 1929 im Hollywood Roosevelt Hotel stattfand, beflügelten die Oscars die Phantasie des Publikums, der Medien und der Filmgemeinde vor allem deswegen, weil sie von Kollegen verliehen wurden. Bis heute macht das einen Teil ihrer andauernden Anziehungskraft aus – neben der Tatsache, dass sie den Fans die Gelegenheit bieten, Hollywoods Prominenz in vollem Glanz zu erleben. Mittlerweile wird die Zeremonie in mehr als 200 Ländern weltweit live im Fernsehen gezeigt. Tatsächlich war der internationale Einfluss der Oscars so groß, dass sie nationale Entsprechungen hervorbrachten, darunter die British Academy Film Awards (BAFTA) in Großbritannien, den Deutschen Flmpreis, die National Film Awards in Indien und die Goldenen Rooster Awards in China.

Von Anfang an verbesserten die Aussichten auf einen Oscar die finanziellen Chancen eines nominierten Films, und die Studios richteten sich bald auf jurytaugliche Rezepte ein. Filme mit üppigen Produktionsbudgets, einer gewissen historischen oder kulturellen Bedeutung und einem Star, der Schwierigkeiten, einer Behinderung oder Vorurteilen trotzen musste, erwiesen sich als unwiderstehlich. Infolgedessen wurden Filme, die wahrscheinliche Oscarkandidaten waren, bis zum Winter zurückgehalten, damit sie sich dem Gedächtnis der 6000 Abstimmungsberechtigten besser einprägten als Filme, die früher im Jahr angelaufen waren.

Allerdings wurden die Urteile der alternden und sehr konventionellen Mitglieder nicht immer universell gebilligt. Filmikonen wie Greta Garbo und Alfred Hitchcock wurden immer wieder verschmäht, während Dudley Nichols (1936), George C. Scott (1970) und Marlon Brando (1973) ihre Preise ablehnten. Da Stimmungen und Beeinflussung oft mehr zählten als echte Qualität, wurden Oscars oft als Anerkennung ganzer Karrieren statt einzelner Leistungen vergeben. Die Entscheidungen waren auch nicht immer besonders aufgeklärt, denn eine bedauernswerte Engstirnigkeit begrenzte die Zahl wichtiger Preise, die an „nichtweiße" oder nichtenglischsprachige Künstler vergeben wurde. Erst bei der 82. Preisverleihung im Jahr 2009 wurde einer Frau – Kathryn Bigelow – zum ersten Mal der Preis für die Beste Regie verliehen.

Auch gewisse Genrevorlieben haben sich entwickelt, wobei Science Fiction, Horrorfilme und Komödien unweigerlich zugunsten mittelmäßiger Buchverfilmungen und ehrenwerter Sozialdramen übersehen werden. Einige Kommentatoren haben Besorgnis darüber geäußert, dass die Oscars Gefahr laufen, ihre Bedeutung zu verlieren, weil sie in dem breiter werdenden Mittelfeld stranden, das sich zwischen der Art von Filmen auftut, die vom Kritikerbetrieb gelobt werden, und denjenigen an der Spitze der Einspielergebnislisten. ∎

UNTEN: *Am Hollywood Boulevard gelegen, war das Pantages Theatre in den 1950er Jahren Veranstaltungsort der jährlichen Oscarzeremonie.*

RECHTS: *Marlon Brando nahm seinen Oscar für* Die Faust im Nacken *(1954) entgegen, lehnte aber die Auszeichnung für* Der Pate *(1972) ab.*

Mehr als 1700 Aufnahmen mit Spezialeffekten wurden für **Pleasantville** *(1998) benötigt, um Bilder zu produzieren, die teils schwarz-weiß, teils farbig waren.*

Der anhaltende Reiz von Schwarz-Weiß

VON LINKS NACH RECHTS:

Hochempfindliches panchromatisches Schwarz-Weiß-Filmmaterial ermöglichte bei Filmen wie Das Glück in der Mansarde *(1927) eine bessere Kontrolle von künstlichem und natürlichem Licht.*

Die Himmelszenen für Irrtum im Jenseits *(1946) wurden von Powell and Pressburger in Schwarz-Weiß gedreht.*

Mit modernster Technik die Vergangenheit wiederbeleben: Schwarz-Weiß wird in Das weiße Band *(2009) über digital entfernte Farbe erzielt.*

IDEE NR. 33
EINFARBIGKEIT

Obwohl Einfärbung, Tonung und Schablonenverfahren nach 1895 breite Anwendung fanden, zogen es Filmemacher oft vor, in Grauschattierungen zu arbeiten. Viele tun das heute noch – tatsächlich scheint hinter Schwarz-Weiß immer mehr gesteckt zu haben als die bloße Abwesenheit von Farbe.

Der klassische Hollywoodlook suchte ein Gleichgewicht von Schwarz-, Weiß- und Grautönen. Aber einige Studios hatten eigenständige visuelle Stile. MGM und RKO erzielten einen perlenden Glanz, indem sie den Film in der Kamera über- und im Labor bei der Negativentwicklung unterbelichteten, um kontrastarme Bilder zu produzieren, die dem Motiv schmeichelten. Bei Twentieth Century Fox reduzierte man die Blende, um den Schärfentiefenbereich zu vergrößern und schärfere Bilder zu erzielen. Warner Brothers entschied sich für grobkörnigeren Realismus, der zu seinen düsteren Themen passte, während Universal das kontrastreiche Chiaroscuro des deutschen Expressionismus für seine Horrorserien der 1930er und 1940er übernahm.

Der Oscar für die Beste Kamera war zwischen 1939 und 1966 in eine Schwarz-Weiß- und eine Farbfilmkategorie aufgeteilt. Trotzdem brachte unzuverlässige oder teure Technologie es mit sich, dass bis Mitte der 1950er Jahre die meisten Hollywoodfilme schwarz-weiß blieben. Anderswo verlief der Übergang noch langsamer.

Schwarz-weiße Bilder vermitteln weniger visuelle Informationen als farbige. Insofern werden die Zuschauer weniger durch Schaueffekte abgelenkt und können sich auf Handlung, Dialoge und die Psychologie der Charaktere konzentrieren. Dank der Beliebtheit von Schwarz-Weiß bei Kunstfilmregisseuren, die lieber über Töne, Komposition und Mise en Scène kommunizieren, entstand der Mythos, Schwarz-Weiß-Film sei authentischer, ernsthafter und ästhetisch wertvoller als Farbfilm. Allerdings führte die Notwendigkeit, Spielfilme an das Fernsehen sowie als Videos und DVDs zu verkaufen, zu einer so endgültigen Verschiebung in Richtung Farbe, dass selbst ursprünglich in Schwarz-Weiß gedrehte Filme einer Kolorierung unterzogen wurden, um sie besser vermarkten zu können.

Trotz des Aufruhrs, den in den 1980ern computergeschönte Versionen früher Schwarz-Weiß-Filme verursachten, die die künstlerische Integrität der Regisseure missachteten, tauchen weiterhin kolorierte Versionen auf, wobei selbst ein entschiedener Gegner wie Martin Scorsese Archivmaterial für Aviator (2004) pigmentieren ließ. Tatsächlich wird Schwarz-Weiß heute oft verwendet, um der Handlung eine nostalgische, historische, anachronistische oder phantastische Anmutung zu geben. Die Art, in der *Der Zauberer von Oz* (1939) und *Irrtum im Jenseits* (1946) Farb- und Schwarz-Weiß-Passagen verwenden, um verschiedene Schauplätze voneinander abzugrenzen, ist vielfach nachgeahmt worden.

Aber obwohl die Digitaltechnik es einfacher gemacht hat, Mischformen wie *Pleasantville* (1998) zu produzieren, werden regelmäßig rein schwarz-weiße Filme von Regisseuren wie Woody Allen (*Manhattan,* 1979), Aki Kaurismäki (*Juha,* 1999) und Jim Jarmusch (*Coffee and Cigarettes,* 2003) gedreht. Es ist allerdings wahrscheinlich, dass enge Budgets die Schwarz-Weiß-Visionäre dazu zwingen, nach dem Vorbild von Michael Haneke (*Das weiße Band,* 2009) Standardfilmmaterial zu verwenden – das billiger ist als Schwarz-Weiß-Film – und die Farbe während der Nachbearbeitung digital zu entfernen. ∎

Spezialeffekte vor dem Digitalzeitalter

IDEE NR. 34
RÜCKPROJEKTION

Im Kino wird so laut nach Neuem und Spektakulärem geschrien, dass nur wenige Errungenschaften für längere Zeit als aktueller Stand der Technik gelten. Trotzdem blieben einige der Prozesse, die in den 1920ern und 1930ern zur Kombination verschiedener Bildelemente entwickelt wurden, bis zum Beginn des Digitalzeitalters Schlüsseltechniken für die Herstellung von Spezialeffekten.

OBEN: *Fred Jackman überwachte die Maskenaufnahmen, die es Willis O'Briens Stop-Motion-Dinosauriern ermöglichten, Wallace Beery und Bessie Love in* Die verlorene Welt *(1925) in Gefahr zu bringen.*

UNTEN: *Die Welleneffekte in* Die zehn Gebote *(1956) entstanden, indem man Aufnahmen von mehr als einer Million Litern Wasser, die in einen Tank geschüttet wurden, rückwärts abspielte.*

In den ersten zwei Jahrzehnten des Films waren visuelle Effekte einfache In-Kamera-Illusionen. Masken, die zwei Elemente zu einem einzigen Bild zusammenfügten, wurden hergestellt, indem man das Kameragehäuse mit speziell geformten Karten abdeckte und dann die Kurbel zurückdrehte. Bis Norman Dawn 1911 sein Glasverfahren patentieren ließ, dessen statische Vorsatzbilder allerdings Bewegung innerhalb des Einzelbilds verhinderten. Mitte der 1920er wurden schließlich Wandermasken eingeführt, um bewegte Bilder in Szenerien anzusiedeln, wenn es unmöglich, unpraktikabel oder zu teuer war, diese mit dem gesamten Filmteam zu besuchen.

Frank Williams entwickelte das erste Bipackverfahren mit Kontaktkopien, um Bilder auf Negativ- und Positivmasken zu einer Gesamtaufnahme zu mischen. Dieses Verfahren neigte dazu, Maskenkonturen um die Umrisse der Figuren im Vordergrund zu hinterlassen, aber es verbesserte Stummfilme wie *Die verlorene Welt* und *Ben Hur* (beide 1925) und ermöglichte es John P. Fulton, die heute noch eindrucksvollen Unsichtbarkeitseffekte in *Der Unsichtbare* (1933) zu erzeugen. Die Herstellung von farbigen Masken war problematisch bis Technicolor für *Der Dieb von Bagdad* (1940) ein neues Bluescreenverfahren entwickelte (siehe In-Kamera-Effekte). Trotzdem hatten durchscheinende, unscharfe und sich schnell bewegende Objekte unweigerlich einen blauen Rand, der von erzählerischen Sequenzen wie der Durchquerung des Roten Meeres in *Die zehn Gebote* (1956) ablenkte.

Mit der Verwendung einer gelben Hintergrundleinwand und einem Strahlenteilerprisma bot Ranks Natriumdampfverfahren in den 1950ern eine Alternative. Aber obwohl das System Walt Disney in *Mary Poppins* (1964) lebende Akteure mit Animationsszenen kombinieren ließ, konnte es nicht mit CinemaScope-Objektiven – die die Bilder verzerrten – kombiniert werden und wurde von Petro Vlahos' Bluescreenfarbtrennungsprozess ersetzt. Kompliziert, arbeitsintensiv und zeitaufwendig, trug diese heute noch verwendete Technik trotzdem dazu bei, die Blockbusterära einzuleiten, und wurde erst durch computergenerierte Bilder ersetzt.

Entscheidend für das Funktionieren all dieser Verfahren war die optische Kopiermaschine, die einen oder mehrere Projektoren mit einer Kamera koppelte, um zusammengesetzte Bilder zu erzielen. Kameratricks wie Auf- und Abblenden, Überblendungen, Wischblenden und Doppelbelichtungen wurden nun optisch kopiert, wobei Linwood G. Dunn von RKO bemerkenswert extravagante Szenenübergänge für *Flying Down to Rio* (1933) ersann. Dunn arbeitete auch an *Citizen Kane* (1941) mit und schätzte, dass 50 Prozent aller Einstellungen des Films optisch verändert oder verbessert worden waren. In der Tat konnten Kopiermaschinen Bilder umgestalten, um kleine Fehler oder unerwünschte Details (Zusatzmasken) zu entfernen. Sie konnten Totalen in Nahaufnahmen verwandeln, Szenen beschleunigen oder verlangsamen, indem Einzelbilder entfernt oder dupliziert wurden, Zooms, Horizontal- und Vertikalschwenks vortäuschen und sogar Wetterbedingungen hinzufügen oder die Beleuchtung und Textur eines Bilds verbessern.

Indem sie die gleiche Einstellung wiederholten, konnten Kopiermaschinen sogar Standbilder herstellen, wie in der berühmten Klimax von François Truffauts *Sie küssten und sie schlugen ihn* (1959). Sie machten auch Doppelrollen möglich wie die von Danny Kaye in *Der Wundermann* (1954) oder teilten das Bild wie in *Thomas Crown ist nicht zu fassen* (1968) in Mehrfachbilder. Kopiermaschinen und handgemalte Masken waren auch entscheidend für die Gestaltung des Vor- und Nachspanns. Aber all diese Aufgaben können heute besser und effizienter am Computer ausgeführt werden. ∎

Reklamefoto für den Film **Mary Poppins** *(1964), der für Peter Ellenshaws Matte Paintings, Eustace Lycetts Natriumwandermasken und Hamilton Luskes Animation einen Oscar erhielt.*

Fiat lux

OBEN LINKS: *Klassisches Chiaroscuro in futuristischem Umfeld: Harrison Ford und Sean Young in* **Blade Runner** *(1982)*

OBEN RECHTS: *Alfred Hitchcock platzierte in* **Verdacht** *(1941) ein Licht im Glas, um die Milch bedrohlicher erscheinen zu lassen.*

IDEE NR. 35
KÜNSTLICHE BELEUCHTUNG

Das Licht hat im Film immer drei Hauptzwecken gedient: visuelle Klarheit zu gewährleisten, eine Szene authentisch wirken zu lassen und Atmosphäre zu vermitteln, um emotionale Reaktionen zu wecken.

Obwohl bereits in der Fotografie künstliches Licht verwendet wurde, verließen sich die meisten frühen Filme auf diffuses Tageslicht und wurden im Freien oder in Studios gedreht, die entweder der Witterung ausgesetzt waren oder über Glasdecken und -wände oder aufschiebbare Dächer verfügten. Während Hollywoodproduzenten gerne Außenaufnahmen machten, verwendeten ihre Kollegen an der Ostküste Mitte der 1900er Jahre Bogen- und Quecksilberlampen, um das natürliche Licht zu ergänzen. Sie erfanden auch Effekte, die die Quelle von Lampen-, Feuer- oder Fensterlicht zeigten und setzten Licht dramatisch ein, um Figuren innerhalb einer Szene zu isolieren, sie mit Weichzeichnergroßaufnahmen zu glorifizieren oder sie mit Aufnahmen von unten, Silhouetten und Schatten bedroht wirken zu lassen.

Zusammen mit der Beleuchtung durch eine einzige Lichtquelle wurde die letztgenannte Technik aus Europa importiert, wo sie Expressionismus, Impressionismus und Poetischen Realismus geprägt hatte (die alle das Chiaroscuro des Film noir beeinflussen sollten). Aber es waren amerikanische Kameraleute, deren erfindungsreiche Verwendung von Scheinwerfern, Kohlebogenlampen, Reflektoren und Streulichtschirmen dazu führten, dass Frontal- und Seitenbeleuchtung zugunsten eines Drei-Punkt-Lichtsystems aufgegeben wurden, das die Gestalten schärfer modellierte und sie deutlicher vom Hintergrund abhob. In der Zeit der Erfindung des Tonfilms entwickelte sich, mit der Einführung von panchromatischen Filmen und Glühlampen ein klassischer Hollywoodlook, sowohl für Interieurs als auch für Außenaufnahmen.

Dieser präzise Mittel- bis High-Key-Stil, der dunkle Schatten vermied, hielt sich bis in die Zeit nach dem Zweiten Weltkrieg, als empfindlichere Filme für Außensequenzen verwendet wurden. Die Lichtführung wurde weiter vereinfacht, als die Sets kleiner wurden, der Farbfilm den Schwarz-Weiß-Film ablöste und Kameraleute sowohl die ungerichtete Helligkeit nachahmten, die das Fernsehen allen Bildern gab, als auch die indirekte Beleuchtung, die von der Nouvelle Vague eingeführt worden war. Die europäische Neigung zu Lichtquellen innerhalb der Mise en Scène beeinflusste auch das Amerika der 1970er. Aber Studio- wie Independentfilme bewahrten sich ein charakteristisches Aussehen – durch die Verwendung von schattenlosem sogenanntem Nordlicht oder Low-Key-Beleuchtung, die die dunkleren Themen von New Hollywood spiegelte, und mit dem zunehmend verwendeten farbigen Licht entscheidend wurde für den Erfolg der Science-Fiction-, Fantasy- und Comicverfilmungen.

Kameraleute arbeiten mit Regisseuren, Produktionsdesignern und Kostümbildnern zusammen, um die Positionierung und Tarnung der Lichtquellen auf dem Set festzulegen und sich darüber zu beraten, wie man deren Farbtemperatur und Anmutung beeinflussen könnte. Bemerkenswert an der modernen Lichtführung sind ihre Vielfalt und ihre Hart-Weich-Kontraste. Digitale Kameras benötigen zwar weniger Beleuchtung als ihre Zelluloidgegenstücke, aber künstliches Licht bleibt der Schlüssel zu Stimmung und Bedeutung eines Films. ∎

„Bemerkenswert an der modernen Lichtführung sind ihre Vielfalt und ihre Hart-Weich-Kontraste."

Kameramann Roger Deakins verwendete Autoscheinwerfer, um Ed Tom Bell (Tommy Lee Jones) von hinten zu beleuchten, als er in **No Country for Old Men** *(2007)* ein Motelzimmer betritt.

Der lange Schatten des Dr. Caligari

IDEE NR. 36
EXPRESSIONISMUS

Schauerfilme, Kammerspielfilme und Straßenfilme, im Deutschland der Weimarer Republik zwischen 1919 und 1929 produzierte Stummfilme, verwendeten äußere oder objektive Darstellungsformen, um innere oder subjektive Zustände zu vermitteln. Bis heute haben sie großen Einfluss auf das Weltkino.

GANZ OBEN: *Gedreht von dem emigrierten Kameramann Karl Freund, war Tod Brownings* Dracula *(1931) der erste Film der Universal-Horrorserie der 1930er und 1940er.*

OBEN: *Gotham-City-Grusel: Regisseur Tim Burton und Filmdesigner Anton Furst, der den Oscar für das Beste Szenenbild gewann, huldigen mit* Batman *(1989) Fritz Langs* Metropolis *(1926).*

RECHTS: *Dieses Plakat für* Das Cabinet des Dr. Caligari *(1920) vermittelt die Kantigkeit der Stars und der Szenenbilder von Walter Röhrig, Hermann Warm und Walter Reimann.*

Die Wurzeln des expressionistischen Films liegen bei den Künstlergruppen Der Blaue Reiter und Brücke, bei Gedichten, Prosa und Theaterstücken von Schriftstellern wie Georg Kaiser und August Stramm und bei den Theaterinszenierungen von Karlheinz Martin und Max Reinhardt. Unter den Filmen, die sich in ihrer Folge radikal vom bürgerlichen Realismus des Kinos abwandten, ist mit Sicherheit der bedeutendste *Das Cabinet des Dr. Caligari* (1920) von Robert Wiene, der Themen wie Revolte, Selbstverwirklichung, Wahnsinn und urtümliche Sexualität erkundete – solche Sujets spiegelten die Seelenlage einer besiegten Nation, die sich von Reparationszahlungen, politischer Unsicherheit und moralischer Zweideutigkeit bedrängt fühlte. Darüber hinaus brachte er eine neue psychologische wie poetische Komplexität in ein eigentlich erzählendes Medium.

Der Produzent von *Dr. Caligari,* Erich Pommer, war fest entschlossen zu beweisen, dass hohe Kunst das kommerzielle Schicksal des deutschen Kinos neu beleben könnte. Er nutzte begrenzte Ressourcen und eine unzuverlässige Stromversorgung zu seinem kreativen Vorteil, indem er Designer beschäftigte, die gekippte Winkel, erzwungene Perspektiven und gemalte Hintergründe verwendeten, um das Gefühl der Entwurzelung zu verstärken, das die stilisierten Auftritte von Werner Krauss und Conrad Veidt hervorriefen. Aber obwohl der Film klassischen Expressionismus vorführte, war er unter anderem auch von den Stadtkrimis, die Nordisk Film in den 1910er Jahren produzierte, und von Schauerstücken wie Stellan Ryes *Der Student von Prag* (1913) inspiriert. In der Tat zeigten sich diese nichtamerikanischen Kinoeinflüsse auch bei Fritz Langs *Der müde Tod* (1921) und Friedrich Wilhelm Murnaus *Nosferatu* (1922), die als expressionistische Meisterstücke gepriesen wurden – lange bevor Ernst Lubitschs Kostümfilme, Murnaus Kammerdramen und die realistischen Straßenfilme von Georg Wilhelm Pabst zum Kanon hinzukamen.

Letztendlich wurden High-Key-Beleuchtung (siehe Künstliche Beleuchtung), verzerrte Zweidimensionalität, subjektive Kameraführung und makabre Themen zu Bestandteilen eines Emigrantenkinos, denn Schauspieler, Regisseure, Kameraleute und Komponisten wurden nach Hollywood gelockt oder flohen vor dem Dritten Reich. Puristen bestehen heute darauf, dass der Expressionismus nicht als Definition für Filme verwendet werden darf, die außerhalb Deutschlands produziert wurden. Aber man benötigt einen Begriff, um die Verbindung zwischen den Originalwerken und denjenigen anzuerkennen, die diese besondere stilistische Qualität aufweisen: die Horrorserie von Universal, der Film noir oder die Schlüsselwerke von Alfred Hitchcock, Orson Welles, Carol Reed oder Werner Herzog. Vielleicht könnte man stattdessen Caligarismus, Chiaroscurismus oder Pseudo-Expressionismus verwenden? ∎

OBEN: *Entworfen von dem Architekten Robert Mallet-Stevens, dem Künstler Fernand Léger und den zukünftigen Filmemachern Alberto Cavalcanti and Claude Autant-Lara, ist* **Die Unmenschliche** *(1924) ein modernistisches Meisterwerk.*

RECHTS: *Jean Epsteins in der Bretagne gedrehter Film* **Finis terrae** *(1929) vereinte die Sensibilität von Dokumentarfilm und Avantgarde und hatte großen Einfluss auf den Neorealismus.*

„Französisches Kino muss Kino sein und französisches Kino muss französisch sein."

Impressionen des psychologischen Realismus

IDEE NR. 37
DIE NARRATIVE AVANTGARDE

1914 waren 90 Prozent aller auf der Welt gezeigten Filme französisch. Aber der Erste Weltkrieg ermöglichte Hollywood, seine Vormachtstellung einzunehmen und den dort bevorzugten Erzählstil durchzusetzen. In den 1920ern aber rebellierte eine Gruppe französischer Cineasten gegen diese klassische Linearität. Sie nutzten Avantgardetechniken, um eine stärkere emotionale, visuelle Komplexität und Wahrhaftigkeit zu erreichen.

Marcel L'Herbiers Eldorado *(1921) war ein Meisterkurs für filmischen Ausdruck, der „Nouvelle Vagueurs" wie Alain Resnais und Jean-Luc Godard beeinflusste.*

Im Paris der Nachkriegszeit rief Louis Delluc den Film dazu auf, seine Verbindungen zu Kunst, Literatur, Theater und Musik zu kappen und eine fotografische Reinheit zu entwickeln, die hinreichend frei von kommerziellen Einschränkungen war, um persönlichen Ausdruck und psychologische Erkundungen möglich zu machen. Seine Ermahnung, „französisches Kino muss Kino sein und französisches Kino muss französisch sein", führte zu zwei neuen Bewegungen: dem Surrealismus und einer Form des narrativen Avantgardismus, die als Impressionismus bekannt wurde. Delluc, Germaine Dulac, Jean Epstein, Marcel L'Herbier and Abel Gance einte ihre Bewunderung für den deutschen Expressionismus, für Kammerspielfilme und für Hollywoodfilme wie Cecil B. DeMilles *Der Betrug* (1915). Inspiriert von der Art, wie Schnitttechniken zur Vermittlung von Gefühlen und zur Steigerung der Spannung eingesetzt wurden, behandelten sie das Innenleben einer Filmfigur als ebenso wichtig wie ihre äußeren Handlungen.

Anfangs wandten diese französischen Filmemacher einen piktoralistischen Ansatz an und nutzten Kameraführung, Mise en Scène und Hintergrundprojektionen, um Denk- und Gefühlsmuster zu zeigen. Aber Gances *Das Rad* (1923) verschob die Betonung auf rhythmische Schnitte und eine gewagte Subjektivität, die das Publikum in die Handlung hineinzogen und es zwangen, eher in der Technik als in der Komposition oder den darstellerischen Leistungen nach Sinn zu suchen. Die anderen Mitglieder der losen Vereinigung hatten ebenso begonnen, eigenständigere Stile vorzuführen, bevor das Aufkommen des Tonfilms das Experiment insgesamt beendete.

Die Impressionisten, die innerhalb der etablierten Filmindustrie arbeiteten, setzten Theorie in Praxis um und übten einen beträchtlichen Einfluss auf Melodram, Horrorfilm und Film noir aus, indem sie so verschiedene Filmemacher wie Maya Deren und Alfred Hitchcock anregten. Neben ihrer Gemeinschaftsleistung erlangten sie auch individuelle Bedeutung. Als „Vater der französischen Filmkunst" bekannt, manipulierte Delluc die Einheit von Raum und Zeit, um seinen fatalistischen Großstadtdramen, die den poetischen Realismus vorwegnahmen, ein Gefühl von selektivem Realismus und lyrischer Innerlichkeit zu geben. Er etablierte auch die französische Tradition der ästhetischen Theorie und gründete die einflussreichen „Cinéclubs". Dulac entwickelte mit *Das Lächeln der Madame Beudet* (1923) ein „integrales Kino", das den subjektiven Blickwinkel schon vor Friedrich Wilhelm Murnaus *Der letzte Mann* (1924) demonstrierte und viele feministische Themen vorausahnte.

Epstein nahm vieles vorweg – den Poetischen Realismus in *Cœur fidèle* (1923), den Neorealismus in *Finis terrae* (1929) und Alain Resnais' Experimente zu Struktur, Zeit und Raum in *Der dreiflügelige Spiegel* (1927). L'Herbier war ein Meister der impressionistischen Beschwörung. Seine „plastischen Harmonien" in *Die Unmenschliche* (1924) und *Geld! Geld! Geld!* (1928) verliehen dem Stil eine dramaturgische und formale Funktion, während die Selbstreflexivität von *Eldorado* (1921) der Nouvelle Vague vorausgingen, der er zur Entstehung verhalf, indem er die Cinémathèque Française und das Institut des Hautes Études Cinématographiques (IDHEC) mitgründete.

Schließlich übte Gances metaphorische Schnitttechnik in *Das Rad* einen wichtigen Einfluss auf die sowjetische Filmmontage aus, während sein Naturalismus ein Echo im poetischen Realismus fand. Außerdem wurde er mit *Napoleon* (1927) zum Pionier der Handkamera und der Breitwandtechnik – die Wiederentdeckung des Films im Jahr 1950 führte dazu, dass er von der einflussreichen Filmzeitschrift *Cahiers du Cinéma* zu einem der wenigen französischen Auteurs ernannt wurde (siehe Auteur-Theorie). ■

Das Handwerk erlernen

IDEE NR. 38
FILMHOCHSCHULEN

Alle Kunstformen bringen ihre eigenen spezialisierten Ausbildungsstätten hervor. Die erste Filmhochschule der Welt war das 1919 in Moskau gegründete Allunionsinstitut für Kinematografie (VGIK). Viele sind seither diesem Vorbild gefolgt, obwohl der Inhalt der Ausbildung stark variiert – einige Hochschulen fördern Gleichförmigkeit, andere Kreativität.

Gong Li in Rote Laterne *(1991), einem Film ihres damaligen Ehemanns Zhang Yimou, der die fünfte Generation von Absolventen der Pekinger Filmakademie dem Weltpublikum endgültig präsent machte.*

Der Mangel an technischem Gerät diktierte den ersten Lehrplan des VGIK. Während prozaristische Produzenten in der Zeit nach der Russischen Revolution Filmmaterial horteten, sah sich Dozent Lew Kuleschow gezwungen, Kurse auf der Basis von simulierten Dreharbeiten mit leeren Kameras und der erneuten Montage existierender Filme abzuhalten, darunter David Wark Griffiths *Intolerance* (1916). Er brachte den Studenten auch den Kuleschow-Effekt bei, um die assoziative Kraft von Schnitten zu demonstrieren, und arbeitete mit ihnen zusammen an Filmen wie *Der Todesstrahl* (1925).

Absolventen wie Sergei Eisenstein und Wsewolod Pudowkin wurden zu Schlüsselfiguren der sowjetischen Filmindustrie und kehrten später zurück, um, zusammen mit Michail Romm und Sergei Gerassimow (nach dem das Institut 1986 neu benannt wurde), am VGIK zu unterrichten. Aber obwohl das Institut einheimische Talente wie Andrei Tarkovski, Sergei Paradjanow, Sergei Bondarchuk, Nikita Michalkow und Alexander Sokurow heranzog, nahm es auch ausländische Studenten wie Ousmane Sembène und Souleymane Cissé an, die entscheidend bei der Entstehung des afrikanischen Kinos mitwirken sollten.

Ironischerweise diente das VGIK, eine kommunistische Schöpfung, als Inspiration für die Gründung des Centro Sperimentale di Cinematografia in Rom (1935) und der Deutschen Filmakademie in Berlin (1938), denn die faschistischen Regimes versuchten, ihre eigenen Filmemacher zu indoktrinieren. Aber während die Universum Film Aktiengesellschaft (UFA), die in der Nazizeit die Filmproduktion in Deutschland beherrschte, die Filmakademie 1940 unter ihre Kontrolle brachte, brachte das Centro Absolventen von Rang wie Michelangelo Antonioni, Pietro Germi, Marco Bellocchio, Dino De Laurentiis, Vittorio Storaro und Nestor Almendros hervor.

Die Film- und Fernsehfakultät der Akademie der Musischen Künste (FAMU) in Prag und die Filmhochschule im polnischen Lódz verweigerten gleichfalls ihre Pflicht, staatstreue Künstler zu produzieren. Vera Chytilová, Jirí Menzel, Milos Forman und Jan Nemec wurden in den 1960ern zu Hauptakteuren des tschechischen Filmwunders (auch Tschechische Neue Welle genannt). Andrzej Wajda, Krzysztof Kieslowski und Krzysztof Zanussi waren neben der FAMU-Absolventin Agnieszka Holland in der Vereinigung Cinema of Moral Anxiety aktiv, die während des Aufstiegs der Solidarność in den 1980ern die Stimmung der Bürgerunruhen einfing. Das Institut des Hautes Études Cinématographiques (IDHEC) – die Alma Mater von Louis Malle, Alain Resnais, Constantin Costa-Gavras, Ruy Guerra, Volker Schlöndorff, Theo Angelopoulos und Claire Denis – spielte eine Rolle bei den Pariser Unruhen von 1968, einer Zeit, in der endlich auch in den USA die Filmhochschulen Bedeutung erlangten.

Wenn die Hollywoodstudios nicht gerade den Theatern Autoren und Regisseure abwarben, zogen sie es (wie die japanischen „Zaibatsu") vor, den Nachwuchs innerbetrieblich auszubilden. Insofern gab es trotz der Gründung der University of Southern California School of Cinematic Arts im Jahr 1929 nur wenige erfolgreiche Absolventen. Allerdings ging der Niedergang des Studiosystems mit der Gründung von Filmfakultäten an der University of California in Los Angeles (UCLA) sowie der New York University (NYU) und der Columbia University in New York einher. Diese neue Generation sogenannter Movie Brats, zu denen Francis Ford Coppola, George Lucas, John Milius, Paul Schrader und Martin Scorsese gehörten, veränderte Hollywood für immer.

Die Filmhochschulen bringen weiterhin auf der ganzen Welt neues Leben in den Film. Zum Beispiel hat die Filmakademie Peking Regisseure der fünften Generation hervorgebracht – die chinesische Filmgeschichte wird in Generationen eingeteilt –, die wie Tian Zhuangzhuang, Chen Kaige and Zhang Yimou in den 1980ern dem Weltpublikum das chinesische Kino vorstellten. Aber es wird auch immer diejenigen geben, die wie der einstige Videothekmitarbeiter Quentin Tarantino ihren eigenen Weg zum Durchbruch finden. ∎

OBEN: *Andrei Tarkovskis Filmdebüt* **Iwans Kindheit** *(1962) hatte eine poetische Qualität, die die Liberalisierung des VGIK unter Führungs- und Lehrkräften wie Michail Romm und Grigori Tschuchrai bestätigte.*

Männerseilschaften: Alexander Sokurows Mentor beim VGIK war Andrei Tarkovski. **Mutter und Sohn** *(1997) zeigt den Einfluss von Tarkovskis* **Der Spiegel** *(1974).*

Kollidierende Bilder, komprimierte Zeit

IDEE NR. 39
MONTAGE

Filmtrends und -techniken kommen und gehen ständig. Zurzeit stellen beispielsweise einige Leute die historische Bedeutung der Filmmontage in Frage. Aber es gibt wohl wenig Anlass, folgende Bemerkung des großen sowjetischen Filmemachers Sergei Eisenstein anzuzweifeln: Montage – das schnelle Aneinanderfügen verschiedenen Bildmaterials – ist der „Nerv des Films".

Intellektuelle Montage: Sergei Eisenstein stellte in Panzerkreuzer Potemkin *(1925) drei Aufnahmen von Löwenstatuen gegenüber, um anzudeuten, wie sich die Massen erheben und aktiv werden.*

Trotz ihrer sowjetischen Assoziationen entwickelte sich die Montage tatsächlich in den 1910er Jahren außerhalb Russlands. David Wark Griffith hatte instinktiv verstanden, dass die dargestellte Realität einer Einstellung zusätzliche Bedeutung gewann, wenn man sie anderen Bildern gegenüberstellte. Die Futuristen, Formalisten und Impressionisten verwendeten dagegen metaphorische Schnitte, beschleunigte Montage und Diskontinuität in Filmen wie Anton Giulio Bragaglias *Thaïs* (1917). Lew Kuleschow kodifizierte diese Ideen am VGIK und Dsiga Wertow nutzte sie in seinen stilisierten Dokumentarfilm- oder Kino-Auge-Werken, um das Leben unbemerkt einzufangen. Kuleschow und Wertow veranlassten Eisenstein eine „Kino-Faust"-Methode von aggressiverer Ausdruckskraft zu entwickeln, um die Zuschauer zur aktiven Auseinandersetzung mit den kollidierenden Montagebildern zu zwingen.

Eisenstein unterlief Hollywoods Strategien des unsichtbaren Schnitts in einem Akt antikapitalistischer Rebellion. Er verwendete Blickrichtungs- und Perspektivsprünge, Auslassungen und zeitliche Dehnungen, um Gefühle zu wecken und Gedanken auszulösen. Diese dramatische Montagetechnik verfeinerte Eisenstein in *Streik* (1925), *Panzerkreuzer Potemkin* (1925) und *Oktober* (1927). Sein sowjetischer Genosse Wsewolod Pudowkin hingegen entwickelte in *Die Mutter* (1926) und *Sturm über Asien* (1928) das epische Verknüpfungsprinzip des Konstruktivismus, bei dem Bilder eher miteinander verbunden als kontrastiert werden. Parallel dazu lud Alexander Dowschenko in *Erde* (1930) die Montage mit lyrischer Bedeutung auf.

Allerdings wurde nach dem Aufkommen des Tonfilms und dem Kremldiktat des Sozialistischen Realismus die Montage als dekadent und minderwertig geschmäht. Der französische Kritiker André Bazin verurteilte in seiner Theorie der Mise en Scène die Widersprüche der Montage in Bezug auf Größe, Volumen, Rhythmus und Geschwindigkeit als manipulativ und undemokratisch. Trotzdem übte die Montage weiterhin auf der ganzen Welt beträchtlichen Einfluss aus. Hollywoodmontagen, die in Filmen wie *Citizen Kane* (1941) und *Rocky* (1976) kometenhafte Aufstiege, beschwerliche Reisen und Trainingsabläufe darstellten, verdichteten Zeit, Raum und Information. Solche Passagen sind heute zu Klischees geworden. Aber zusammen mit einem stimmungsgeladenen Soundtrack sind sie immer noch verblüffend wirkungsvoll.

Das British Documentary Film Movement der 1930er verwendete Montage, Großaufnahme und Typisierung, um die Massen zu erziehen und zu inspirieren, während Filmemacher der Nouvelle Vague, François Truffaut und Jean-Luc Godard, beim Schnitt nichtklassische Bildsprünge und multiperspektivische Montagen bevorzugten, um traditionelle Formen des linearen Erzählens zu durchbrechen. Auch Alfred Hitchcock, Francis Ford Coppola, Brian De Palma und Oliver Stone verdankten der Montage viel, wie auch die Macher der Hongkongkampfsportfilme und der japanischen „Chambara"-Serien.

Werbespots und Musikvideos sind ebenfalls von der Montage geprägt. Aber Eisensteins Erbe wird am deutlichsten bei der steigenden Geschwindigkeit der Hollywoodschnitte. Zweistündige Filme enthalten heute mehr als 2 000 Einzelaufnahmen – in der Studioära waren es 300 bis 500 in 90 Minuten. Nachdem sich die durchschnittliche Einstellungsdauer zwischen *L. A. Confidential* (1997) und *Die Bourne Verschwörung* (2004) von vier auf zwei Sekunden halbiert hat, erscheinen die Gerüchte über den Niedergang der Montage stark übertrieben. ∎

„Montage ... ist der ‚Nerv des Films'."

OBEN: *Brian De Palma baute mit der Sequenz des wegrollenden Kinderwagens eine Hommage an das Massaker auf der Treppe von Odessa aus* Panzerkreuzer Potemkin *in* The Untouchables – Die Unbestechlichen *(1987) ein.*

UNTEN: *Für einen Hollywoodfilm untypisch, enthielt Sam Peckinpahs* The Wild Bunch – Sie kannten kein Gesetz *(1969) 2 721 Schnittstellen, davon allein 325 in der berüchtigten Massakermontage.*

„Diese ‚Charakterdarsteller' waren ... selten launisch oder fehlbesetzt."

RECHTS: *Für* Erde *(1930) suchte Alexander Dowschenko seine Frau Julia Solntsewa als Verkörperung der Reinheit und Fruchtbarkeit der sowjetischen Landschaft aus.*

UNTEN: *Der Puerto Ricaner Luis Guzmán wird unweigerlich als harter Mann diesseits oder jenseits des Gesetzes besetzt, wie hier als Polizist in Renny Harlins* Cleaner *(2007).*

Die richtige Rolle für den richtigen Typ

IDEE NR. 40
TYPISIERUNG

OBEN: *Aus einer niedrigen Kameraperspektive gefilmt, um die Macht der Filmfigur zu unterstreichen, stellt Regisseur Wsewolod Pudowkin selbst den Polizeioffizier in* Die Mutter *(1926) dar.*

RECHTS: *Hollywoods üble Angewohnheit, Weiße als Orientalen zu schminken, begrenzte die Möglichkeiten begabter Schauspieler wie Anna May Wong, die hier in* Shanghai-Express *(1932) zu sehen ist.*

Seit langem werden Schauspieler ebenso sehr nach ihrem Aussehen und Auftreten ausgewählt wie nach ihrem Talent, um die Handlung eines Films authentischer und leichter verständlich zu machen. Tatsächlich ist die Typisierung (oder das Type-Casting) eine entscheidende Facette der Kurzschrift des Kinos.

Aus dem Theater importiert, erwies sich die Typisierung als extrem nützlich für die Stummfilmmacher: Sie ermöglichte es ihnen, leicht erkennbare Filmfiguren zu erschaffen, ohne von der Erzählung abweichen zu müssen. Allerdings galt diese Identifizierbarkeit nicht nur für Nebenrollen, Charakterdarsteller, Kleindarsteller und Komparsen. Auch die Stars wurden dafür bekannt, bestimmte Rollen zu übernehmen. Diese Vertrautheit steigerte nicht nur ihre kommerzielle Attraktivität, sondern verstärkte auch die Konventionen des Genres, in dem sie agierten, sei es Komödie, Melodram, Krimi, Horrorfilm oder Western.

Sergei Eisenstein lehnte viele Aspekte des etablierten Kinos ab, aber er erkannte den Wert der Typisierung für seinen formalistischen Stil, bei dem er genauso viel Wert auf das Visuelle wie auf den Inhalt legte: Die Typisierung erlaubte den Zuschauern, jede Figur in einem Wirbel gegeneinandergesetzter Bilder augenblicklich zu verstehen. Darüber hinaus waren *Streik* (1924), *Panzerkreuzer Potemkin* (1925) und *Oktober* (1927) im Prinzip Propagandawerke, und es war insofern essentiell, dass die Zuschauer sich in dem kollektiven Helden wiederfanden, der hier als Begründer einer neuen Ordnung porträtiert wurde. Wsewolod Pudowkin und Alexander Dowschenko vergaben oft Rollen an Unbekannte, und viele der von ihnen dargestellten Typen überlebten bis in die Ära des Sozialistischen Realismus.

Laiendarsteller, die ausgesucht wurden, weil sie bestimmte „Typen" andeuteten, spielten die Hauptrollen in neorealistischen Klassikern wie Roberto Rossellinis *Deutschland im Jahre Null* (1948) und Luchino Viscontis *Die Erde bebt* (1948). Vittorio De Sica lehnte zum Beispiel den Hollywoodstar Cary Grant ab und besetzte die Hauptrolle in *Fahrraddiebe* (1948) mit dem Fabrikarbeiter Lamberto Maggiorani, dessen Gegenüber der siebenjährige Enzo Staiola war, den man wegen der Kraft seines Ganges dafür ausgewählt hatte, den vertrauensvollen Sohn zu spielen. Der französische Regisseur Robert Bresson fand ebenfalls Eigenschaften, die sich vor der Kamera einprägen würden, wichtiger als Fotogenität, wenn er die „Modelle" aussuchte, die er mit „automatischem Naturalismus" auflud. Die Zuschauer sollten in Filmen wie *Ein zum Tode Verurteilter ist entflohen* (1956) und *Pickpocket* (1959) eher ihre eigenen Reaktionen in die Worte und Handlungen einer Filmfigur projizieren, als ein simuliertes Gefühl zu teilen.

Frank Capra hat Filme einmal als Tische beschrieben, auf deren glänzender Oberfläche die Stars stünden, während die „Charakterleute" die Beine seien. Mit Sicherheit war sich Hollywood der Bedeutung einer breiten Auswahl von Nebendarstellern bewusst, und die meisten Studios hatten ihre eigenen festen Ensembles. Das war filmisch wie wirtschaftlich sinnvoll, denn viele der Vertragsmitarbeiter waren erfahrene Darsteller, die ihr Geschäft verstanden, wenig kosteten und die Drehpläne voranbrachten, indem sie an mehreren Projekten gleichzeitig arbeiteten. Diese „Charakterdarsteller" waren, anders als Stars, selten launisch oder fehlbesetzt, und die Zuschauer wussten jedes Mal genau, was sie zu erwarten hatten, wenn C. Aubrey Smith, William Demarest, Margaret Dumont, George Zucco, Gabby Hayes oder Gale Sondergaard auf der Leinwand erschienen, auch wenn sie nicht unbedingt ihre Namen kannten. Rassenklischees schränkten unterdessen die Möglichkeiten von Unerschütterlichen wie Anna May Wong, Hattie McDaniel und Katy Jurado stark ein.

Viele aus der alten Garde der Neben- und Charakterdarsteller drifteten ins Fernsehen ab, als es mit dem Studiosystem bergab ging. Allerdings waren und sind sie weiterhin bei Regisseuren in aller Welt gefragt, und viele alternde Stars geben sich jetzt mit kleineren Rollen zufrieden, die Szenen Glaubwürdigkeit, Farbe und Überzeugungskraft geben, ohne anderen die Aufmerksamkeit zu stehlen. ∎

Subversion und Befreiung

IDEE NR. 41
SURREALISMUS

Die Surrealisten lehnten gängige Kodes der filmischen Darstellung und Wahrnehmung ab, um die Zuschauer von sozialen, politischen und religiösen Zwängen zu befreien. Sie gaben sich der Logik der Träume, der psychologischen Macht disharmonisch kontrastierender Bilder und der inneren Wahrheit des Absurden hin.

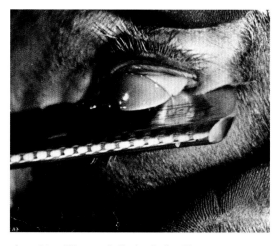

Der grausamste Schnitt: Der Augapfel eines Kalbes wurde benutzt, um den Eindruck zu erwecken, dass das Auge von Simone Mareuil in Ein andalusischer Hund *(1928) mit einem Rasiermesser aufgeschlitzt wird.*

Luis Buñuel hat einmal behauptet, er mache Filme, um „zu beunruhigen und die Regeln eines Konformismus zu verletzen, der alle Menschen glauben machen möchte, sie lebten in der besten aller möglichen Welten". Den Impressionismus, von dem sich französische Produzenten in den 1920ern ein Gegengewicht zu Hollywoods Übermacht versprochen hatten, verachteten Buñuel und seine Surrealistenkollegen. Sie bezogen ihre filmischen Stichworte aus den Trickfilmen von Georges Méliès, dem Slapstick, Billigfortsetzungsserien und den exotischen Phantasien des deutschen Expressionismus. Auch der Einfluss der sowjetischen Montage wurde bei der Verwendung assoziativer und abstrakter Verknüpfungen, die der erzählerischen Stringenz abschworen, deutlich, wie zum Beispiel in René Clairs dadaistischem Kurzfilm *Entr'acte* (1924) and Germaine Dulacs *La coquille et le clergyman* (1928), dessen Drehbuch Antonin Artaud als Beispiel für sein „Theater der Grausamkeit" geschrieben hatte.

Allerdings waren die Surrealisten nicht sonderlich beeindruckt von Dulacs Film, ebenso wenig wie von solch dadaistischen Experimenten wie Man Rays *Le retour de la raison* (1923), Fernand Légers *Ballet mécanique* (1924) und Marcel Duchamps *Anémic cinéma* (1926), der die rhythmische Bewegung geometrischer Formen einfing. Sogar *Ein andalusischer Hund* (1928), Salvador Dalís und Buñuels „verzweifelter und leidenschaftlicher Aufruf zum Mord" wurde mit Misstrauen betrachtet, denn man interpretierte den kommerziellen Erfolg als Anzeichen dafür, dass die Mischung aus Bilderstürmerei, Lust, Gewalt und Blasphemie nicht schockierend genug war. Trotzdem verkündete André Breton, der 1924 das *Erste surrealistische Manifest* verfasst hatte, er halte den Film und den Nachfolgefilm des Duos, *Das goldene Zeitalter* (1930), für die einzigen voll und ganz surrealistischen Filme.

Von da an versuchte sich Dalí nur noch nebenher an Kinoarbeiten, insbesondere, indem er die Traumsequenz für Alfred Hitchcocks Hollywoodfilm *Ich kämpfe um dich* (1945) entwarf. Aber Buñuel fuhr fort, „reine Gewissen zu vergewaltigen", mit provokativen Angriffen gegen den Katholizismus, das Establishment und die Bourgeoisie wie in *Die Vergessenen* (1950), *Der Würgeengel* (1962) und *Dieses obskure Objekt der Begierde* (1977).

Trotz Jean Cocteaus *Das Blut eines Dichters* (1930), Jean Vigos *Betragen ungenügend* (1933) und der Naturfilme von Jean Painlevé verlor das surrealistische Kino nach dem Aufkommen des Tonfilms seinen Schwung. Dennoch beeinflusste es die anarchistischen Komödien der Marx Brothers, Socko-Zeichentrickfilme (siehe Slapstick), die wissende Sinnlichkeit einer Mae West und die boshafte Hinterhältigkeit von Hitchcock und James Whale. Vielleicht wäre das surrealistische Kino noch einflussreicher gewesen, wäre es nicht überschattet worden von Sergei Eisensteins Schriften über den Realismus und der wirtschaftlichen Übermacht des klassischen Erzählstils, den die Hollywoodstudios bevorzugten.

Man Ray, Duchamp und Léger arbeiteten zusammen mit Hans Richter an *Träume zu verkaufen* (1947), der als der letzte offiziell surrealistische Film gilt. Allerdings ist der Kinosurrealismus nie ganz verschwunden. André Bazin führte erneut surrealistische Vorstellungen von zufälliger Bedeutung ein, als er seine Theorie der Mise en Scène postulierte. Und viele europäische Autorenfilmer, darunter Federico Fellini, Jan Švankmajer und Juraj Herz, verdanken der surrealistischen Ästhetik viel, ebenso wie zahlreiche Japanimatoren und nordamerikanische Einzelgänger wie Terry Gilliam, Guy Maddin und David Lynch. ∎

„Surrealisten lehnten gängige Kodes der filmischen Darstellung und Wahrnehmung ab ... Sie gaben sich der Logik der Träume hin."

OBEN: *Jean Vigos* Betragen ungenügend *(1933): Die berühmte Kissenschlacht gipfelt in der Zeitlupenparodie einer religiösen Prozession.*

RECHTS: *Das Plakat fängt den schrägen Charakter von Terry Gilliams Verfilmung von Hunter S. Thompsons* Angst und Schrecken in Las Vegas *(1998) ein.*

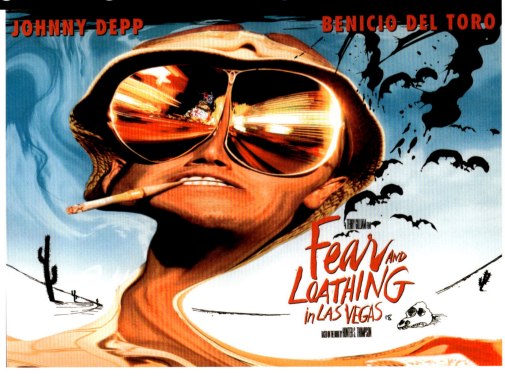

Die Produktion des noir-surrealistischen Meisterwerks **Meshes of the Afternoon** *(1943) von Maya Deren und Alexander Hammid kostete nur 275 Dollar.*

Jenseits des Mainstreams

IDEE NR. 42
EXPERIMENTALFILM

In Mothlight *(1963)* befestigte Stan Brakhage Insektenflügel, Blätter und Gras auf Zelluloid und untersuchte so die Rolle des Projektorstrahls in einem animierten Lebenszyklus.

Der Experimentalfilm – ein zweckdienlicher Begriff für die vielfältigen Versuche von Avantgarde und Underground, das Publikum beim Betrachten bewegter Bilder in eine intellektuell aktivere Rolle zu zwingen – ist zu einer eigenständigen Kunstform geworden. Er hat außerdem beträchtlichen Einfluss auf sein kommerzielles Gegenstück ausgeübt.

Da sie ihre Low-Budget-Werke alleine oder mit minimaler Unterstützung entwickeln, drehen und nachbearbeiten, genießen die meisten Experimentalfilmer vollständige künstlerische Freiheit. Aber eine derartige Unabhängigkeit führt unweigerlich zu einer Marginalisierung, bei der Aufführungen meist auf Galerien, Museen, Filmklubs und spezialisierte Veranstaltungsorte beschränkt bleiben. Dieser alternative Weg des Vorführens spiegelt eine entschlossene Weigerung, industrielle Produktionsmethoden zu übernehmen, wobei sich Künstler, die nicht zum Mainstream gehören, meist für Kurz- statt Spielfilme entscheiden und entweder neue Techniken zum ersten Mal einführen oder Formaten treu bleiben, die von den Studios längst verworfen worden sind. Insofern stiegen Nam June Paik und Valie Export in den 1960ern auf Video um, obwohl viele Künstler es vorzogen, mit 16-mm-, 8-mm- oder Super-8-Film zu arbeiten, während John Whitney und Scott Bartlett die ersten computergenerierten Elemente schufen – ein volles Jahrzehnt vor dem Mainstreamkino.

Der Experimentalfilm zeichnet sich durch fehlende Linearität und die Verwendung audiovisueller Verfremdungstechniken aus. Techniken ohne Kamera, wie das direkte Aufbringen von Zeichen oder Materialien auf die Zelluloidoberfläche, die Man Ray in *La retour de la raison* (1923) und Stan Brakhage in *Mothlight* (1963) verwendeten, hatten nur begrenzte Wirkung auf das Kino. Aber diese abstrakten Bilder zeigten, dass man Gedanken durch Formen, Texturen, Farbe und Tempo ausdrücken und dabei Erzählkonventionen ignorieren, unterlaufen oder zerlegen konnte.

Die rhythmische Gegenüberstellung von Bildern in den Großstadtsinfonien der 1920er war entscheidend für die Entwicklung der assoziativen Montage; sie beeinflusste Stan Vanderbeeks Collagen aus Archivmaterial, die sich für die Evolution des Musikvideos als ebenso bedeutend erwiesen wie Bruce Conners audiovisuelle Synchronisierungen. Im Gegensatz zu diesen Schnellschnittübungen waren Marie Menkens Studien über das Vergehen der Zeit und Maya Derens vom Tanz inspirierte Traumwelten persönlicher und leichter zugänglich. Insofern passten sie nicht zu strukturalistischen Filmen, bei denen Regisseure audiovisuelle Verfremdungstechniken einsetzten, wie Michael Snow in *Wavelength* (1967) und Hollis Frampton in *Zorns Lemma* (1970). Beide befassten sich weniger mit Inhalten als mit den Systemen, die für deren Präsentation verwendet wurden, und mit der materiellen Natur des Films als solchem.

Ihren Ursprung hatten solche selbstreflexiven, anti-illusionistischen Taktiken in Andy Warhols Filmausflügen wie *Kiss* (1963). Sie spiegelten auch Kenneth Angers, Gregory Markopoulos' und Jack Smiths Bemühungen wider, die gesellschaftspolitischen, erotischen und homosexuellen Themen zu erkunden, die durch den Produktionskodex geächtet worden waren. Derartige Provokationen ermöglichten nicht nur die Exploitationfilme der 1960er, sondern wurden zwei Jahrzehnte später auch von Vertretern des transgressiven Kinos bis ins Extrem getrieben, wie von dem deutschen Horrorautorenfilmer Jörg Buttgereit und von Nick Zedd, der dem New Yorker No-Wave-Kinoboom Mitte der 1970er Jahre entstammte.

Das radikale Autorenfilmertum inspirierte den ironischen Kitsch von Außenseitern wie George und Mike Kuchar und gab dem Kino auch einen Schub in Richtung Performancekunst, Installationen und eines erweiterten Kinobegriffs, der von neuen Technologien abhing. Darüber hinaus regte er die Produktion von New Talkies wie *Riddles of the Sphinx* (1977) von Laura Mulvey und Peter Wollen an, der narrative Kodes dekonstruierte, indem er sie mit Psychoanalyse und Filmtheorie kombinierte. Passenderweise sind dank „Microcinemas" und Internet solche Einladungen zu einem anderen Sehen heute breiter verfügbar. ■

War Schweigen Gold?

IDEE NR. 43
TON

OBEN: „You ain't heard nothin' yet!": Al Jolson und May McAvoy schreiben in Der Jazzsänger (1927) Geschichte.

UNTEN: Die Tonmischung, die Fredric Marchs Verwandlungen in Dr. Jekyll und Mr. Hyde (1931) begleitete, enthielt Herztöne und Glockenschläge in einer Echokammer.

Nichts hatte eine stärker transformierende Wirkung auf das Kino als das Aufkommen des Tonfilms. Charlie Chaplin hatte das Gefühl, er zerstöre „die großartige Schönheit der Stille". Andererseits verbessern Dialoge, Musik und Tongestaltung die visuelle Seite eines Films, indem sie dessen Bedeutung und illusionären Realismus verstärken.

Probleme bei Synchronisierung und Verstärkungstechnik verzögerten trotz Thomas Edisons audiovisueller Ambitionen die Entwicklung funktionierender Tontechnik bis in die 1920er. Auch dann noch widerstand Hollywood den Avancen der Elektrounternehmen AT&T und RCA, denn der Stummfilm hatte ein hohes Niveau an Raffinesse entwickelt und erntete sowohl kommerziellen Erfolg als auch ästhetische Bewunderung. Aber mangelndes Publikumsinteresse und untragbare Kosten schreckten die unter Geldmangel leidenden Warner Brothers nicht ab: Sie brachten im Oktober 1927 *Der Jazzsänger* mit einer Tonspur auf Vitaphoneplatte heraus. Der Film war so erfolgreich, dass die anderen Studios nachzogen, wobei Vitaphone zugunsten des Lichttonverfahrens von Western Electric aufgegeben wurde, das die Tonspur neben den Bildern auf dem Zelluloidstreifen unterbrachte.

Tatsächlich verlief der Übergang eher langsam, denn Filmstudios und Kinosäle benötigten zusätzliche Verkabelungen, und Schauspieler wie Filmteams mussten neue Techniken erlernen. Es überrascht nicht, dass die ersten Tonfilme in einer Zeit, als sich Bühnenschauspieler, Theaterautoren, Dialogregisseure und Komponisten in Hollywood niederließen, oft statisch und wortreich ausfielen. Die Darsteller versammelten sich um Mikrophone, die auf dem Set verborgen waren, während die lauten Kameras in weit entfernte Kabinen verbannt wurden, die den Spitznamen Ice-Box trugen. Darüber hinaus erschwerten Synchronisationsprobleme Schnitte innerhalb einer Szene.

Derartige Probleme wurden aber schließlich durch Richtmikrofone mit Galgen, „Blimps" (Schallschutzgehäuse für Kameras) und Moviola-Tonköpfe gelöst, während Synchronisierung und Untertitel die Praxis beendeten, lokale

David Lynch ließ die Schauspieler ihre Handlungen umkehren und die Dialoge vertauschen, um das Gefühl der Orientierungslosigkeit in den Sequenzen im roten Zimmer von Twin Peaks – Der Film *(1992) zu erzielen.*

„Mit der Weltsprache des Stummfilms war es für immer vorbei."

Stars für vielsprachige Neuverfilmungen von Prestigefilmen, die für den Export bestimmt waren, zu engagieren. Mit der Weltsprache des Stummfilms war es für immer vorbei. Ebenso erging es Stars wie Constance Talmadge, deren Stimme nicht zu ihrem Image passte, und den Musikern, die in den Kinos für Livebegleitung gesorgt hatten. Außerdem hatten sich die Studios wegen der Kosten der Umstellung an der Wall Street verschuldet. Deren konservative Finanziers konnten 1934 den Produktionskodex durchsetzen und schränkten so die Möglichkeiten des Tonfilms ein, umstrittene Themen anzuschneiden.

Sobald man sich darauf geeinigt hatte, dass die Lautstärke unabhängig vom Abstand zwischen Kamera und Darstellern gleich bleiben sollte und dass Dialoge Vorrang vor Umgebungsgeräuschen und Musik hatten (weil Verständlichkeit wichtiger war als Authentizität), bekamen die Regisseure den Ton verhältnismäßig schnell in den Griff. In Gangsterfilmen knallten Gewehre und quietschten Reifen, in Melodramen hallten Off-Texte und innere Monologe wider, und als neues Genre entstand das Musical. Der Ton gab der Stille neue Kraft und verstärkte die Macht der Komposition, indem er die Aufmerksamkeit der Zuschauer auf spezifische Details einer Einstellung bündelte. Bald schon wurde er ein eher notwendiger als innovativer Bestandteil des Filmemachens, wobei die phantasievolle Verwendung rhythmischer und nichtnaturalistischer Töne weitgehend auf experimentelle Kurzfilme und Trickfilme beschränkt blieb.

In den frühen 1930ern befürworteten die sowjetischen Filmemacher Sergei Eisenstein and Wsewolod Pudowkin die Verwendung von kontrapunktischem oder asynchronem Ton – sie wollten die akustischen und visuellen Aspekte eines Films gegeneinanderstellen, anstatt einfach seine naturalistische Wirkung zu verstärken. Später verwendeten Jean Renoir und Orson Welles bei ihrer Suche nach größerem Realismus Töne aus dem Off, Tonwechsel, Tonübergänge und überlappende Dialoge, während Jacques Tati als Pionier des Audiominimalismus ganz ohne Sprache auskam, indem er den Schwerpunkt der Komik auf Alltagsgeräusche legte, und Jean-Luc Godard hierarchische Konventionen unterlief, indem er sowohl Geräusche aus der Welt innerhalb des Films als auch solche von außerhalb einsetzte, um die Realität der Bilder zu durchbrechen. Aber eine derart expressive Verwendung des Tons war selten, vor allem, nachdem Hollywood in den 1950ern den Stereoton einführte, den Vorläufer von Rauschminderungs-, Mehrspur- und Digitaltechniken, die heutzutage die Zuschauer mit tönenden Sensationen bombardieren und sie in die immer stärker computergenerierte Handlung eintauchen lassen. ∎

Der Zitherspieler Anton Karas spielt in einem Synchronstudio sein berühmtes Harry-Lime-Thema für **Der dritte Mann** *(1949).*

Geschichtenerzählen nach Noten

IDEE NR. 44
FILMMUSIK

Die modernen Soundtracks bringen die Filmmusik dorthin, wo sie begonnen hat: Sie erinnert an die Stummfilmzeit, als Begleitmusiker beliebte Songs in ihr Repertoire aufnahmen. In der Zwischenzeit stand das Symphonische im Vordergrund. Aber obwohl Filmmusiken überall die regionalen Ursprünge einzelner Filme widerspiegeln, teilen sie doch ein paar Grundprinzipien.

Filmmusik trägt dazu bei, die Bedeutung eines Bildes zu formen und erleichtert es dem Zuschauer, sich damit zu identifizieren. Obwohl sie sich den Dialogen unterordnet, legt sie Zeit, Ort und Stimmung fest, definiert den Charakter der Filmfiguren, betont dramatische Themen und umschreibt abstrakte Ideen. Bilder und Musik interagieren oft, wobei Komponisten und Arrangeure Melodie, Harmonie, Rhythmus, Tempo, Lautstärke und Instrumentierung so variieren, dass emotionale Reaktionen gesteuert werden, wie John Williams in Steven Spielbergs *Der weiße Hai* (1975). Die Suggestionskraft von Musik kann auch missbraucht werden, um ideologisch ungute Vorstellungen von Geschlecht, Sexualität und Rassenzugehörigkeit zu verstärken, wie die Gesänge und das Trommeln der Indianer in Hollywoodwestern.

Die Musik, die Pianisten, Organisten und Orchester in der Frühzeit des Kinos spielten, war entscheidend für die Entwicklung der filmischen Erzählsprache, da wiederkehrende Motive und dazugehörige Konventionen sowohl die Handlung als auch die Motive der Figuren erklärten. Komponisten von Rang wie Camille Saint-Saëns (*Die Ermordung des Herzogs von Guise,* 1908), Erik Satie (*Entr'acte,* 1924) und Dimitri Schostakowitsch (*Kampf um Paris,* 1929) komponierten für Stummfilme. Aber in der Frühzeit des Tons erschien Filmmusik künstlich. Die Musik blieb auf Quellen innerhalb der Welt der Geschichte beschränkt, bis Max Steiner mit seiner Arbeit an *King Kong* (1933) den Saturation Style einleitete, bei dem fast jede aus Hollywood in die Welt exportierte Szene mit Filmmusik unterlegt wurde.

Der Einfluss der europäischen Romantik auf die Hollywoodfilmmusik war tiefgreifend. Die wichtigsten Komponisten wie Steiner, Erich Wolfgang Korngold, Dimitri Tjomkin, Miklós Rózsa, Bronislaw Kaper, Hanns Eisler und Franz Waxman waren allesamt Emigranten. Allerdings wurde in den 1940ern und 1950ern eine eindeutige amerikanische Ausdrucksweise erkennbar, als Alfred Newman, Alex North, Leonard Rosenman, Elmer Bernstein und Henry Mancini Folkmusik, Blues und Jazz einführten. Viele Filmemacher und Komponisten fanden sich zu dauerhaften Partnerschaften zusammen, wie Sergei Eisenstein und Sergei Prokofiew, Alfred Hitchcock und Bernard Herrmann, Federico Fellini und Nino Rota, François Truffaut und Georges Delerue sowie Sergio Leone und Ennio Morricone. Andere Regisseure komponierten ihre Filmmusik selbst, darunter Charlie Chaplin, Satyajit Ray, John Carpenter und Clint Eastwood.

In den 1950ern tauchten vor allem in Zeichentrick- und Avantgardefilmen immer häufiger elektronische Musik und modernistische Ideen wie Dissonanz, Atonalität, Polytonalität und serielle Musik auf. Aber der Rock 'n' Roll hatte den größten Einfluss auf die Musik Hollywoods. Liedtexte wurden verwendet, um eine Situation zu kommentieren oder die Gefühle einer Figur zu offenbaren, zum Beispiel in Filmen wie Mike Nichols' *Die Reifeprüfung* (1967),

OBEN: *John Williams' Hai-Thema, das mit den Tönen e und f spielt, erwies sich als zentral für das Hochschrauben der Spannung in* Der weiße Hai *(1975).*

UNTEN: *Steven Spielberg mit John Williams, der den Oscarrekord von 45 Nominierungen für die Beste Filmmusik mit Alfred Newman teilt.*

dessen Liedbegleitung von Paul Simon den Trend in Richtung Soundtrackveröffentlichungen verstärkte.

Ein durchschnittlicher Spielfilm enthält ungefähr 40 Minuten Musik, manch einer allerdings auch gar keine. Andere, die der Gruppe Dogma 95 (dänische Avantgardefilmemacher) folgen, beschränken sich auf das Tonmaterial, das während der Dreharbeiten am Set aufgenommen wurde. Aber ob klassisch oder experimentell, nostalgisch oder anachronistisch – die Hauptaufgabe der Filmmusik ist und bleibt, die erzählerische Einheit zu stützen und eine Verbindung zwischen Zuschauer und Handlung herzustellen. ∎

In allen Tonarten

IDEE NR. 45
SYNCHRONISIERUNG

Glockenschläge, Schwerterklirren und Grillenzirpen gehörten zu den Geräuscheffekten, die für Don Juan *(1926) auf eine Vitaphoneplatte aufgenommen wurden.*

Oft nimmt man den Leinwandton einfach als gegeben hin. Aber die Mischung aus gesprochenem Wort, Musik und Effekten muss genauso subtil und präzise sein wie der visuelle Teil eines Films. Moderne Toneffekte sind in jeder Hinsicht so ausgefeilt wie computergenerierte Bilder, und der größte Teil dieser Tonskulptur wird während der Nachbereitung erschaffen.

Anfangs wurden Toneffekte in den Lichtspielhäusern mit Maschinen wie der Allefex generiert – sie konnte ungefähr 50 Töne hervorbringen, die von Gewittern bis zu Vogelzwitschern reichten. Der erste abendfüllende Tonspielfilm, *Don Juan* (1926), enthielt dagegen Toneffekte und Orchestermusik. Danach erzwang der Tonfilm eine Betonung der Dialoge, denn die primitiven Mikrofone und Mischtechniken erlaubten keine Modulation der Aufnahmelautstärke. Zudem schränkte ihre Empfindlichkeit die Bewegungsfreiheit von Kamera und Darstellern ein und Synchronisierungsprobleme bei der Nachbereitung führten dazu, dass die durchschnittliche Länge der Einstellungen von vier auf zehn Sekunden anstieg, sodass die Filme immer wortreicher und statischer wurden.

Allerdings verbesserten sich die technischen Möglichkeiten von Synchronisation und Nachvertonung Mitte der 1930er immens, vor allem, nachdem der MGM-Techniker Douglas Shearer die „Academy Curve" eingeführt hatte, um die Methoden zur Reduzierung von Pfeifgeräuschen bei der Aufnahme, Synchronisierung und Wiedergabe von Monoton zu vereinheitlichen. Entzerrer machten perspektivischen Ton möglich, und obwohl die Techniker nur über vier Tonkanäle verfügten, erzielten sie trotzdem so unvergessliche Filmtöne wie das Brüllen von King Kong, Fred Astaires steptanzende Füße und Orson Welles' überlappende Dialoge.

Die Entwicklung des Magnetbands und der Mehrkanaltontechnik nach dem Zweiten Weltkrieg ermöglichte den Tonmischern eine größere Bandbreite. Weil die Kinobesitzer aber kurz nach dem Einbau von Breitwandleinwänden die Kosten einer Umstellung auf Stereoton nicht auf sich nehmen wollten, erlebte der Kinoton erst dann eine neue Dimension, als Mitte der 1970er Ray Dolbys Rauschminderungssystem eingeführt wurde, das die Tonqualität von Kassenerfolgen wie *Krieg der Sterne* und *Unheimliche Begegnungen der dritten Art* (beide 1977) stark verbesserte.

In vielen Ländern zieht man synchronisierte Dialoge Originaltönen vor. Aber in Hollywood hält man sich weiterhin, wo immer möglich, an den Originalton, obwohl die Nachsynchronisierung von Dialogen den Darstellern erlaubt, schauspielerische oder zeitliche Aspekte zu verbessern. Die einst arbeitsintensive Tätigkeit der Synchronisierung ist vom automatischen Dialogaufnahmeverfahren ADR beschleunigt worden, das auch beim Hinzufügen von Hintergrundgemurmel verwendet wird. ADR wird auch bei Restaurierungen eingesetzt – ein bemerkenswertes Beispiel ist Anthony Hopkins' Nachahmung von Laurence Olivier für die Überarbeitung von *Spartacus* (1960) aus dem Jahr 1991.

Das Ersetzen von Stimmen war in der frühen Tonfilmzeit eine gängige Praxis – *Du sollst mein Glücksstern sein* (1952) zeigte dies in amüsanter Weise: Die schrill klingende Jean Hagen, eine Sirene der Stummfilmzeit, spielt hier zu Debbie Reynolds' wohlklingender Stimme Pantomime. Marni Nixon sang anstelle von Deborah Kerr in *Der König und Ich* (1956) und von Audrey Hepburn in *My Fair Lady* (1964). Sie war auch als Gaststar in Walt Disneys *Mulan* (1998) zu hören. Als Darstellerin ist sie allerdings weitgehend anonym geblieben. Inzwischen werden aber Play-back-Sängerinnen wie die Schwestern Asha Bhosle und Lata Mangeshkar ebenso gefeiert wie die Bollywoodsuperstars, die zu ihrem Gesang die Lippen bewegen.

Toneffekte allerdings werden nach den Dreharbeiten hinzugefügt, entweder von Tonmeistern oder von Geräuschemachern. Sie erschaffen Filmtöne, die nicht Umgebungsgeräusche, gesprochene Sprache oder Musik sind. Geräuschemacher verwenden Requisiten, um praktisch alles, von Schritten bis zu Gewehrschüssen, nachzubilden und geben Spiel- wie Dokumentarfilmen eine akustische Authentizität, die die Behauptung des dreifachen Oscargewinners Walter Murch stützt: „Je besser der Ton, umso besser das Bild". ∎

OBEN: *Das Gebrüll des mächtigen Affen in* **King Kong** *(1933) produzierte Murray Spivak, indem er das Brüllen eines Löwen mit halber Geschwindigkeit rückwärts abspielte.*

RECHTS: *Marni Nixon synchronisierte einen Großteil des Gesangs von Eliza Doolittle in* **My Fair Lady** *(1964), aber Audrey Hepburn sang den Refrain von* **Just You Wait** *selbst.*

GANZ RECHTS: *Als* **Spartacus** *(1960) restauriert wurde, synchronisierte Anthony Hopkins Laurence Oliviers Text für das anrüchige Gespräch über „Schnecken und Austern" mit Tony Curtis.*

Die Sprachbarriere überwinden

IDEE NR. 46
UNTERTITEL

Untertitel sind oft schwer zu lesen, sie liefern selten wortgetreue Übersetzungen, und ein nennenswerter Teil der weltweiten Zuschauerschaft verspürt eine lebhafte Abneigung gegen sie. Trotz ihrer Nachteile helfen sie allerdings schon seit mehr als einem Jahrhundert Zuschauern dabei, Filme zu verstehen.

Niemand weiß genau, wann Zwischentitel, die Vorläufer der modernen Untertitel, zum ersten Mal verwendet wurden, aber Bildunterschriften zur Verbindung der Handlung tauchten in dem von Robert W. Paul produzierten Film *Scrooge* (1901) auf und kamen häufiger vor, sobald Filme mit mehreren Szenen die Regel wurden. Die meisten lieferten kurze Zusammenfassungen der nachfolgenden Handlung, in amerikanischen Filmen aber wurden ab 1908 gesprochene Titel immer gebräuchlicher, wobei ungefähr ab 1912 Aufnahmen des Sprechers in den Dialog hineingeschnitten wurden.

David Wark Griffith lehnte Dialogunterschriften und die immer beliebtere Technik der Parallelmontage von Sprecher und Text ab. Aber wie viele seiner europäischen Kollegen verwendete er bis in die 1920er Jahre weiterhin erzählende Zwischentitel. Nur die wichtigsten Teile des Dialogs wurden schriftlich wiedergegeben, und Regisseure wie Cecil B. De Mille und Ernst Lubitsch hatten ihren Spaß daran, die gewagteren Äußerungen der Phantasie des Publikums zu überlassen. Viele hatten allerdings das Gefühl, dass Zwischentitel den Rhythmus eines Films verlangsamten und von den Bildern ablenkten. Friedrich Wilhelm Murnau verschmähte sie bekanntlich für *Der letzte Mann* (1924) vollkommen.

Trotzdem waren Zwischentitel für erfolgreiche Kinoexporte entscheidend. Sie wurden nicht einfach übersetzt, sondern eher kreativ für bestimmte Zuschauergruppen angepasst, wobei Namen, Orte und andere kulturelle Einzelheiten hinzugefügt wurden, um die Geschichte zugänglicher zu machen. Gegen Ende der Stummfilmzeit wurden amerikanische Zwischentitel für 36 verschiedene Sprachräume überarbeitet. Als allerdings der Tonfilm aufkam, folgte Hollywood dem Beispiel seiner europäischen Rivalen und produzierte fremdsprachige Fassungen seiner berühmtesten Filme.

In den englischen Elstree Studios auf Englisch, Französisch und Deutsch gedreht, war Ewald André Duponts *Atlantic* (1929) der erste mehrsprachig anlaufende Film. Zentrum der europäischen Produktionen war aber das Studio, das Paramount vor den Toren vor Paris bauen ließ: In Joinville wurde in 24-Stunden-Schichten gedreht, um Filme in bis zu 14 Sprachen zu produzieren – im ersten Jahr entstanden hier über 100 Spielfilme und 50 Kurzfilme. Aber fremdsprachige Synchronisierungen und Untertitelungen waren schon bald kostengünstiger. Trotzdem wurden auch spätere Filme wie Jean Renoirs *Die goldene Karosse* (1953) und Werner Herzogs *Nosferatu* (1979) noch in mehreren Sprachen herausgebracht.

Die europäische Vorliebe für synchronisierte Filme hat ihre Wurzeln in der Weigerung der autoritären Macht-

Zwischentitel vermittelten in Otis Turners 30-Minuten-Fassung von Daniel Defoes **Robinson Crusoe** *(1913) die Schilderungen von Robert Z. Leonhard.*

haber in Italien, Deutschland, Spanien und der Sowjetunion, Filme in Originalsprache in die Kinos zu bringen. Allerdings führte der Nationalismus auch in Frankreich zu Synchronisierungen und dieser Gallizismus wurde zu einer eigenen Kunstform: Gérard Depardieu lieh zwar für die französische Version von *Heinrich V.* (1989) Kenneth Branagh seine Stimme, seine eigene Darbietung aber blieb dagegen in der internationalen Fassung von *Cyrano de Bergerac* (1990) unangetastet, dank der englischen Untertitel von Anthony Burgess.

Großbritannien entschied sich nach langem Hin und Her letztlich für die Untertitelung, ebenso wie Skandinavien, Japan und Brasilien. Aber während Untertitel die künstlerische Integrität eines Films wahren, indem sie Originalsprache und Stimmkunst beibehalten, können sie auch die Aufmerksamkeit trüben und vom Visuellen ablenken. Außerdem empfinden viele Menschen sie im Vergleich zu den leichter zugänglichen Synchronfassungen als elitär. Aber Probleme mit Lippensynchronität und Tonfall sowie Fehler bei der Tonsynchronität und der Anpassung an die Umgebung mindern hingegen oft die Wirkung von Nachvertonungen.

Offensichtlich ist keine der beiden Techniken vollkommen zufriedenstellend – trotzdem machen sie das Kino zu einem wahrhaft globalen Medium. Hollywood mit seinem Kostenbewusstsein hat versucht, die Synchronisierung abzuschaffen. Aber Zuschauernachfragen an den wichtigen Absatzmärkten in Indien, China und Mexiko ergeben, dass kein Ende des Dilemmas „Untertitel versus Synchronisierung" in Sicht ist. ∎

Szenen aus Clint Eastwoods Letters from Iwo Jima *(2006) werden aus dem Japanischen ins Englische, Dänische und Finnische übersetzt.*

Kinogänger auf dem Laufenden halten

IDEE NR. 47
WOCHENSCHAUEN

Wochenschauen erwiesen sich als entscheidend für diverse Technik- und Stilentwicklungen des Kinos sowie das Format der Nachrichtensendung im Fernsehen, von dem sie schließlich verdrängt wurden. Zunächst jedoch vermittelten sie Zuschauern in aller Welt ein besseres Verständnis der stürmischen Zeiten, in denen sie lebten.

OBEN: *Mit seinem berühmten Markenzeichen, dem krähenden Hahn, war Pathé News von 1910 bis 1970 ein Kernelement britischer Kinovorführungen.*

UNTEN: *Das Filmteam von Pathé News bereitet sich im Juni 1953 darauf vor, über die Krönung von Elisabeth II. in der Westminster Abbey zu berichten.*

Die ersten „Aktualitätenfilme" erlaubten Zuschauern mit begrenzten Lesefähigkeiten, sich über nationale und internationale Ereignisse auf dem Laufenden zu halten. Vor einem Stummfilm sah man einen Faktenbericht, der ein halbes Dutzend Beiträge von je 40 bis 90 Sekunden enthielt. Diese stellten nur selten Enthüllungen vor und waren im Moment ihrer Vorführung oft schon veraltet. Aber nachdem nur wenige Zeitungen Fotos abdruckten, ließen die Filmwochenschauen, die Pathé zwischen 1908 und 1910 in Frankreich, Großbritannien und den USA lancierte, die Mächtigen und Schönen vertrauter erscheinen und förderte den neuen Prominentenkult.

Die meisten Wochenschauen waren in neutralem Ton gehalten. Allerdings erkannte Lenin den propagandistischen Wert des Kinos und unterstützte Dsiga Wertows Bemühungen, die bolschewistische Botschaft von 1922 bis 1925 über die *Kino-Prawda*-Wochenschauen zu verkünden. Kommunistische Regime in Osteuropa, China und Kuba folgten später diesem Beispiel, und im Zweiten Weltkrieg versuchten sowohl die Alliierten als auch die Achsenmächte, Herz und Verstand der Menschen über Wochenschauen für sich zu gewinnen.

Der Ton verstärkte die Wirkungskraft der Wochenschauen deutlich, nachdem Fox Movietone schon einige Monate vor der Veröffentlichung von *Der Jazzsänger* im Jahr 1927 Umgebungsgeräusche, Sprache und Musik zu seinen Produkten hinzugefügt hatte. Zwei Jahre später versuchte sich Fox an einer Breitwandversion, während einige andere Wochenschauen mit Farbe experimentierten. In welchem Format auch immer – der Kommentarton erlaubte es weitgehend unzensierten One-Reelern, bestimmt aber leutselig von gewichtigen Reportagen zu Berichten über öffentliche Feierlichkeiten, Sportereignisse und Neuheiten überzugehen. Außerdem wurden Werbeaufnahmen für die wichtigsten Stars der finanzierenden Studios vorgeführt.

Die Wochenschauen waren so populär, dass sie nicht nur im Standardkinoprogramm, sondern auch in speziellen Kinos vorgeführt wurden. Der Dokumentarfilmer und Kritiker Paul Rotha bestand darauf, dass Wochenschauen eher beschreibend als kreativ waren. Dennoch wurden sie oft auch als Handlungselemente in Filmen wie Laurel und Hardys *Die Wüstensöhne* (1933) verwendet. Der Erzählstil der „Stimme Gottes", der erstmals in Louis de Rochemonts Wochenschauen *The March of Time* (1939–51) verwendet wurde, beeinflusste den Anfangsteil von *Citizen Kane* (1941) und verlieh schonungslosen Dramen wie de Rochemonts für Fox produziertem *Das Haus in der 92. Straße* (1945) Authentizität. Und auch Roberto Rossellinis *Paisà* (1946) spiegelte die Wochenschauen wider. Die leichten Kameras und die tragbare Tonausrüstung, die bei den Aufnahmen verwendet wurden, waren entscheidend für die Entwicklung des Cinéma Vérité, des Direct Cinema, des Free Cinema und der Nouvelle Vague.

Obwohl redaktionell gestaltete Formate wie RKOs *This Is America* und Ranks *This Modern Age* kurze Erfolge genossen, führte wachsende öffentliche Skepsis und das Fernsehen nach dem Krieg in den USA zu einem raschen Niedergang der Wochenschau. Trotzdem blieb sie in vielen afrikanischen und lateinamerikanischen Ländern die einzige Form einheimischen Filmschaffens. Darüber hinaus war sie, wie Germaine Dulac, Esther Shub und Julia Solntsewa bereits demonstriert hatten, einer der wenigen Bereiche des Films, in dem Frauen erfolgreich arbeiten konnten. ∎

OBEN: *Ein Fahrzeug der Fox Movietone News 1931 auf der Suche nach einer Story in Culver City, der Heimat des größten Hollywoodstudios Metro-Goldwyn-Mayer.*

RECHTS: *Zwischen der Arbeit an den 23 Ausgaben von* Kino-Prawda *wandte Dsiga Wertow seine Wochenschautechniken auf den Dokumentarfilm* Kinoglaz (Kino-Auge) *(1924) über die Jungen Pioniere an.*

„Die Debatte über die Rechtfertigung von Zensur tobt."

OBEN: Herausfordernde Aufnahmen von Jane Russells Büste in **Geächtet** (1943) führten zu einem fünfjährigen Konflikt zwischen Regisseur Howard Hughes und der Aufsichtsbehörde des Produktionskodex.

RECHTS: Während seiner Zeit im Gefängnis schrieb Yilmaz Güney viele Drehbücher, darunter **Yol – Der Weg** (1982), die nach seinen Anweisungen von Serif Gören und Zeki Ökten verfilmt wurden.

Nichts Böses sehen

Abbas Kiarostamis Filmarbeiten sind im Iran seit 15 Jahren verboten, darunter auch Copie Conforme (2010), der erste außerhalb seines Heimatlands gedrehte Spielfilm.

IDEE NR. 48
ZENSUR

Seit Senator James A. Bradley gegen den Anblick von Knöcheln und Unterröcken der Tänzerin Carmencita in einem Kinetoskopstreifen von 1894 protestierte, sind Filme der Zensur unterworfen. Die einzigartige Massenüberzeugungskraft, die dem Kino zugeschrieben wird, hat es für Verbote und Klassifizierungen besonders anfällig gemacht.

Zensur ist ein Kontrollinstrument, das üblicherweise das Herausschneiden unverdaulicher Szenen, das Verbot ganzer Filme oder das Zum-Schweigen-Bringen umstrittener Künstler umfasst. Der Spanier Luis Buñuel gehörte zu den vielen Filmemachern, die im 20. Jahrhundert ins Exil gehen mussten, um ihr Recht auf freie Meinungsäußerung zu wahren. Sergei Paradjanov und Yilmaz Güney wurden von den sowjetischen beziehungsweise türkischen Behörden ins Gefängnis gesperrt, weil sie sich weigerten, sich anzupassen, während Sadao Yamanaka und Herbert Selpin mit ihrem Leben dafür bezahlten, dass sie im militaristischen Japan und im Nazideutschland Widerstand gegen die offizielle Politik leisteten.

Länder mit verstaatlichter Filmindustrie praktizieren tendenziell die strengsten Formen von Zensur. Aber oft diktieren religiöse oder ethische Gesichtspunkte ebenso stark wie politische Zweckdienlichkeit das, was auf der Leinwand zu sehen ist. Küssen war in indischen Spielfilmen lange verboten, während sich für muslimische Filmemacher die Darstellung von Frauen oft als schwierig erwies. Über weite Strecken der Filmgeschichte war die Abbildung von Obszönitäten, Gotteslästerung, Blasphemie, Kriminalität und Gewalt selbst in angeblich liberalen Staaten verboten.

Hollywood sorgte sich oft weniger um das moralische Wohlergehen seines Publikums als um die Rentabilität seiner Filme. Nach dem Urteil des Obersten Gerichtshofs in den USA gegen die Mutual Film Cooperation (1915), das Filmen das Recht auf freie Meinungsäußerung absprach, wurde man immer wagemutiger. Aber eine Skandalserie, die Anfang der 1920er den Ruf der Filmbranche beschmutzte, bewegte die Studios dazu, ihre Reumütigkeit zu demonstrieren, indem sie die Liste der Verbote und Vorsichtsgebote annahmen, die Will H. Hays von der Motion Picture Producers and Distributors Association entworfen hatte.

In Tonfilmen konnten Tabuthemen offener angesprochen werden als in Stummfilmen, was dazu führte, dass Hollywood wieder den Zorn konservativer Kräfte auf sich zog. Aber erst, als 1934 die katholische Legion of Decency mit einem landesweiten Boykott drohte, fanden sich die Filmmoguln bereit, das System der freiwilligen Selbstkontrolle zu akzeptieren, das als Produktionskodex bekannt wurde. Es schrieb vor, dass Drehbuch und Endfassung eines Films von der „Hays Office" gebilligt werden mussten, bevor er anlaufen durfte.

Der Kodex übte nicht nur eine moralische Kontrollfunktion aus, sondern trat auch für Respekt vor Verfassung, Gesetz, Religion, Ehe und Familie ein. Viele kritisierten ihn mit dem Argument, er hindere Hollywood daran, gewichtige Themen auf realistische Weise zu behandeln. Erst 1968 wurde er zugunsten eines Bewertungssystem abgeschafft, nachdem der Film mit dem Miracle-Urteil von 1952 endlich unter den Schutz des Ersten Zusatzartikels der US-Verfassung (das Verbot der Einschränkung der Meinungsfreiheit) gestellt worden war und das Aufkommen des Fernsehens zum Zusammenbruch des Markts für Familienfilme geführt hatte.

Der Boom der Heimunterhaltung in den 1980ern führte zu diversen Krisen der Zensur – so wurde die bislang pragmatische britische Filmklassifizierungsbehörde von der panikmacherischen Boulevardpresse dazu gezwungen, „Video Nasties" Frei-ab-18-Vermerke zu verpassen. Unterdessen tobt die Debatte darüber, ob Zensur auch außerhalb von jugendschutzrelevanten Themen gerechtfertigt ist – in Ländern wie dem Iran, China, Malaysia und Singapur entscheiden trotzdem weiterhin die Machthaber darüber, was auf der Leinwand gezeigt werden darf. ■

Jenseits des Überzeugens

IDEE NR. 49
PROPAGANDA

Bewusst oder unbewusst enthalten alle Filme ein gewisses Maß an Propaganda – einfach durch die Art, in der sie Zeit und Ort ihrer Entstehung widerspiegeln. Allerdings wird der Begriff üblicherweise für Spiel- und Dokumentarfilme verwendet, die bewusst darauf abzielen, die Überzeugten zu versammeln, die Skeptiker zu bekehren oder die Unbeugsamen zu unterwandern.

Einst als „mit Blitzstrahlen geschriebene Geschichte" betrachtet, wird David Wark Griffiths Bürgerkriegsepos Die Geburt einer Nation *(1915) heute von vielen als rassistische Propaganda abgelehnt.*

Über weite Strecken des ersten Filmjahrhunderts hatte Propaganda Erfolg, denn es existierte eine Art intuitives Vertrauen in die filmische Wahrheit. Trotzdem waren frühe Beispiele für Filme, die darauf angelegt waren, hurrapatriotische Gefühle zu wecken wie *Tearing Down the Spanish Flag* (1898), in Wahrheit oft Rekonstruktionen und nicht authentische Berichte. Ein Großteil der im Kino gezeigten Grabenkämpfe des Ersten Weltkriegs war in ähnlicher Weise inszeniert. Die deutsche Oberste Heeresleitung erkannte das Potential der Filmpropaganda schneller als ihre britischen oder französischen Kontrahenten und eignete sich 1917 verschiedene Unternehmen an, um daraus die staatlich kontrollierte Universum Film Aktiengesellschaft (UFA) zu bilden und die Produktion zu koordinieren (siehe Filmhochschulen). Auch während der Weimarer Republik und der Nazizeit dominierte die UFA die deutsche Filmindustrie weiterhin.

Gefälschte Aufnahmen von Grausamkeiten und üble Denunziationen wie in Rupert Julians *The Kaiser, the Beast of Berlin* (1918) bestätigten das neu entdeckte Potenzial des Films, den Feind zu verteufeln und zu demoralisieren. In ähnlicher Weise entdeckte Lenin seine Fähigkeit, zu informieren und zu inspirieren, und schickte Agitpropzüge quer durch die Sowjetunion, um die bolschewistische Botschaft über Dsiga Wertows *Kino-Prawda*-Wochenschauen (1922–25) und die Montagefilme von Sergei Eisenstein, Wsewolod Pudowkin und Alexander Dowschenko zu verbreiten. Stalin war dem Kino gegenüber vorsichtiger und erließ das restriktive Regelwerk des Sozialistischen Realismus, das dazu dienen sollte, die Regierungspolitik zu fördern. Dennoch waren Frontberichte wie die *Kriegsalmanach*-Filme (1941–42) und Allegorien wie Eisensteins *Iwan, der Schreckliche* (1944) wirkungsvoll für die Aufrechterhaltung der Moral im Zweiten Weltkrieg.

Auch der Eskapismus spielte für das Propagandamaterial der UdSSR und Deutschlands eine bedeutende Rolle. Nach dem Misserfolg offen propagandistischer Filme wie *SA-Mann Brand* und *Hitlerjunge Quex* (beide 1933) versuchte Joseph Goebbels lieber, die Massen über Musicals, Spektakel und Filmbiografien zu manipulieren. Andererseits produzierte keine Kriegsnation so bösartige Filme wie *Jud Süß* und *Der ewige Jude* (beide 1940).

In Großbritannien förderte das Informationsministerium in seinen Wochenschauen und öffentlichen Nachrichtenbildern eine Mischung aus standhaftem Paternalismus und schrulligem Humor, während Spielfilme wie *Went the Day Well?* (1942) und *Western Approaches* (1944) einen bemerkenswerten dokumentarischen Realismus zeigten, den Hollywoods eher übereifrige Exkursionen selten verwendeten. Die US-Studios hatten die Stimmung im besetzten Europa nie ganz erfasst, aber die Dramen von der Heimatfront, die Armeekomödien und die „Good-Neighbour"-Musicals, die Lateinamerika für die Sache der Alliierten gewinnen sollten, erwiesen sich als ebenso wichtig für die Kriegsanstrengungen wie schwerere Kost im Stile von Frank Capras Serie *Why We Fight* (1942–45).

Während ein Drittes Kino entstand, blieb die Propaganda in der Zeit des Kalten Kriegs eine zentrale Waffe. Aber obwohl die Staatsindustrien in Kuba, China und hinter dem Eisernen Vorhang weiterhin der Parteilinie folgten, stellten Filmemacher im Westen staatliche Glaubenssätze genauso häufig in Frage, wie sie sie unterstützten. Infolgedessen kam John Fords Pro-Kriegs-Film *Vietnam! Vietnam!* (1971) nie in die Kinos, während Peter Davis' *Hearts and Minds* (1974) den Oscar als Bester Dokumentarfilm gewann; seither prägt ein oppositioneller Ton die meisten Filmarbeiten über die Kriege im Irak und in Afghanistan. Viele Darstellungen der Globalisierung, politischer Schikanen oder des Klimawandels sind ähnlich feindselig geraten. Aber trotz ihrer postmodernen Ironie und rhetorischen Respektlosigkeit sind diese Filme ganz genauso propagandistisch wie ihre Vorgänger. ■

Leni Riefenstahl scheute direkte politische Ideologie und verwendete Schaueffekte, Natur, Religion und Folklore, um mit Triumph des Willens *(1935), ihrem offiziellen Bericht über den Nürnberger Parteitag von 1934, patriotische Reaktionen zu wecken.*

„Triumph des Willens"   Foto: Reichsparteitagfilm

Wege zum „Fantastique social"

IDEE NR. 50
POETISCHER REALISMUS

Indem es seinen Blick auf zerbrochene Illusionen, verlorene Liebe und existentielle Langeweile richtete, zeichnete sich das französische Cinéma du Désenchantement der 1930er durch seine Entschlossenheit aus, die Probleme der Arbeiterklasse mit einem elegischen Naturalismus zu behandeln, der die idealistischen Hollywoodkonventionen mied.

GANZ OBEN: *Dita Parlo und Jean Dasté: Wahre Liebe wird in Jean Vigos Pariser Schiffsdrama* Atalante *(1934) von der sozialen Realität bedroht.*

OBEN: *In* Am Ende eines langen Tages *(1992) wirft Terence Davies poetisch-realistischen Glanz über den 11-jährigen Leigh McCormack aus Liverpool.*

Verwurzelt in den populistischen literarischen Werken von Pierre Mac Orlan und Francis Carco und den düsteren Emigrantenspielfilmen aus dem Paris der 1920er Jahre, hat der Poetische Realismus einen Einfluss ausgeübt, der weit über seine begrenzte ursprüngliche Produktion hinausging. Er war in sozialrealistischen Dramen wie Jean Grémillons *Die kleine Lise* (1930) und Pierre Chenals *La Rue sans nom* (1932) vorauszuahnen. Aber es war die Kombination aus der Nichtindustrialisierung des französischen Kinos und dem durch Aufstieg und Fall des „Front populaire" veränderten politischen Klima, die diese filmische Form erblühen ließ, die Mac Orlan als „Fantastique social" bezeichnete.

Jean Vigo stellte in *Atalante* (1934) nagende städtische Armut mit einzigartiger avantgardistischer Sensibilität dar. Aber die Filme von Marcel Carné, Jean Renoir und Julien Duvivier teilten eine alltägliche emotionale Wahrhaftigkeit, die sie durch eine Mischung von authentischen Straßenszenen und Studiostilisierungen der Designer Alexandre Trauner und Lazare Meerson erzielten.

Die anspruchsvollen Drehbücher von Jacques Prévert, Charles Spaak und Henri Jeanson kündigten die „Tradition de la Qualité" an, die François Truffaut so erzürnen sollte und sowohl die „Politique des auteurs" (siehe Auteur-Theorie) als auch die Nouvelle Vague auslöste. Aber der Kritiker André Bazin sah in ihnen eine hartgesottene „unsichtbar poetische" Prosa, die nicht nur Hollywoods Film noir, sondern auch das Außenseiterkino der Nachkriegszeit beeinflusste. Deren männliche, aber doch verwundbare Antihelden erinnerten an die Alltagsfiguren, die der große französische Schauspieler Jean Gabin verkörperte – ihr Kampf um Leidenschaft und Glück war durch ihr Milieu, angeborene Fehler und das Schicksal zum Scheitern verdammt. Als der optimistische Glaube an die Gemeinschaft aus Renoirs *Das Verbrechen des Herrn Lange* (1935) und *Das Leben gehört uns* (1936) der Vereinsamung und Verzweiflung wich, während Europa unausweichlich auf den Krieg zutrieb, wurde Gabin in Filmen wie Duviviers *Pépé le Moko* (1937), Renoirs *Die große Illusion* (1937) und *Bestie Mensch* (1938) sowie Carnés *Hafen im Nebel* (1938) und *Der Tag bricht an* (1939) zu einem Barometer des nationalen Selbstwertgefühls.

Aber es war Renoirs defätistische Satire *Die Spielregel* (1939), die den Poetischen Realismus vernichtete. Carné versuchte in den 1950ern vergeblich, ihn wiederzubeleben, aber die Zuschauer verlangten rauere Dramen über Gangster, rebellische Jugendliche und gefallene Frauen. Trotzdem geht das Erbe des Poetischen Realismus weit über die Mise-en-Scène-Technik hinaus, die er hervorbrachte. Sein Geist hat die Werke von so unterschiedlichen Regisseuren wie Robert Bresson, Agnès Varda, Jacques Demy, Olivier Assayas, Atom Egoyan, Terence Davies und Aki Kaurismäki durchtränkt. ■

Der Inbegriff des Poetischen Realismus: Jean Gabin und Michèle Morgan sehen in Marcel Carnés **Hafen im Nebel** *(1938) einer ungewissen Zukunft entgegen.*

„Die ersten gebauten Szenenbilder wurden für die italienischen Großspektakel ... errichtet."

OBEN: *Lazare Meersons Dekorationen waren für die romantisierte Arbeiterviertelatmosphäre in René Clairs* **Unter den Dächern von Paris** *(1930) entscheidend.*

RECHTS: *Die Kulissen für Enrico Guazzonis römischen Monumentalfilm* **Messalina** *(1922) waren zu ihrer Zeit in ihrer Größe und historischen Genauigkeit unübertroffen.*

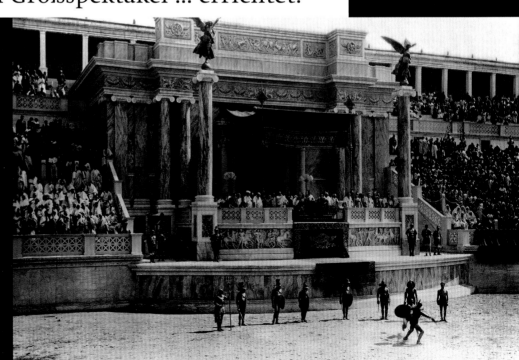

Gebaute (T)Räume

Für Lars von Triers Dogville *(2003) erschuf Szenenbildner Peter Grant eine amerikanische 1930er-Jahre-Stadt aus minimalistischen Dekorationen und Linien auf dem Studioboden.*

IDEE NR. 51
STUDIOREALISMUS

Szenenbilder haben in den vergangenen 100 Jahren einen weiten Weg zurückgelegt – von gemalten Hintergrundbildern zu computergenerierten Landschaften. Aber eines hat sich nicht geändert: Die Notwendigkeit, überzeugende Filmwelten zu erschaffen, um die Zuschauer von der Authentizität des Filmgeschehens zu überzeugen.

Georges Méliès war der erste Szenenbildner. Die atmosphärische Poesie seiner Phantasiewelten beeinflusste Serien und Filmserien von Victorin Jasset und Louis Feuillade. Die ersten gebauten Szenenbilder wurden allerdings für die italienischen Großspektakel von Enrico Guazzoni und Giovanni Pastrone errichtet, die David Wark Griffiths Intolerance (1916) inspirierten und die amerikanische Tradition einleiteten, Wirklichkeit auf einer Studiobühne oder einem Backlot neu zu erschaffen.

Als sich die Möglichkeiten der künstlichen Beleuchtung verbesserten, wurden Innenaufnahmen üblicher. Das ermöglichte nicht nur den Produzenten, Kosten zu sparen, sondern gab auch den Regisseuren vollständige Kontrolle über alle Aspekte des Filmemachens. Vom Werk der Schweden Victor Sjöström und Mauritz Stiller inspiriert, wurde in deutschen Kammerspielfilmen und Straßenfilmen (siehe Expressionismus) der Studiorealismus eingesetzt, um die psychologische Seite der Dramen anhand einer Betonung von symbolischen Elementen innerhalb der Mise en Scène zu enthüllen. Georg Wilhelm Pabst vermied in *Die freudlose Gasse* (1925) die Stilisierungen des Expressionismus und nutzte stattdessen optimale Studiobedingungen, um die Techniken der subjektiven Kamera und des unsichtbaren Schnitts zu entwickeln, die daraufhin einen starken Einfluss auf das amerikanische Kino hatten.

Der industrielle Produktionsprozess ließ allerdings weniger Raum für Experimente, und die Hollywoodvariante des Studiorealismus zeichnete sich durch eine unpersönliche technische Perfektion aus. Trotzdem erzielten künstlerische Leiter wie Cedric Gibbons, Hans Dreier beziehungsweise Robert Day bei MGM, Paramount und Warner Brothers wiedererkennbare Stile zur Darstellung von häuslichem Reichtum, kontinentaleuropäischer Eleganz und rauem Großstadtklima. Die Poverty Row hatte ebenfalls ihre eigene realistische Ästhetik wie das neu erdachte Aussehen einer Westernstadt oder die klaustrophobisch gestalteten Chiaroscuro-Interieurs eines Film noir.

Aber während der Hollywoodrealismus in Bezug auf das Genre eingeengt war, bezog sich der französische Realismus auf eine bestimmte Zeit und einen bestimmten Ort. Nachdem Milieu und Schicksal untrennbar miteinander verbunden sind, verwendeten Filmarchitekten wie Lazare Meerson und Alexandre Trauner eine derart akribische Sorgfalt auf authentische Einzelheiten, dass ihre Studiodekorationen tiefgreifenden Einfluss auf den Neorealismus hatten. In der Tat wurde die Mise en Scène so zentral für die Handlung, dass man anfing, die Kamera darin frei zu bewegen und langen Einstellungen aufzunehmen, die die Schnittstrategien des klassischen Erzählstils in Frage stellten.

Trotzdem sind der Perfektionismus der Filmarchitekten der Nachkriegszeit und die literarischen Drehbüchern bezichtigt worden, das französische Kino zu ersticken. Diese „Tradition de la Qualité" wurde von der Nouvelle Vague weggefegt, die für Außenaufnahmen eintrat. Die Einführung leichterer Kameras und empfindlicherer Farbfilme bewegte immer mehr Regisseure dazu, in der wahren Welt zu drehen.

Im Zeitalter der Blockbuster ist Realismus bei Mainstreamfilmen selten geworden. Aber in der gesamten Filmgeschichte sind Phasen der Stilisierung von einer Rückkehr zu größerer Einfachheit abgelöst worden. Egal, wie raffiniert computergenerierte Bilder werden – das realistische Studioset mit seiner Intimität und Interaktivität wird wohl immer seinen Platz haben. ■

Der B-Trieb brummt

UNTEN: *Plakat für* Katzenmenschen *(1942), den ersten von neun erstklassigen Horror-B-Movies, die der gebürtige Russe Val Lewton für RKO produzierte*

GANZ UNTEN: *In nur drei Wochen gedreht, ist Jean Rollins* Lèvres de Sang *(1975) ein besonders anspruchsvolles Beispiel für die europäischen Erotik-Horror-B-Movies, die in den 1960ern und 1970ern produziert wurden.*

IDEE NR. 52
B-MOVIES

Mit begrenzten Budgets, von zweitrangigen Schauspielern und Filmteams produziert und oft von mangelhafter Originalität und Technik waren die B-Movies, die von Studios wie von unabhängigen Produzenten am Fließband produziert wurden, der Schlüssel für die ästhetische Entwicklung und die Rentabilität von Filmindustrien auf der ganzen Welt.

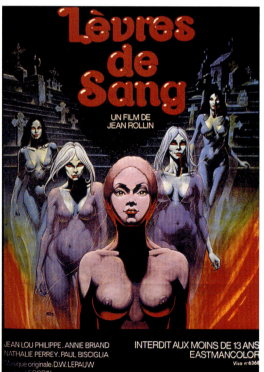

Hollywood-B-Movies haben ihre Wurzeln in den billig produzierten Kurzspielfilmen, die Universal in den 1910er Jahren unter den Markennamen Bluebird, Red Feather und Butterfly herausbrachte. B-Movies erlaubten den Produktionsmanagern, Anlagen und Personal möglichst kostensparend einzusetzen und sicherte gleichzeitig stetigen Nachschub an massengeschmackskonformer Unterhaltung für die Nachbarschaftskinos. Denn deren Stammkundschaft wusste die Subtilität prestigeträchtigerer Kost nicht immer zu schätzen.

Während der Weltwirtschaftskrise wurden B-Movies zum Hauptbestandteil amerikanischer Kinovorstellungen. Der Niedergang der Kinovarietés, die Bühnennummern als Ergänzung zum Filmprogramm vorführten, und der Rückgang der wöchentlichen Besucherzahlen von 110 Millionen auf 60 Millionen zwischen 1930 und 1933 löste die Entscheidung aus, eine einstündige Attraktion zu den Zeichentrickfilmen, Wochenschauen und Kurzfilmen, die bereits den Hauptfilm stützten, hinzuzufügen. Mit Produktionskosten von 70 000 bis 80 000 Dollar wurden die durchschnittlichen B-Movies den Vorführhäusern für einen Festpreis als Teil eines Blockbuchungspakets verkauft. Zu Zeiten, als viele Kinos zwei Mal wöchentlich das Programm wechselten, spielte ein solcher Film nicht selten 10 000 Dollar Gewinn ein.

In den 1930ern waren 75 Prozent der Produktion Hollywoods Zweitfilme, und große wie kleine Studios starteten eigene B-Abteilungen. Diese hielten sich an den hauseigenen Stil der verschiedenen Studios und verwerteten alte Geschichten, Szenenbilder und Archivmaterial noch einmal, während sie gleichzeitig feste Arbeitsplätze für Neulinge und Veteranen boten. Die beliebtesten Produkte waren Western, Thriller, Komödien und Filmserien, die sich um so zählebige Figuren wie Charlie Chan, The Falcon, Blondie und Mexican Spitfire drehten. Aber während MGMs *Andy-Hardy-* und *Dr.-Kildare*-Reihen ebenso ausgefeilt waren wie die A-Movies der Konkurrenz, hielten sich Unternehmen wie Monogram, Republic, Grand National und die Producers Releasing Corporation bei der Verfeinerung ihrer Horror-, Science-Fiction- und Film-noir-Genres an Gut-und-Günstig-Rezepte.

Gelegentlich gelang Produzenten wie Val Lewton von RKO ein Überraschungserfolg oder Kultklassiker. Viele Stars und Regisseure der ersten Garde schafften den Einstieg über B-Movies. Verlässliche Handwerker wie Edgar G. Ulmer, Phil Karlson, Sam Newfield, Lew Landers, William Beaudine und Joseph Kane verbrachten dagegen einen Großteil ihrer Karrieren am „Gower Gulch". Sie wechselten zum Fernsehen, nachdem die Kombination von Paramount Decrees, Kostensteigerungen, längeren Laufzeiten und dem Wechsel zu Farbfilmen die traditionelle B-Produktion Anfang der 1950er praktisch beendete.

Nur wenige Jahre später allerdings sorgten Allied Artists und American International Pictures (AIP) für eine neue

Vincent Price in Satanas – Das Schloss der blutigen Bestie *(1964), dem vorletzten von Roger Cormans acht Filme umfassenden Edgar-Allan-Poe-Zyklus für AIP.*

B-Movie-Welle. Diese lockte eine jugendliche Klientel mit einer Vorliebe für rasantere Subkulturfilme, die schließlich als Exploitationfilme bekannt wurden, an. Unterhaltungstalente wie William Castle, Edward D. Wood, Jr. und Roger Corman verstärkten Moden wie die Teeniefilme, blutige Horrorspektakel, „Creature Features" (Monsterfilme), Motorradfilme und Nudie Cuties, die in Auto- und Schmuddelkinos liefen und schließlich zum Zusammenbruch des Produktionskodex führten – dem Beginn der freien Meinungsäußerung im US-Kino.

B-Movies waren kein ausschließlich amerikanisches Phänomen, denn sie waren schon lange in aller Welt produziert worden, oft zur Einhaltung staatlich auferlegter Quoten oder um Hollywood zu trotzen. Allerdings bezog man sich selten auf sie, bevor Filmfreaks wie Quentin Tarantino asiatische und lateinamerikanische Traditionen im Independentboom der 1990er aufgriffen, der die B-Mentalität zu neuem Leben erweckte. Seitdem sind Filmausrüstungen immer erschwinglicher geworden, sodass Möchtegernautorenfilmer Material von niedrigster Qualität für Spezialfestivals und DVD-Labels sowie die Veröffentlichung im Internet produzieren. Der Geist des B-Triebes lebt unverkennbar weiter. ■

Von Happy Hooligan zu Harry Potter

IDEE NR. 53
FILMSERIEN

Nur wenige moderne Kinogänger werden je von Bout-de-Zan, Joe Deebs, Philo Vance oder Torchy Blane gehört oder gar einen ihrer Filme gesehen haben. Trotzdem waren diese Figuren Titelhelden der Vorgängerfilme jener Megafilmserien, die seit Beginn der Blockbusterära das Denken in Hollywood prägen.

Zwischen 1934 und 1947 spielten William Powell und Myrna Loy die Edeldetektive Nick und Nora Charles in sechs eleganten MGM-Krimis.

Wiederkehrende Figuren waren bereits lange in Groschenromanen und der Boulevardpresse aufgetreten, bevor James Stuart Blackton 1900 die Rechte für sechs Filme mit der beliebten Comicfigur Happy Hooligan erwarb. Der Schwerpunkt vieler amerikanischer und europäischer Filmserien lag vor dem Ersten Weltkrieg klar auf Humor, wobei Darsteller wie Max Linder, Fatty Arbuckle und Charlie Chaplin bestimmte Charaktere als Markenzeichen der turbulenten Slapstickfilme entwickelten, die oft ebenso so sehr von den Figuren wie von der Situation lebten.

In ähnlicher Weise entwarf Gilbert M. Anderson die Rolle des „Good Bad Man" für seine *Broncho-Billy*-Western (1910–16), und deren Erfolg inspirierte Leinwandabenteuer wie *The Hazards of Helen* (1914–17), die wiederum die Entwicklung der Serien beeinflussten. In Frankreich waren Actionfilmserien bereits eine feste Einrichtung, dank Victorin Jassets *Nick Carter* (1908) und *Zigomar* (1911).

Ähnliche Filmserien mit Hauptfiguren wie Dr. Gar el Hama (Dänemark, 1911–16), Stuart Webbs (Deutschland, 1914–26) und Za-la-Mort (Italien, 1915–24) folgten, und Genreserien sind seither kontinuierlich und weltweit erfolgreich, ob sie sich um Sandalenmuskelmänner wie Maciste, maskierte Wrestler wie Santo, Kampfsportler wie Wong Fei Hung, Meisterschwertkämpfer wie Zatoichi, Indianer wie Winnetou oder exzentrische Gespenster wie Coffin Joe drehen. Vergleichsfälle bei Kunstfilmen wie François Truffauts Antoine-Doinel-Saga (1959–79) waren dagegen eher selten, denn es war weniger risikoreich, populistische Kost zu produzieren, die entweder aus anspruchslosen Komödien bestand – wie die Filmserien *Carry On* (Großbritannien, 1957–92) und *Gendarm von St. Tropez* (Frankreich, 1964–82) – oder aus heimischen Szenarien, die um gemütliche Figuren wie die Olsenbande (Dänemark, 1968–2001) und Tora-san (Japan, 1969–95) herum aufgebaut waren.

In der Art des Schicksals eines reisenden Hausierers griffen letztere auf Hollywoods Goldenes Zeitalter zurück. Zeichentrickfilme, Kurzfilme mit lebenden Personen und Zweitfilme wurden zu Serien zusammengefasst, um während der Weltwirtschaftskrise und der Kriegsjahre Sicherheit und ein günstiges Preis-Leistungs-Verhältnis zu gewährleisten. Große, kleine und B-Studios produzierten Filmserien, wobei MGMs *Mordsache Dünner Mann* und *Andy Hardy,* Fox' *Charlie Chan* und Paramounts *Der-Weg-nach...*-Filme, die für Bob Hope und Bing Crosby entwickelt wurden, erheblich mehr Glanz boten als die Billigkomödien, Thriller, B-Western und Dschungelabenteuer, die Columbia, Universal, Monogram und Republic am laufenden Band produzierten. Trotzdem garantierten Blockbuchungen, dass die Zuschauer Mexican Spitfire, Boston Blackie und Blondie ebenso oft zu sehen bekamen wie ikonenhafte Figuren vom Range eines Tarzans oder Sherlock Holmes. Das stellte nicht nur sicher, dass ganze Aufnahmeteams ständig beschäftigt waren, sondern Studios konnten so auch neue Talente in altbewährten Formaten einführen.

Einige Serien wanderten ins Fernsehen aus, darunter *Perry Mason, Dr. Kildare, Simon Templar* und *Lassie.* Leichte Kost wie Seifenopern, Sitcoms, Ranchwestern und Polizeiserien stammte allesamt von Spielfilmserien ab. Allerdings unternahmen *Star Trek,* die *Muppet Show* und *Mission: Impossible* später eine Reise in umgekehrter Richtung, als Hollywood anfing, sich immer stärker auf Horror-, Science-Fiction-, Action-, Polizei-, Comic- und Kinderfilmserien und auf bewusster gestaltete Filmserien wie *Star Wars* und *Harry Potter* zu konzentrieren. Letzterer wetteifert heute mit *James Bond* um den Titel der profitabelsten Filmserie von allen. ∎

„Studios konnten ... neue Talente in altbewährten Formaten einführen."

OBEN: *Johnny Weissmuller mit Maureen O'Sullivan und Cheeta bei der Arbeit an einem der 12 Tarzanfilme, die er zwischen 1932 und 1948 drehte*

LINKS: *Daniel Radcliffe fragt in* **Harry Potter und der Stein der Weisen** *(2001) am Bahnhof King's Cross nach dem Weg zu Gleis 9 ¾.*

In der Kürze liegt die Würze

Ben Turpin kommt in Essanays **Charlie gegen alle** *(1915), einem Zwei-Rollen-Spottfilm über Showbusinesstypen, Charlie Chaplin in die Quere.*

IDEE NR. 54
KURZFILME

In den ersten 20 Jahren des Kinos bestanden die meisten Filme nur aus einer oder zwei Filmrollen. Aber selbst nachdem die Spielfilme dominierten, blieb der „Short" eine vielseitige und beliebte Form, die auch von den besten Filmkünstlern in verschiedenen Stadien ihrer Karriere produziert wurde.

Die ersten Filme waren ungeschnitten und dauerten nicht länger als 50 Sekunden. Aber selbst nachdem Inhalt und Form wichtiger wurden, arbeiteten Filmemacher weiterhin mit einer oder zwei Filmrollen – die jeweils zwischen 10 und 20 Minuten liefen. Die Filmbranche war bis Mitte der 1910er Jahre weltweit auf die Produktion, den Vertrieb und die Vorführung kurzer Themen ausgelegt. Durch seine Anpassungsfähigkeit überstand das Format den Umstieg auf Spielfilme und blieb eine Hauptstütze amerikanischer Kinoprogramme, bis Blockbuchungen verboten wurden und die Studios 1948 ihre Kinoketten aufgeben mussten.

Kurze Dokumentarfilme, Reiseberichte und Lehrfilme wurden, neben den Slapstickkomödien, allesamt in der Stummfilmzeit produziert. Die meisten Länder hatten ihre eigenen Slapstickkomiker, aber Charlie Chaplin brachte es zu Weltruhm – sein Erfolg machte den komischen Zwei-Rollen-Film zu einer Institution, und Stan Laurel und Oliver Hardy, W. C. Fields und die Three Stooges setzten diese Tradition über die Einführung des Tonfilms hinweg fort.

Zeichentrickkurzfilme erwiesen sich als ebenso langlebig, und mehrere Studios hatten ihre eigenen spezialisierten Produktionsteams. Selbst als der Zeichentrickfilm ins Fernsehen abwanderte, blieb der animierte Kurzfilm lebendig, sowohl im Mainstreamkino als auch bei der Avantgarde. Tatsächlich bot der Kurzfilm die optimale Ausdrucksform für viele Experimentalfilmkünstler und für diejenigen, die sich auf Natur-, Medizin-, Lehr-, Auftrags-, Sport- und Nachrichtenfilme spezialisiert hatten.

Der Kurzfilm spielte auch bei der Entwicklung des Tons eine Schlüsselrolle. Thomas Edison brachte 1895 mit dem Kinetophon Ton und Bild zum ersten Mal zusammen, aber Schwierigkeiten bei der Synchronisierung und Verstärkung bereiteten bei den Verfahren Kameraphon (1895) und Photokinema (1921) Probleme. 1923 allerdings began Lee De Forest, Varietéstars wie Eddie Cantor mit dem Phonofilmtonfilmsystem aufzunehmen. Drei Jahre später verwendete Warner Vitaphone, um Al Jolson und Ruth Etting vorzuführen, und Fox folgte 1927 mit seinen Movietone-Tonfilmen und Wochenschauen. Bing Crosby, Judy Garland, Cary Grant, Ginger Rogers und Humphrey Bogart gaben in solchen Filmen ihre Leinwanddebüts, und auch Regisseure von René Clair bis Steven Spielberg begannen mit Kurzfilmen. Tatsächlich setzten die Hollywoodstudios Filmserien wie *Crime Does Not Pay,* die *Pete Smith Specialties* und *Joe McDoakes* als Testprojekte für aufstrebende Talente ein.

Hoffnungsvolle Filmemacher verwenden immer noch Kurzfilme als Visitenkarten. Aber der Kurzfilm ist eine eigenständige Kunstform, mit eigenen internationalen Festivals und Preiskategorien bei der Oscarverleihung. Der Kurzfilm fand auch eine neue Verwendung im Episodenfilm, der mehrere in sich abgeschlossene Geschichten in einem einzigen Spielfilm enthält. Zahlreiche Horrorfilme folgten im Kielwasser von Ealings *Traum ohne Ende* (1945). Aber die Anthologie fand auch eine Nische beim Kunstfilm – in Autorenepisodenfilmen wie *Die sieben Hauptsünden* (1962) und *Ro.Go.Pa.G.* (1963), die neuere Exkursionen wie *Paris, je t'aime* (2006) und *Chacun son cinéma* (2007) inspirierten. ∎

„Regisseure von René Clair bis Steven Spielberg begannen mit Kurzfilmen."

OBEN: *James Parrotts* The Music Box *(1932) mit Stan Laurel und Oliver Hardy gewann den ersten Oscar als Beste Kurzfilmkomödie.*

UNTEN: *Paris, je t'aime (2006), ein Episodenfilm mit Vignetten 20 verschiedener Regisseure*

OBEN: *Marjane Satrapi verfilmte zusammen mit Vincent Paronnaud ihre Graphic Novel* Persepolis *(2007), die ihre Erlebnisse nach der iranischen Revolution schildert.*

UNTEN: *Chihiro und Haku in Hayao Miyazakis oscarprämiertem Fantasyfilm* Chihiros Reise ins Zauberland *(2001), die dem Studio Ghibli die Vorherrschaft im Bereich der „Japanimation" sicherte*

Von Pinseln zu Pixeln

IDEE NR. 55
ANIMATION

Ein Großteil der Vorgeschichte des Kinos wurde von bewegten Bildern geprägt, die man mit optischen Spielzeugen herstellte, während die meisten Kinoprogramme bis in die 1970er einen Zeichentrickfilm umfassten. Heute sind animierte Spielfilme das wichtigste Instrument, um Kinder zu gewohnheitsmäßigen Kinogängern zu machen.

OBEN: *Als treue Stütze von Terrytoons gehörte Oskar, die Supermaus, zu den ersten Zeichentrickleinwandstars, die im Fernsehen eine Nische fanden.*

UNTEN: *Lotte Reinigers wunderbares Scherenschnittmeisterwerk* Die Abenteuer des Prinzen Achmed *(1926) ist der älteste erhaltene Animationsspielfilm.*

Émile Reynaud projizierte mit seinem Théâtre Optique 1892 die ersten animierten Filme (siehe Nachbildwirkung). Aber die Entwicklung bewegter fotografischer Bilder machte die Animation zu einer teuren und zeitaufwendigen Neuheit. Trotzdem verfeinerten Émile Cohl and Winsor McCay die zweidimensionale Zeichentrickkunst, während Arthur Melbourne Cooper und Ladislaw Starewicz die Stop-Motion-Methode der Belebung von Modellen durch Einzelbilder zur Meisterschaft brachten. In den 1910er Jahren deligierten die Amerikaner Earl Hurd und John Bray das Zeichnen und Kolorieren von Figuren und Hintergrundbildern an spezialisierte Künstler und rationalisierten den Herstellungsprozess durch die Einführung der Folienanimation.

Diesen an der Industrie orientierten Ansatz ahmte Walt Disney nach, dessen Erfolg mit Figuren wie Micky Maus ihn ermutigte, sich mit *Schneewittchen und die sieben Zwerge* (1937) ins Feld der Zeichentrickspielfilme zu wagen. Obwohl seine Geschichten konservative Werte betonten, war Disney empfänglich für ästhetische, kommerzielle und technische Neuerungen wie die Multiplankamera und das Rotoskopieverfahren, welches das Nachzeichnen von Realfilmaufnahmen ermöglichte und den Weg für die digitalen Mapping-, Tracing- und Bilderfassungsprozesse ebnete, die heute für Computeranimationen verwendet werden.

Die Nachfrage nach Zeichentrickfilmen war so groß, dass verschiedene Hollywoodstudios ihre eigenen Zeichentrickabteilungen eröffneten. Friz Freleng, Tex Avery und Chuck Jones von Warner Brothers lenkten, zusammen mit William Hanna und Joseph Barbera von MGM, die alte Slapstickkomödie in neue Bahnen und machte sie zum Sockovehikel für Bugs Bunny und Tom & Jerry, die ab den 1950ern einen sehr großen Einfluss auf Fernsehzeichentrickfilme hatten. Allerdings griffen einige amerikanische Grafiker auch auf die modernistische Nachkriegsästhetik Europas zurück – diese wiederum war von Avantgardisten wie Oscar Fischinger, Hans Richter, Lotte Reiniger, Len Lye und Norman McLaren inspiriert, die einen nichtlinearen, ungegenständlichen und oft abstrakten Stil entwickelt hatten, indem sie mit Direkt-Farbauftrag auf das Filmmaterial, Pixilation, Nadelbrettanimation und Silhouettentechniken experimentierten.

Animationskünstler hinter dem Eisernen Vorhang wie Jiří Trnka, Jan Švankmajer und die Mitglieder der Zagreber Schule produzierten oft subversiv satirische Werke, während japanische Künstler wie Osamu Tezuka, der Schöpfer des Astro Boy, und Hayao Miyazaki, der oscarprämierte Regisseur von *Chihiros Reise ins Zauberland* (2001), sich für einen eskapistischen Ansatz entschieden, der von den Mangas inspiriert war. Anime hatten seither tiefgreifenden Einfluss auf Animationsfilme für Erwachsene wie *Persepolis* (2007), aber auch auf die Computerspielgrafiken und Digitaleffekte, die zum Kernelement der Hollywoodblockbuster geworden sind.

Allerdings hat das Disneystudio dem Animationsspielfilm wieder zu weltweiter Beliebtheit verholfen – mit Filmen wie *Die Schöne und das Biest* (1991) und *Der König der Löwen* (1994), Vorläufern von computergenerierten Hits der Pixar Animation Studios wie *Toy Story* (1997) und *Oben* (2009) und von Nick Parks liebenswerten Knetanimationskomödien über *Wallace & Gromit*, die Stop-Motion-Techniken einsetzen, um Modelle aus Knetmasse zum Leben zu erwecken. ∎

Das Unmögliche möglich machen

IDEE NR. 56
MODELLE

1898 verwendete James Stuart Blackton ausgeschnittene Kartonstücke für seine Nachstellung der Seeschlacht von Santiago. Die Schiffe in der *Fluch-der-Karibik*-Serie mögen dreidimensionaler und überzeugender sein, aber sie zeigen, dass sich das Kino auch in der Ära computergenerierter Bilder auf handwerklich gefertigte Modelle verlässt.

Von Nick Park bei Aardman Animations erschaffen, sind Wallace und Gromit Knetfiguren, die über Metallskelette modelliert und mit Stop-Motion-Technik gefilmt werden.

Modelle machen es Filmemachern möglich, Szenen auch dann in bestimmten Umfeldern anzusiedeln, wenn es unmöglich, problematisch oder zu teuer wäre, sie zu bauen oder zu bereisen. Sie gestatten es auch, diese durch Erdbeben, Flutwellen, Feuer, Brandstifter, Mutanten oder angreifende Außerirdische zerstören zu lassen.

Die frühesten Modellaufnahmen waren nicht mit der gespielten Handlung verbunden. Aber die Einführung von Vordergrundminiaturen und dem Schüfftan-Verfahren erleichterte die Erschaffung illusionistischer bewohnbarer Räume in historischen und futuristischen Filmen wie *Ben Hur* (1925) und *Metropolis* (1926). Auch Naturlandschaften wurden in Form von Modellen hergestellt, ebenso wie Flugzeuge, Raumschiffe, Superhelden und Monster. Der Einfallsreichtum und die Wirklichkeitsnähe von Design, Dekoration, Beleuchtung und Handhabung der Modelle waren schließlich auch in bewegten Umfeldern zu sehen – dank der Entwicklung von Motion-Control-Kameras, die präzise Bewegungen und damit die Zusammenführung verschiedener Elemente einer Trickaufnahme möglich machten.

Der handwerkliche Aspekt des Modellbaus und der zugehörigen Wasser-, Wolken- und Pyrotechnikeffekte haben diesem Metier bei Filmfans einen romantischen Nimbus verliehen. Dennoch sind die besten Spezialeffekte die, die spektakuläre Wirkungen erzielen, aber doch im Grunde unsichtbar bleiben.

Fasziniert vom Zauber der Stop-Motion-Welten, die Willis O'Brien für *Die verlorene Welt* (1925) und *King Kong* (1933) erschaffen hatte, verwandelte Ray Harryhausen die Einzelbewegungen gelenkiger Skelette in Science-Fiction-Allegorien wie *Dinosaurier in New York* (1953) und phantastischen Abenteuern wie *Sindbads 7. Reise* (1958) in eine Kunstform. Außerdem inspirierte er heutige Fachleute wie Phil Tippett, dessen Stop-Motion-Erfahrung aus *Krieg der Sterne* (1977) zur Erfindung der Go-Motion-Technik führte, die für *RoboCop* (1987) eingesetzt wurde und Animationseffekten ein naturalistischeres, verwischtes Aussehen gab.

Harryhausen verbrachte seine Lehrzeit bei George Pal, dem späteren Regisseur des Stop-Motion-Märchens *Der kleine Däumling* (1958). Pal, der aus Nazideutschland ins Exil gegangen war, perfektionierte die Technik des Ersetzens – er erschuf eine von Bild zu Bild fortschreitende Bewegung, indem er eher neue Teile zu seinen Modellen hinzufügte, als sie zu verändern. Aber auch wenn seine „Puppetoons" es nicht schafften, die amerikanische Phantasie zu fesseln, die von Walt Disneys Zeichentrickfilmen besessen war, setzten sie doch eine europäische Tradition fort, die auf Arthur Melbourne Coopers *Matches: An Appeal* (1899) zurückgeht.

Der Altmeister der Stop-Motion-Puppenkunst war der gebürtige Russe Ladislaw Starewich, der auf aufwendige Insektensatiren wie *The Cameraman's Revenge* (1911) trockene Fabeln wie *Le roman de renard* (1930) folgen ließ. Der Einfluss dieser Fabel zeigte sich in Wes Andersons *Der Fantastische Mr. Fox* (2009). Der tschechische Meister Jiří Trnka begann ebenfalls mit charmanten Sagas wie *Ein Sommernachtstraum* (1959). Aber in *Die Hand* (1965) zeigte sich ein neuer politischer Wagemut, der Trnkas Landsmann Jan Švankmajer dazu brachte, einen noch subversiveren Ansatz für Kurzfilme wie *Tücken des Gesprächs* (1982) und Spielfilme wie *Otesánek* (2000) zu wählen. Zu Švankmajers Jüngern gehören die Quay Brothers (Stephen und Timothy Quay), Kihachiro Kawamoto, Tim Burton und Henry Selick, der die wachsende Übermacht computergenerierter Bilder mit dem ersten ganz in Stop-Motion-Technik gedrehten 3D-Film *Coraline* (2009) herausforderte. Wie Nick Parks Knetanimationen, zum Beispiel *Wallace & Gromit – Auf der Jagd nach dem Riesenkaninchen* (2005), verteidigte er eine texturale und taktile Qualität, mit der Computerprogramme bis heute nicht mithalten können. ∎

Ernst Kunstmann, Konstantin Irmen-Tschet und Erich Kettelhut erschufen die damals hochmodernen Modelle und Trickbildeffekte für Metropolis *(1926).*

UNTEN: *Die Modellbauer Ian MacKinnon und Peter Saunders erweckten für die Roald-Dahl-Verfilmung* Der Fantastische Mr. Fox *(2009) Nelson Lowrys Entwürfe zum Leben.*

In der Gosse: Lamberto Maggiorani und Enzo Staiola als Vater Antonio Ricci und Sohn Bruno im einflussreichsten Drama des Neorealismus, **Fahrraddiebe** *(1948).*

Die Poesie des Alltags

IDEE NR. 57
NEOREALISMUS

Wahlweise als Bewegung oder als Genre etikettiert, wurzelte der Neorealismus in den sozialen, politischen und wirtschaftlichen Wirren einer traumatisierten Nation, als Italien am Ende des Zweiten Weltkriegs seine faschistischen Fesseln abwarf. Aber der Einfluss dieser naturalistischen, gegen die Hollywoodklassik gerichteten Stils war weltweit und dauerhaft.

Der große Mythos des Genres war seine Neuheit – er wurde von den Vertretern selbst genährt, die eifrig darauf bedacht waren, ihre Verbindungen zu Mussolinis Filmindustrie zu verschleiern. Obwohl der Neorealismus sich von den Telefoni-Bianchi-Komödien, propagandistischen Monumentalfilmen und üppigen Melodramen der Faschismuszeit unterschied, lagen seine Ursprünge nicht nur im italienischen Verismus des 19. Jahrhunderts, im sowjetischen revolutionären Realismus und im französischen Poetischen Realismus, sondern auch in sehr unterschiedlichen Spielfilmen von Elvira Notari, Alessandro Blasetti und Francesco De Robertis, die alle in Mussolinis Filmindustrie eine prominente Rolle gespielt hatten. Allerdings gab das Ende der faschistischen Zensur italienischen Regisseuren die Möglichkeit, vorher geächtete Themen mit neuer Freiheit zu behandeln.

Einige Neorealisten waren Marxisten und wollten durch das Kino Klassenbewusstsein und proletarische Einigkeit fördern. Insofern verschmähten sie nicht nur den Individualismus und Optimismus von Hollywoods Spielfilmproduktionen, sondern auch deren klassische Erzähltechnik. Von Laiendarstellern gespielt, benutzte der neue Antiheld Umgangssprache in episodenhaften Dramen, die oft bei natürlichem Licht im Freien gedreht wurden, mit langen, bewegten Einstellungen, die die Realzeit respektierten. Negativraum wie kahle Wände und freien Himmel, grobkörniges Filmmaterial und nachsynchronisierter Ton wurden innovativ eingesetzt, sodass Filme wie Roberto Rossellinis *Rom, offene Stadt* (1945), Luchino Viscontis *Die Erde bebt* und Vittorio De Sicas *Fahrraddiebe* (beide 1948) eine objektive Einschätzung der Lebenswirklichkeiten anderer Menschen präsentierten, die moralischer Poesie nahekam.

Dieser Hybridstil fand in seiner Heimat kein Publikum, aber er hat seitdem italienische Filmemacher inspiriert und angespornt. Er beeinflusste auch die deutschen Trümmerfilme, das Free Cinema, den britischen Sozialrealismus, das Cinéma Vérité, die Nouvelle Vague und das Tschechische Filmwunder. Später zeigte sich sein Erbe in Dogma 95, dem Minimalismus der Brüder Jean-Pierre und Luc Dardenne und den „Anpassungsdramen", die im postkommunistischen Osteuropa gedreht wurden.

Der Neorealismus hat sich auch in den Werken des Argentiniers Fernando Birri, des Brasilianers Nelson Pereira dos Santos und des Kubaners Tomás Gutiérrez Alea manifestiert, die dem Dritten Kino den Weg bereiteten. In Indien leitete Satyajit Rays *Apu*-Trilogie (1955–59) ein Parallelkino abseits vom Bollywoodmainstream ein, während Youssef Chahines *Tatort Hauptbahnhof Kairo* (1958) etwas Ähnliches für Ägypten leistete. In der Tat haben afrikanische Filmemacher wie Ousmane Sembène im Senegal, Mahamat Saleh Haroun im Tschad sowie Tadashi Imai,

GANZ OBEN: *In langen Einstellungen mit dem verfügbaren Licht auf der Straße gedreht: Anna Magnani in Roberto Rossellinis* Rom, offene Stadt *(1945)*

OBEN: *Neorealismus in Rosa: Giuseppe De Santis'* Bitterer Reis *(1949) erntete den Vorwurf, den Realismus rosig einzufärben, weil er Silvana Manganos Sexappeal betonte.*

Lino Brocka, Fruit Chan und Abbas Kiarostami den Neorealismus adaptiert, um lokale Themen zu erkunden. Sogar das amerikanische Kino hat sich dem Neorealismus gewidmet: mit seinen „Problemfilmen" der Nachkriegszeit, die Fragen wie Alkoholismus und Rassenvorurteile behandelten, mit den afroamerikanischen Arbeiterdramen der „L.A. Rebellion" der 1970er und mit dem „Neo-Neorealismus" von Kelly Reichardt und Ramin Bahrani. ■

Die Linearität verwirren und bereichern

IDEE NR. 58
RÜCKBLENDEN

Rückblenden erlauben die filmische Darstellung von Geschichte, Erinnerung und subjektiver Wahrheit. Angekündigt durch Zwischentitel, Überblendungen, Abblenden und Schnitte, erlaubte ihr Einsatz frühen Filmemachern eine strukturelle und psychologische Komplexität, die die immer anspruchsvolleren Zuschauer der 1910er Jahre bereitwillig zu schätzen wussten – ebenso wie die heutigen.

„Es ist nicht meine Schuld, dass wir in dieser Scheiße stecken!": Mr. White (Harvey Keitel) und Mr. Pink (Steve Buscemi) zwischen zwei Rückblenden in Quentin Tarantinos Reservoir Dogs (1992)

Obwohl sie in den 1920er Jahren größtenteils außer Gebrauch war, kehrte die filmische Rückblende im folgenden Jahrzehnt zurück, als Hollywoods Autoren Anleihen bei modernistischer Literatur und Hörspielen machten, um die schwerfälligen Konventionen zu durchbrechen, die die ersten Tonfilme etabliert hatten. Die bevorzugten Formen waren die externe Rückblende, bei der sich die Handlung von einer bedeutsamen Eröffnung aus zurückbewegte und vorhergegangene Ereignisse skizzierte, und die persönliche Rückblende, bei der eine Figur sich an eine Erfahrung erinnerte, von ihr berichtete oder durch einen Zufall zur Rückschau veranlasst wurde.

In vielen Gerichtsdramen wurden Rückblendesequenzen verwendet: Dieser Zeugenaussagemodus ist bis heute beliebt und stützt in Filmen wie *Die üblichen Verdächtigen* (1995) und *Slumdog Millionär* (2008) die Kausalzusammenhänge. Aber Rückblenden können nicht nur als zweckmäßige Mittel eine Geschichte einrahmen, visuelle Alternativen zu wortreichen Erklärungen bieten oder Geschichten und Zeiten manipulieren, sondern auch den Zuschauern die Identifikation erleichtern und ihre Gefühlsreaktionen steuern, wenn sie Einblicke in das Innenleben einer Figur gewähren. Indem sie Handlungen einander gegenüberstellen, schaffen sie Parallelen, wie in *Der Pate 2* (1974). Sie können auch Informationen enthüllen, die vorher vertuscht wurden, und Spannung schaffen, indem sie die Konsequenzen der Enthüllung hinauszögern. Mehr noch – Rückblenden können absichtlich vernebeln und in die Irre führen.

Obwohl sich der Begriff „Narratage" nie durchsetzte, erwies sich Preston Sturges' Mischung aus Erzählung („narrative") und Montage („montage") in seinem Drehbuch für William K. Howards *The Power and the Glory* (1933) als immens einflussreich, nicht zuletzt für Orson Welles' *Citizen Kane* (1941), in dem die Off-Kommentare und multiplen Perspektiven des früheren Films nachgeahmt wurden. Bekenntnishafte und detektivische Rückblenden wurden nach Billy Wilders *Frau ohne Gewissen* (1944) und Robert Siodmaks *Rächer der Unterwelt* (1946) auch zu Schlüsselelementen des Film noir. Aber gerade die Anpassungsfähigkeit der Rückblende war wertvoll, zum Beispiel für Alfred Hitchcock und Salvador Dalí, die sich in *Ich kämpfe um dich* (1945) an Psychoanalyse und Surrealismus versuchten, oder für John Brahm, der in *The Locket* (1946) eine Rückblende in der Rückblende in der Rückblende einfügte.

1946 experimentierte ebenfalls Frank Capra in *Ist das Leben nicht schön?* mit hypothetischen Rückblenden, während Gene Kelly und Stanley Donen in *Du sollst mein Glücksstern sein* (1952) zeigten, welch komisches Potential es hat, wenn eine vorhergehende Optik dem Toninhalt widerspricht; im gleichen Film wurde auch das noch selten eingesetzte Konzept der Vorausblende verspottet. Unterdessen wiesen Hitchcocks *Die rote Lola* und Akira Kurosawas *Rashomon* (beide 1950) darauf hin, dass die Kamera eine subjektive Wirklichkeit vortäuschen kann. Dieser subversive Ansatz brachte Neuerer wie Alain Resnais in *Letztes Jahr in Marienbad* (1961), seinem hypnotisierenden Traktat über Zeit und Gedächtnis, dazu, die Rückblende von ihrer klischeehaften Rolle zu erlösen.

Obwohl brüchige Zeitachsen in gegenwärtigen Mainstreamfilmen kaum genutzt werden, tauchen sie in Kassenerfolgen wie James Camerons *Titanic* (1997) und Disney-Animationsfilmen wie *Der Schatzplanet* (2002) noch auf. Allerdings werden Rückblenden tendenziell in Independent- und Kunstfilme wie Quentin Tarantinos *Pulp Fiction* (1994), Christopher Nolans *Memento* (2000) und Michael Hanekes *Caché* (2005) am phantasievollsten eingesetzt. ∎

OBEN: *Eine Rückblende in die Gassen von Bombay, als Dev Patel dem Polizisten Irfan Khan in Danny Boyles* **Slumdog Millionär** *(2008) seine Geschichte erzählt.*

RECHTS: *Alain Resnais ließ in* **Letztes Jahr in Marienbad** *(1961) seine Figuren wie seine Zuschauer gleichermaßen darüber im Ungewissen, ob sie Rückblenden, Phantasien oder falsche Erinnerungen sahen.*

Anleihe bei Robert Bresson: Travis Bickle (Robert De Niro) schreibt die Tagebücher, die den Off-Text zu Martin Scorseses **Taxi Driver** *(1976) liefern.*

Die Stimme der Wahrheit?

IDEE NR. 59
OFF-TEXT

OBEN: *In seiner Verfilmung von Georges Bernanos' Roman nutzte Robert Bresson Off-Texte, um die literarischen Ursprünge und die filmische Realität von* Tagebuch eines Landpfarrers *(1951) zu betonen.*

UNTEN: *Eine komplexe Figur: Fred MacMurrays Stimme aus dem Off für* Frau ohne Gewissen *(1944) enthält die Gegensätzlichkeit von naivem Optimismus und eher weiser Schwermut.*

Die gesprochene Erzählung haben Filmtheoretiker oft als letzten Ausweg für Autoren abgetan, die Ideen nicht audiovisuell vermitteln konnten. Aber selbst als derart verachtete Technik haben sich Off-Texte für alle Genres als unschätzbar wertvoll erwiesen und wurden von einigen der weltbesten Regisseure bevorzugt eingesetzt.

Obwohl die meisten frühen Filme von Livevorlesern begleitet wurden (in Japan „benshi" genannt), lässt sich die gängige Haltung zum Off-Text mit dem Vortrag zusammenfassen, den Brian Cox als Drehbuchguru Robert McKee in Spike Jonzes *Adaption.* (2002) hält: „Und Gott stehe Ihnen bei, wenn Sie ... eine Erzählstimme verwenden! Gott stehe Ihnen bei – das ist schlaffe, schlampige Kunst." Bis Mitte der 1930er widersetzte man sich, außer für Dokumentarfilme und Wochenschauen, der Technik, zum Teil wegen Hollywoods Schwäche für betont bescheiden auftretende Handwerkskunst und zum Teil wegen der Angst, dass der Tonfilm das Kino zur Theaterkonserve degradieren würde. Allerdings führte die dynamische Entwicklung der Radioerzählformen zu einer Kehrtwende, und seither werden Stimmen aus dem Off mit Erfolg in Melodramen (*Der Glanz des Hauses Amberson,* 1942), Western (*Panik am roten Fluss,* 1948), Musicals (*Du sollst mein Glücksstern sein,* 1952), Monumentalfilmen (*König der Könige,* 1961), Kriegsfilmen (*Apocalypse Now,* 1979), Teeniefilmen (*Stand By Me,* 1986) und Komödien (*Die Royal Tenenbaums,* 2001) eingesetzt.

Unabhängig von Zeit oder Umfeld können Filmgeschichten aus Sicht eines Icherzählers (*Fight Club,* 1999), in der dritten Person (*Die Verurteilten,* 1994) oder von einem allwissenden Erzähler (*Die fabelhafte Welt der Amelie,* 2001) wiedergegeben werden. Solche Off-Texte liefern grundlegende Erläuterungen, klären aber auch die Handlung, bieten Einblicke in das Seelenleben die Figuren, verstärken Vertraulichkeit und bringen wissende Ironie ein. Sie können auch den Ton literarischer Vorlagen wiedergeben, wie in *Tom Jones* (1963) und *Barry Lyndon* (1975), manchmal auch in ausufernden Filmdramen wie *Doktor Schiwago* (1965) unbeholfene Übergänge abfedern oder beim Schnitt stark umgearbeitete Filme wie *Blade Runner* (1982) zusammenflicken. Aber bei Meistern wie Orson Welles, Billy Wilder, Stanley Kubrick, Martin Scorsese und Woody Allen ergänzen Off-Texte die Bilder ausnahmslos und dienen nicht dazu, deren Schwächen auszugleichen.

Sicherlich waren sie entscheidend für den Erfolg des Film noir, denn in *Mord, mein Liebling* (1944) hörte man Erzählstimmen im On und aus dem Off, und die „Stimme Gottes", wie der bei Wochenschauen entlehnte Stil genannt wurde, ertönte in *Stadt ohne Maske* (1948). In herbem Slang, der den Groschenheftchen entlehnt war, gaben Einfaltspinsel in *Frau ohne Gewissen* (1944) und *Die Lady von Shanghai* (1947) zu, dass sie von Femmes fatales hereingelegt worden waren, während unzuverlässige Geschichtenerzähler in *Umleitung* (1945) und *Goldenes Gift* (1947) etwas vorheuchelten. Die Schwarze Serie gab in *Solange ein Herz schlägt* (1945) und *Flucht ohne Ausweg* (1948), aber auch in gefeierten Melodramen wie *Ein Brief an drei Frauen* (1949) und *Alles über Eva* (1950) auch Frauen eine Stimme. Allerdings sind weibliche Erzählstimmen seither weitgehend auf Werke von Regisseurinnen wie Jane Campion und Sally Potter beschränkt.

Wenige europäische Filmemacher haben Sacha Guitry nachgeahmt, der in *Roman eines Schwindlers* (1936) die Erzählung den Dialogen vorzog. Aber einige haben Off-Texte beispielhaft eingesetzt, darunter Robert Bresson, Ingmar Bergman, Alain Resnais, Jean-Luc Godard, François Truffaut und Eric Rohmer. Auch im Dritten Kino tauchten Off-Texte als Mittel zur Unterwanderung der Hollywoodklassik wieder auf und sie sind weiterhin ein gültiges erzählerisches Mittel, sowohl bei Kunstfilmen als auch im Mainstreamkino. ∎

Düster und abgebrüht

IDEE NR. 60
FILM NOIR

Von den Kritikern moralisch gefürchtet und wirtschaftlich beargwöhnt, nährte sich der Film noir von kleinen Budgets und dem Status als B-Movie. Die „Schwarze Serie" war in den 1940ern und 1950ern ein künstlerisches Ghetto für die europäischen Emigranten unter Hollywoods Regisseuren – mit ihrer innovativen Aufnahme- und Beleuchtungstechnik beschwor sie die Stimmung von Angst und Ungewissheit herauf, die durch das Amerika der Nachkriegszeit fegte.

Ein düsteres Schicksal wartet in Jean-Pierre Melvilles Neo-Noir-Meisterwerk Der eiskalte Engel *(1967) auf Alain Delons sorgfältig arbeitenden Auftragskiller.*

Obwohl der Film noir bereits 1946 von dem Kritiker Nino Frank so getauft worden war, wurde er außerhalb Frankreichs erst in den 1960ern als Begriff der Filmkritik anerkannt. Frank prägte den Begriff, als ihm der veränderte thematische und stilistische Ton von fünf Hollywoodfilmen auffiel, die mit Verspätung in Paris anliefen: John Hustons *Die Spur des Falken* (1941), Edward Dmytryks *Mord, mein Liebling*, Billy Wilders *Frau ohne Gewissen*, Otto Premingers *Laura* (alle 1944) und Wilders *Das verlorene Wochenende* (1945). Diese pessimistischen Studien über destruktive Triebe und deren unkontrollierbare Folgen spiegelten die sich wandelnde soziale Stimmung, die von Kriegsereignissen in der Heimat und im Ausland verschärft wurde; sie hatten ihre Wurzeln in abgebrühten amerikanischen Romanen, dem deutschen expressionistischen Film, schaurigen Horrorfilmen, dem Hörspiel, dem französischen Poetischen Realismus und dem italienischen Neorealismus. Bald vermittelten sie auch die Ernüchterung und die Paranoia des Kalten Kriegs und brachten ihren Urhebern die Zensur des Komitees für Unamerikanische Umtriebe des US-Repräsentantenhauses ein (siehe Die Schwarze Liste).

Viele der besten Vertreter des Film noir waren europäische Emigranten, die die sozialen und ästhetischen Vorzüge von Außenaufnahmen mit leichten Kameras, tragbaren Stahldrahtrekordern und empfindlicherem Schwarz-Weiß-Filmmaterial erkannten. Sie verwendeten Chiaroscuro-Beleuchtung, eine desorientierende Mise en Scène, schräge Winkel und rückblickende Off-Texte, um die Stimmung einer Nation einzufangen, die überschwemmt wurde von frustrierten Kriegsveteranen, leicht beeinflussbaren Kleinbürgern, zynischen Detektiven, skrupellosen Gaunern, korrupten Beamten, opportunistischen Herumtreibern, durchgebrannten Pärchen und Femmes fatales. Indem er den Produktionskodex in Frage stellte, demonstrierte der Film noir darüber hinaus seine Entschlossenheit, Themen wie Sex, Klassenunterschiede, Identität, Ungerechtigkeit, Verrat, Vorurteile und Gewalt mit einer neu erlangten politischen und psychoanalytischen Reife anzugehen.

Obwohl der Film noir nie eine kohärente Kategorie war oder nennenswerten wirtschaftlichen Erfolg erzielte, trug er doch dazu bei, die amerikanische Kinolandschaft zu verändern. Außer umstrittene Themen und ikonenhafte Stadtszenerien vorzustellen, machte er das Publikum mit neuen Geschichten und Charakteren vertraut. Darüber hinaus führte er Newcomer wie Robert Mitchum, Gloria Grahame und Richard Widmark ein und erfand etablierte Stars wie Humphrey Bogart, Barbara Stanwyck und Edward G. Robinson neu. Trotzdem kam der Film noir aus der Mode, als die im Niedergang begriffenen Studios einen Ausweg in Farbe und Breitwand suchten. Sein Einfluss allerdings blieb deutlich spürbar in unverblümten britischen Krimis, Akira Kurosawas Groschenromanverfilmungen der 1950er, mexikanischen „Cabaretera"-Sagas, französischen Nouvelle-Vague-Hommagen, italienischen „Giallo"-Thrillern und den Melodramen des Neuen Deutschen Films.

Zuletzt tauchte die Form in den Staaten als „Après-Noir" oder „Neo-Noir" wieder auf und verlieh Neuverfilmungen wie *Wenn der Postmann zweimal klingelt* (1981), eigenständigen Projekten wie *Chinatown* (1974) und sogar Persiflagen wie *Tote tragen keine Karos* (1982) einen modernen, modernistischen oder postmodernistischen Dreh. In der Tat wurde Noir zunehmend zum genreübergreifenden Phänomen, und seit *Sin City* (2005) dem Film noir ein neues, computergeneriertes Aussehen verpasst hat, scheint es sein Schicksal zu sein, immer finsterer, formenreicher und frecher zu werden. ∎

*In Joseph H. Lewis' **Geheimring 99** (1955) ist die düstere, kontrastreiche Beleuchtung von John Alton entscheidend für die vorherrschende Stimmung von Misstrauen und Gefahr.*

„Bald vermittelten sie auch die Ernüchterung und die Paranoia des Kalten Kriegs."

Rot sehen

Ein einsamer Weg: Marshal Will Kane (Gary Cooper) tut, was ein Mann tun muss – in Fred Zinnemanns Anti-HUAC-Western Zwölf Uhr mittags *(1952).*

IDEE NR. 61
DIE SCHWARZE LISTE

Man wird nie ganz ermessen können, welche Auswirkungen die Untersuchungen des Komitees für Unamerikanische Umtriebe des US-Repräsentantenhauses hatten: Schließlich ist es unmöglich, den Rang nie geschriebener Drehbücher oder nie erbrachter Schauspielerleistungen zu beurteilen. Trotzdem stellt die Hexenjagd, die zwischen 1947 und 1952 stattfand, die dunkelste Stunde des Studiosystems dar.

Im Jahr 1938 hatten Politiker begonnen, sich eingehend mit Hollywoods ideologischer Position zu befassen. Aber erst die Flut von „Problemfilmen" und realistischen Dokudramen sowie das trostlose Bild der Nachkriegsgesellschaft, das der Film noir präsentierte, rüttelte jene wach, die sich an den Studios dafür rächen wollten, dass sie vom New Deal profitiert und prosowjetische Propaganda für die US-Behörde zur Verbreitung von Kriegsinformation produziert hatten. Das Komitee für Unamerikanische Umtriebe des US-Repräsentantenhauses (HUAC) erwartete wohl nicht, marxistische Botschaften in Filmen, die sowohl von den konservativen Studiochefs als auch von der Produktionskodexbehörde gebilligt werden mussten, vorzufinden. Seine Untersuchungen zu kommunistischen Verstrickungen ermöglichten es dem HUAC aber, die Anklage gegen die sogenannten Hollywood Ten (eine mehrheitlich aus Drehbuchautoren bestehende Gruppe, die sich weigerte, dem Komitee Informationen zu liefern) als Druckmittel gegen Filmmoguln wie Louis B. Mayer, Jack Warner und Walt Disney zu verwenden, um sie im Dezember 1947 zur Veröffentlichung des „Waldorf Statements" zu zwingen, das dazu aufrief, unerwünschte Linksgerichtete auf eine imaginäre Schwarze Liste zu setzen.

Konfrontiert mit unnachgiebigen Gewerkschaften, sinkenden Zuschauerzahlen, steigenden Kosten und einem wettbewerbsrechtlichen Verbot des Kinobesitzes, war Hollywood zu allem bereit, um Washington und die Wall Street auf seiner Seite zu halten. Nachdem Veröffentlichungen wie *Counterattack* und *Red Channels* Mitglieder der Kommunistischen Partei und deren Sympathisanten identifiziert hatten, waren die Studios vermutlich erleichtert, als die anfängliche Gegenwehr des starbesetzten „Committee for the First Amendment" zusammenbrach und die Filmschauspielergewerkschaft unter Ronald Reagan sich bereit erklärte, einen Loyalitätsschwur zu leisten. Wie tief die Spaltung innerhalb der Filmbranche dennoch reichte, offenbarten Carl Foreman, der in *Zwölf Uhr mittags* (1952) Verrat anprangerte, und Budd Schulberg, der in *Die Faust im Nacken* (1954) das „Nennen von Namen" entschuldigte; der eine Film gewann vier, der andere acht Oscars.

Drehbuchautor Dalton Trumbo, der auf der Schwarzen Liste stand, ge-

Eine Unterstützungsdemonstration für die Hollywood Ten – Alvah Bessie, Herbert Biberman, Lester Cole, Edward Dmytryk, Ring Lardner Jr., John Howard Lawson, Albert Maltz, Samuel Ornitz, Adrian Scott und Dalton Trumbo

wann unter dem Pseudonym Robert Rich einen Oscar für *Roter Staub* (1956), und zahlreiche Drehbücher, für die damals im Nachspann sogenannte Fronts genannt wurden, sind seither verbotenen Autoren zugeschrieben worden. Schauspieler und Regisseure konnten allerdings keine derartige Anonymität annehmen. So waren unter anderem Charlie Chaplin, Paul Robeson, Kim Hunter, Joseph Losey und Jules Dassin von den Maßnahmen des HUAC betroffen. Weniger als zehn Prozent der 324 Künstler, die zu den Anhörungen des HUAC zitiert wurden, kehrten zum Film zurück. Tatsächlich war das Komitee weitgehend für den frühen Tod von John Garfield, Canada Lee und Mady Christians und den Niedergang eines Studios verantwortlich. Denn der Skandal brachte Floyd Odlum dazu, seine RKO-Anteile an Howard Hughes zu verkaufen, dessen Regime sich als verhängnisvoll erwies.

Nachdem alle Versuche, die Paramount Decrees zu umgehen, vereitelt worden waren und der Mythos von der Traumfabrik in Scherben lag, trat Hollywood in eine Ära des Kleinmuts und der Mittelmäßigkeit ein, in der Angst, Misstrauen und Schuldgefühle eine Selbstzensur garantierten, die drakonischer war als alles, was sich das HUAC je hätte erhoffen können. Die Studios, die noch verbissen mit veralteten Wertvorstellungen und leerem Optimismus hausieren gingen, als diese längst vom Rock 'n' Roll untergraben worden waren, wandten sich der Entwicklung neuer Techniken zu, um gegen das Fernsehen anzugehen, nachdem keine progressiven Künstler in Sicht waren, die phantasievoll auf Trends wie den Neorealismus oder die Nouvelle Vague hätten reagieren können. Paradoxerweise beschleunigte die Schwarze Liste das Ende des Studiosystems, indem sie das Publikum spaltete und unabhängige Produktionen förderte. Aber sie rief auch die moralische Erstarrung und intellektuelle Stagnation, in der Hollywood bis Mitte der 1960er Jahre feststeckte, hervor. ∎

Die Rolle erspüren

IDEE NR. 62
METHOD ACTING

Als Reaktion auf den soziokulturellen Umbruch, den der Zweite Weltkrieg verursacht hatte, hieß Hollywood die umfassende Technik des Method Acting willkommen – sie verlieh Spielfilmen, die danach strebten, die Welt des Kalten Kriegs widerzuspiegeln, mehr Authentizität und Realismus.

GANZ OBEN: *Ein klassischer Stilkonflikt: Vivien Leigh und Marlon Brando in* Endstation Sehnsucht *(1951)*

OBEN: *Stumme Vermummung in höchster Vollendung: Lillian Gish und Richard Barthelmess in David Wark Griffiths* Mädchenlos *(1920)*

Im Goldenen Zeitalter Hollywoods neigten Schauspieler dazu, sich entweder für Nachahmung oder für Verkörperung zu entscheiden, wobei der Regisseur viel dazu beitrug, den Tonfall der Darstellung durch Drehbuchanalysen, Proben, Kamerapositionierung und Schnitt zu prägen. Die „Method" allerdings gab ihren Jüngern mehr Kontrolle über ihre schauspielerische Arbeit, denn sie wurden dazu ermutigt, auf eigene Erfahrungen zurückzugreifen, um die wahre psychologische Struktur ihrer Figur herauszufinden.

Das Method Acting wurde im Moskauer Künstlertheater von Konstantin Stanislawski entwickelt, dessen System von affektiver Erinnerung und körperlichem Ausdruck in den 1930ern vom linksgerichteten New Yorker Group Theatre übernommen wurde. Aber erst gegen Ende des folgenden Jahrzehnts begann die Lehrmethode den Broadway zu beeinflussen – als Marlon Brando für eine Reihe richtungsweisender Theaterinszenierungen mit dem Regisseur Elia Kazan zusammenarbeitete. Das Duo war auch die treibende Kraft hinter der Einführung des Method Acting beim Film, insbesondere mit *Endstation Sehnsucht* (1951) und *Die Faust im Nacken* (1954), in denen Brando seinen Text nuschelte, mit Requisiten herumspielte und rohe Gefühle zeigte, wie man sie bisher nicht auf der Leinwand gesehen hatte.

Bald folgten Brando andere Absolventen von Lee Strasbergs Actors Studio, darunter Montgomery Clift, James Dean und Paul Newman, außerdem Schüler rivalisierender Method-Acting-Dozenten wie Sanford Meisner und Stella Adler. Die Studiochefs merkten, dass diese neue Generation von Darstellern bei den jüngeren Zuschauern Anklang fand, die immer stärker zur Kernzielgruppe des Kinos wurden. Method Acting passte gut zu der rebellischen Haltung, die den Rock 'n' Roll begleitete, und gab Filmen einen Hauch von Gefahr. Das setzte sich bis in die 1960er Jahre fort, als der Produktionskodex zusammenbrach und die Filmemacher endlich umstrittene Themen mit einem noch nie dagewesenen Grad an Realismus angehen konnten. Einige von ihnen eigneten sich die radikalen Techniken Bertolt Brechts an, die europäische Autorenfilmer wie Jean-Luc Godard und Rainer Werner Fassbinder einsetzten.

Das Method Acting erreichte mit Francis Ford Coppolas *Der Pate* (1972) seinen Höhepunkt. Schauspieler von Rang wie Dustin Hoffman, Jane Fonda, Robert De Niro, Al Pacino, Sean Penn und Daniel Day-Lewis halten sich seither weiterhin an die Lehrsätze der Methode, aber ihre langfristige Wirkung auf die Filmschauspielerei war begrenzt. Viele Stars liebäugeln mit dem Verfahren, indem sie in Vorgeschichte und Lebensstil ihrer Figur eintauchen oder drastische körperliche Verwandlungen durchlaufen. Aber die Tendenz zu beiläufigeren Sprechweisen und Modeerscheinungen wie Greenscreendarstellungen und schnelle Schnitte haben den Einfluss des Method Acting abgeschwächt. Heute wirkt es ein wenig machohaft, manieriert und hemmungslos, vor allem, wenn eher Minderbegabte es praktizieren. ■

„Method Acting … gab Filmen einen Hauch von Gefahr."

Robert De Niro nahm an drei Amateurboxkämpfen teil, um sich auf Wie ein wilder Stier *(1980) vorzubereiten, legte dann aber in vier Monaten 30 kg zu, um den älteren Jake La Motta zu spielen.*

Seit ihrem Bildschirmdebüt 1966 (unter dem deutschen Titel **Raumschiff Enterprise***) hat keine Fernsehsendung eine nutzbringendere gegenseitige Beziehung mit dem Kino gepflegt als* **Star Trek***.*

„Kritiker geben dem Fernsehen die Schuld am Jugendwahn des Kinos."

Freund oder Feind?

IDEE NR. 63
FERNSEHEN

Kein Medium hat einen stärkeren Einfluss auf das Kino gehabt als das Fernsehen. Sein Aufkommen in den späten 1940er Jahren verschärfte die wirtschaftliche Krise, die Hollywood in seiner Existenz bedrohte. Heute sehen mehr Menschen Filme im Fernsehen als auf der Leinwand, und das Fernsehen ist auf der ganzen Welt zum wichtigen Partner der Filmproduktion geworden.

Nach zwei schwierigen Jahrzehnten beim Film war Lucille Ball, die „Königin der B-Movies", zwischen 1951 und 1974 Amerikas beliebtester Sitcomstar.

Nichts traf die Filmstudios härter als das Fernsehen: Kinos im ganzen Land mussten schließen, während die Zahl der Haushalte mit Fernsehen zwischen 1949 und 1959 von einer auf 50 Millionen anstieg. Frustriert von den Versuchen der Aufsichtsbehörde Federal Communications Commission, Abonnementprogramme und Theaterfernsehen durchzusetzen, weigerte sich Hollywood, den Fernsehsendern Spielfilme zu verkaufen und verbot seinen Stars, in deren Programmen aufzutreten. Außerdem wurden große Beträge in neue Techniken wie Breitwand, Farbe, Stereo und 3-D investiert, um die Menschen wieder in die Kinos zu locken. Diese Konzentration auf A-Movies führte dazu, dass Wochenschauen, Zeichentrickfilme und Serien aufgegeben wurden und allesamt eine neue Heimat im Fernsehen fanden, ebenso wie der Western. Außerdem begannen NBC (National Broadcasting Company), CBS (Columbia Broadcasting System) und ABC (American Broadcasting Company), ihre eigenen Fernsehfilme zu drehen, während die Übernahme des RKO-Studios durch Lucille Balls Firma Desilu im Jahr 1957 die Verschiebung der Machtverhältnisse in Hollywood bekräftigte.

Ende der 1950er Jahre wurden 80 Prozent der Primetimeprogramme in Hollywood produziert. Außerdem hatten sich die Studios bereit gefunden, ihre Lagerbestände zu verleihen, und Filme, die man seit ihrem ursprünglichen Kinostart kaum gesehen hatte, wurden plötzlich zu Familienlieblingsfilmen. Obwohl die Zuschauer immer kinokundiger wurden, mussten sie hinnehmen, dass Spielfilme geschnitten wurden, um sie in Sendeplätze einzupassen, und dass man sie durch Werbepausen unterbrach oder sie zensierte, um Sponsoren und Interessengruppen zufriedenzustellen. Das Publikum nahm auch die Beschneidung von Breitwandbildern zur Konzentration auf die Haupthandlung hin. Allerdings trafen Versuche der Kolorierung von Schwarz-Weiß-Klassikern in den 1980ern auf größeren Widerstand.

Mehrere alternde Stars starteten neue Karrieren auf dem Bildschirm, wobei Groucho Marx und Loretta Young auf ihrem Weg Charlton Heston und James Dean begegneten, die in umgekehrter Richtung unterwegs waren. Auch eine neue Generation von Autoren und Regisseuren trat in Erscheinung, wobei Delbert Manns Kinofassung von Paddy Chayefskys *Marty* (1955) der erste vom Fernsehen abstammende Oscarpreisträger als Bester Film wurde. Später wanderten Fernsehsendungen wie *Dragnet, Raumschiff Enterprise* und *Die Simpsons* in die Kinos, und Fernsehfilmhits wie Steven Spielbergs *Duell* (1971) und John Dahls *Die letzte Verführung* (1994) konnten sich Kinostarts sichern.

Viele Kritiker geben dem Fernsehen die Schuld am Jugendwahn des Kinos, am postklassischen Niedergang von Geschichtenaufbau, Charakterisierungen und der Balance zwischen Erzählung und Schaueffekten sowie am zunehmenden Einsatz von Großaufnahmen, schnellen Fokuswechseln zwischen verschiedenen Gegenständen, flacher Ausleuchtung und schnellen Schnitten. Trotzdem öffneten sich europäische Regisseure vom Kaliber eines Ingmar Bergman, Federico Fellini, Roberto Rossellini oder Rainer Werner Fassbinder dem Fernsehen, und Sender wie BBC (British Broadcasting Corporation) und Channel 4 in Großbritannien oder Canal+ in Frankreich bahnten den Weg für die Koproduktion von Spielfilmen. In jüngster Zeit haben Synergieeffekte in Großkonzernen die Bindungen zwischen Hollywood und den 1750 US-Fernsehsendern gestärkt, wobei Vermarktungsverträge viele Budgets absicherten. Aber die lang proklamierte kulturelle Überlegenheit des Kinos gegenüber dem Fernsehen ist ins Wanken geraten, seit Fernsehserien wie *The West Wing* oder *The Wire* oft bessere Kritiken bekommen als Mainstreamfilme. ∎

Wenn Bilder in neue Dimensionen vordringen

IDEE NR. 64
DAS NORMALFORMAT

Filmemacher haben es noch nie geschafft, sich auf eine optimale Größe und Form für ihre Bilder zu einigen, trotz der Schwierigkeiten, die diese Vielfalt den Lichtspielhäusern bereitet hat. Als die Academy of Motion Picture Arts and Sciences (AMPAS) 1932 ihr Normalformat durchsetzte, war Einheitlichkeit erzielt – wenn auch nur für kurze Zeit …

Nachdem er Experimente mit runden und quadratischen Varianten aufgegeben hatte, ordnete der Edison-Ingenieur William Kennedy Laurie Dickson in den 1890ern an, dass das Verhältnis von Bildbreite zu Bildhöhe bei Filmen 1,33:1 beziehungsweise 4:3 betragen sollte. Seine Parameter für 35-mm-Material wurden vom Monopolisten Thomas Edison und von Kodakchef George Eastman begeistert aufgegriffen und von den Brüdern Lumière willig übernommen – aus ästhetischen wie wirtschaftlichen Gründen. Denn die Rechteckform passte besser zur horizontalen Bewegung der Handlung.

Die meisten Stummfilme wurden im Seitenverhältnis 1,33:1 gedreht. Allerdings schlug der sowjetische Maestro Sergei Eisenstein ein quadratisches Bild vor, in dem Kompositionen entlang waagerechter, senkrechter und diagonaler Linien gestaltet werden konnten. Der französische Regisseur Abel Gance verwendete hingegen das System Polyvision mit drei Projektoren, um die spektakulären Triptychonsequenzen seines Meisterwerks *Napoleon* aus dem Jahr 1927 vorzuführen.

In Hollywood wurde Paramounts Breitwandtechnik Magnascope für die Actioneinlagen in King Vidors *Die Parade des Todes* (1925) und William Wellmans *Flügel aus Stahl* (1927) eingesetzt. Aber da die Zuschauer von der Neuheit des Tonfilms bezaubert waren, gab es keine große Nachfrage nach überbreiten Bildern. Nachdem Fox das 70-mm-Grandeur-Verfahren eingeführt hatte – und Paramount beziehungsweise Warner mit 56-mm- und 65-mm-Formaten reagierten – befolgte man den Aufruf des Filmtechnikbranchenverbands Society of Motion Picture Engineers, eine Ausuferung der Vielfalt zu unterbinden: Die AMPAS beschloss, dass eine Branche, die von Massenproduktion, -vertrieb und -vorführung abhängig war, einheitliche Standards benötigte. Daher ordnete sie 1932 das Normalformat von 1,37:1 an.

Hollywoods 35-mm-Produktionen der nächsten zwei Jahrzehnte wurden alle mit Normalformatblende gedreht. Sie war tatsächlich so allgegenwärtig, dass das Fernsehen die Konfiguration übernahm. Aber um die Zuschauer zurückzugewinnen, die an die heimischen Bildschirme verloren gegangen waren, wandten sich die Studios bald Breitwandformaten wie Cinerama, CinemaScope, VistaVision und Todd-AO zu, die das Normalformat überflüssig machten.

Schon bei seinem Debüt mit Henry Kosters *Das Gewand* (1953) verwendete CinemaScope ein anamorphotisches Objektiv, um ein 2,55:1-Bild horizontal in ein 35-mm-Format zu pressen, während eine Ausgleichslinse die Verzerrungen bei der Projektion korrigierte. Wie in der Frühzeit des Tons gab es auch hierbei Kinderkrankheiten: Die geringeren Brennweiten verhinderten in die Tiefe gestaffelte Inszenierungen, während Schwierigkeiten bei Großaufnahmen, Kamerafahrten, Schwenks und Schnitten oft zu statischen Kompositionen führten. Trotzdem veränderte CinemaScope die Erzählformen des Kinos, denn die Regisseure reagierten darauf, indem sie die immens einflussreiche Mise-en-Scène-Technik entwickelten.

Aber obwohl weltweit ähnliche Techniken aufkamen, erwiesen sie sich als kurzlebig, nachdem in den frühen 1960er Jahren Panavision eingeführt worden war. Das Breitwandseitenverhältnis hat seither in den USA den Standardwert 1,85:1 und in Europa 1,66:1. Aber während Systeme wie IMAX weiterhin darauf setzen, Bildwelten zu schaffen, in die man immer stärker eintauchen kann, hat der Aufschwung der Digitalvideotechnik kleinere Formate gefördert, denn immer mehr Menschen sehen Filme auf tragbaren DVD-Spielern, Laptops und Telefonen. ∎

Polyvision in vollem Triptychonglanz, während einer Vorführung von Abel Gances Napoleon *(1927) mit Liveorchesterbegleitung*

„Die Studios wandten sich bald Breitwandformaten zu."

UNTEN LINKS: *Eine Szene aus Henry Kosters* Das Gewand *(1953) im Normalformat 1,33:1 und in der Breitwand-CinemaScope-Fassung 2,35:1.*

UNTEN: *Die 20 x 26 Meter große Leinwand des IMAX-Kinos am Londoner British Film Institute wirkt zusammen mit digitalem Surroundton, um die Zuschauer komplett eintauchen zu lassen und sie mitten in die Handlung zu versetzen.*

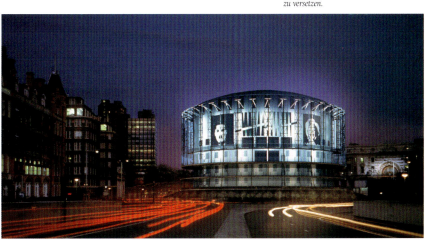

„Farbe bot Filmemachern viel mehr als Naturalismus und Schaueffekte."

OBEN: *Kameramann Christopher Doyle demonstriert die emotionale Rhetorik der Farbe in Wong Kar-Wais exquisiter Sixties-Hongkong-Romanze In the* Mood for Love *(2000).*

LINKS: *Szenenbildner Bernard Evein und Kameramann Jean Rabier setzten in Jacques Demys* **Die Regenschirme von Cherbourg** *(1964) Farbe auf zauberhafte Weise ein.*

Eine frechere, fröhlichere Welt

IDEE NR. 65
FARBE

Dorothy (Judy Garland) und die Vogelscheuche (Ray Bolger) folgen in Victor Flemings Der Zauberer von Oz *(1939) der gelben Ziegelstraße.*

Experimente mit Farbtechniken begannen in dem Moment, in dem Bilder in Bewegung gerieten. Aber erst in den 1950er Jahren entschieden sich die Hollywoodstudios eindeutig für Farbe – bei ihrem Versuch, die Zuschauer von der neuen Attraktion des Fernsehens wegzulocken.

Die ersten Filmemacher waren sich der ästhetischen und wirtschaftlichen Vorteile der Farbe vollkommen bewusst: Sie verlieh ihren Bildwelten, denen der Ton fehlte, mehr Realismus. Aber obwohl es nicht gelang, funktionstüchtiges Farbfilmmaterial zu finden, waren Filme in ihren ersten vier Jahrzehnten doch weit davon entfernt, sich auf Schwarz-Weiß beschränken zu müssen. Die Kinetoskopaufzeichnung von Annabelle Moores *Serpentine Dance* aus dem Jahr 1895 leitete die Mode des Einfärbens von Hand ein. Allerdings führte die mühselige und teure Kolorierung von längeren Produktionen wie George Méliès' *Die Reise zum Mond* (1902) zur Einführung von Schablonensystemen wie Pathécolor oder dem Handschiegl-Prozess, der in Filmen wie Erich von Stroheims *Gier* (1924) eingesetzt wurde, um durch Farbe dramatische Effekte zu verstärken.

Die Tonung war eine billigere Alternative, denn sie tauchte Szenen in einen einzigen Farbton. Es wird geschätzt, dass in den 1920ern mehr als 80 Prozent der Spielfilme, darunter auch die finsteren Meisterwerke des deutschen Expressionismus, farbige Elemente enthielten. Aber trotz der Experimente mit additiven Prozessen wie Kinemacolor (1908), subtraktiven Alternativen wie Prizma (1917) und sogar Mosaiksystemen wie Dufaycolor (1932) führten Probleme bei den Farbwerten und Sättigungsverluste bei der Projektion dazu, dass farbige Filme eine Seltenheit blieben.

Schließlich wurden die Lösungen von Herbert Kalmus und seinen Partnern bei Technicolor geliefert, deren Farbübertragungsprozess es möglich machte, Kopien von außergewöhnlicher Schärfe und Detailgenauigkeit aus Schwarz-Weiß-Matrizen zu produzieren. Der additive Zweifarbenprozess, der für den Abenteuerfilm *Der Seeräuber* (1926) mit Douglas Fairbanks verwendet wurde, bot eine gefällige, wenn auch begrenzte Farbpalette. Aber die stark verbesserte panchromatische Dreifarbennachfolgetechnik trug entscheidend zur Beliebtheit von Disney-Zeichentrickfilmen und anderen Lieblingsfilmen wie *Der Zauberer von Oz* und *Vom Winde verweht* (beide 1939) bei. Denn Technicolor bildete natürliche Farbtöne nicht einfach ab, sondern machte sie strahlender und intensiver – auf diese Weise wurde die Magie der filmischen Märchenwelt noch verstärkt.

Trotzdem führten die hohen Kosten und die restriktive Verwendungspolitik von Technicolor dazu, dass die meisten Studios in den 1950ern froh waren, auf Eastmancolor-Mehrschichtfilme zurückgreifen zu können, die ihre Farben in der Emulsion bildeten und in jeder Kamera verwendet werden konnten. Nur jeder zehnte Film wurde 1947 in Farbe gedreht. Aber schon 1954 war es jeder zweite, und im Jahr 1979 waren 96 Prozent aller amerikanischen Spielfilme farbig.

Farbe bot Filmemachern viel mehr als Naturalismus und Schaueffekte. Rot-, Orange- und Gelbtöne suggerierten Wärme und Energie, während Blau- und Grünschattierungen kühler und entspannter wirkten. Diese Kontraste ließen sich ausnutzen, um die scheinbare Tiefe eines Bilds zu verstärken, Einzelheiten innerhalb der Mise en Scène zu betonen oder sie mit symbolischer Bedeutung aufzuladen, wie James Deans rote Jacke in Nicholas Rays *...denn sie wissen nicht, was sie tun* (1955). Die Farbe verlieh Genrefilmen neue Lebendigkeit, ganz besonders den Musicals von Vincente Minnelli und Jacques Demy. Aber sie erlaubte auch eine größere künstlerische und psychologische Raffinesse bei Filmen wie Michelangelo Antonionis *Die rote Wüste* (1964), Ingmar Bergmans *Schreie und Flüstern* (1972) und Wong Kar-Wais *In the Mood for Love* (2000).

Farbe ist ein solches Schlüsselelement des modernen Spielfilms, dass in den 1980ern Versuche gemacht wurden, Schwarz-Weiß-Klassiker nachzukolorieren, um ihre Vermarktbarkeit zu verbessern. Darüber hinaus ist im Lauf der Entwicklung computergenerierter Bilder die Farbe als Mittel zur Erschaffung von Phantasielandschaften und exotischer Kreaturen sogar noch bedeutsamer geworden. Aber zu viele Regisseure pflegen einen dekorativen Umgang mit Farbe, sodass ihr volles filmisches Potential bis heute unverwirklicht geblieben ist. ■

Im Rausch der Tiefe

IDEE NR. 66
3-D

Der aus Ungarn stammende Regisseur André De Toth hatte nur ein Auge und konnte daher die 3-D-Effekte, die er für Das Kabinett des Professor Bondi *(1953) schuf, selbst nicht würdigen.*

Keine Filmtechnologie ist so oft zur Zukunft des Kinos ausgerufen worden wie 3-D. Aber in den ersten Jahrzehnten des 21. Jahrhunderts könnte die Zeit des 3-D tatsächlich endlich gekommen sein.

J. C. d'Almeida projizierte die ersten dreidimensionalen Bilder aus zwei Laternae magicae im Jahr 1856. Aber trotz der Bemühungen von William Friese-Greene und William K. L. Dickson in den 1890ern wurde Louis Lumières *L'arrivée d'un train à La Ciotat* 1903 der erste 3-D-Film, obwohl unklar bleibt, ob Lumière diese Wirkung über die Verwendung eines einzigen anaglyphischen Zweifarbenfilmstreifens oder durch zwei synchronisierte Projektoren mit Farbfiltern erzielte.

Verschiedene amerikanische Verfahren wurden im Lauf der nächsten Jahre getestet. 1922 vollendete Harry K. Fairall den ersten 3-D-Spielfilm, *The Power of Love,* während Pathé mit stereoskopischen Kurzfilmen wie *Zowie* (1925) gewissen Erfolg hatte. Aber Ton und Farbe hatten zu jener Zeit in Hollywood Vorrang, und Fortschritte in der Dreidimensionalität blieben auf deutsche Ausnahmen wie *Zum Greifen nah* (1937) und den sowjetischen Spielfilm *Robinzon Kruzo* (1947) beschränkt, bei dem Semion Iwanows einzigartiges „Parallax-Stereogram"-System verwendet wurde.

Avantgardisten wie Oskar Fischinger (*Stereo Film,* 1952) und Harry Everett Smith (*Number 6,* 1950-51) waren die ersten, die sich beim Festival of Britain 1951 von dem hochmodernen Telekinemakino inspirieren ließen, in dem 3-D-Filme vorgeführt werden konnten. Arch Oboler, ein Independentregisseur aus Hollywood, war so davon beeindruckt, dass er das Dschungelabenteuer *Bwana, der Teufel* im November 1952 in „Natural-Vision"-Technik herausbrachte. Dessen Erfolg an den Kinokassen veranlasste die Studios im Jahr 1953 dazu, 60 3-D-Filme zu produzieren.

Die meisten Filme waren Genrestücke, bei denen die Stereoskopie nicht unbedingt dazu verwendet wurde, die Zuschauer in die Handlung eintauchen zu lassen – vielmehr wurden sie mit Objekten bombardiert, die scheinbar aus der Leinwand heraustraten. Aber André De Toths *Das Kabinett des Professor Bondi*, MGMs Cole-Porter-Musical *Küss mich, Kätchen!* (beide 1953) und Alfred Hitchcocks *Bei Anruf Mord* (1954) gelang es besser als den meisten anderen Filmen, die Effekte in die Erzählung einzugliedern, während in B-Movies wie *Gefahr aus dem Weltall* (1953) in effekthascherischer Weise Meteore, Brandpfeile und unterirdische Monster eingesetzt wurden.

Die 3-D-Mode erwies sich allerdings als kurzlebig. Kritiker verurteilten ihre technischen Mätzchen, während den Zuschauern das Tragen von Rot-Grün-Polarisationsbrillen und die mangelhafte Helligkeit und Synchronisation zunehmend auf die Nerven gingen. Darüber hinaus verursachten 3-D-Filme hohe Produktions- und Vertriebskosten, und viele mussten noch einmal in flachen Versionen herausgebracht werden, um den Aufwand wieder einzuspielen. Französische, niederländische, deutsche, italienische, ungarische, sowjetische, japanische und mexikanische Vorstöße schlugen in ähnlicher Weise fehl. Infolgedessen blieb 3-D auf Science-Fiction (*The Bubble,* 1966), Sexploitation (*The Stewardesses,* 1969) und Schund (*Andy Warhol's Frankenstein,* 1973) beschränkt, bis *Und wieder ist Freitag der 13.* (1982) und *Der weiße Hai 3* (1983) zu einem neuen Miniboom an den Kinokassen beitrugen.

Digitale Systeme wie IMAX 3D, RealD und Sonys 4K haben allerdings seit Mitte der 2000er Jahre die Stereoskopie verändert, denn die Studios investierten in Spektakel, die darauf abzielten, Piraterie und Rezession gleichzeitig zu bekämpfen. Tatsächlich durchliefen viele Spielfilme eine Umwandlung in 3-D, um ihre Attraktivität zu steigern. Aber obwohl geachtete Filmemacher wie Martin Scorsese, Werner Herzog und Ridley Scott ebenfalls mitmachten, waren die Kritiker nur so selten so beeindruckt wie das Publikum. ■

OBEN: *Die neue Generation von 3-D-Verfahren platziert die Zuschauer im Herzen des Geschehens und hat das interaktive Kino näher denn je gebracht.*

UNTEN: *Nachdem er 15 Jahre lang gewartet hatte, bis die Technologie seine Vision von* **Avatar** *(2009) eingeholt hatte, entwickelte James Cameron die Fusion-Kamera, um reale Handlung in 3-D zu filmen.*

Der (finanzielle) Reiz des Kosmopolitismus

IDEE NR. 67
KOPRODUKTION

Ang Lees oscarprämierter Film Tiger & Dragon *(2000) wurde von Unternehmen aus Taiwan, Hongkong, China und den Vereinigten Staaten koproduziert.*

Obwohl er auf jede Form finanzieller, kreativer oder technischer Partnerschaft angewendet werden kann, wird der Begriff „Koproduktion" primär für Filme benutzt, die von zwei oder mehreren Ländern finanziell gefördert werden. In vielen Fällen wird eine solche Allianz geschmiedet, um Amerikas Vorherrschaft an den Kinokassen herauszufordern. Aber Hollywood beteiligt sich auch selbst aktiv an Koproduktionen.

Die Filmgeschichte ist größtenteils entlang nationaler Traditionen geschrieben worden. Trotzdem haben Koproduktionen eine immer bedeutendere Rolle gespielt, seit die österreichische Firma Wiener Autorenfilm im Jahr 1913 den französischen Branchenriesen Pathé um Hilfe bei *Das Geheimnis der Lüfte* gebeten hatte. In Hollywood wurden Koproduktionen aktiv gefördert, seit Paramount und MGM 1925 den Filmverleih Parufamet gemeinsam mit der UFA gegründet hatten, um diese nach dem Scheitern von Carl Laemmles Initiative „Film Europe" aus einer finanziellen Krise zu helfen. In der Tat gründeten in der frühen Tonfilmära mehrere Hollywoodstudios Niederlassungen in Europa, um mehrsprachige Versionen von Prestigefilmen zu produzieren, wobei lokale Stars engagiert wurden, um die Vermarktungsaussichten zu verbessern.

Aber erst, als die Paramount Decrees von 1948 die Krise verschärften, die von Zuschauerschwund und Kostensteigerungen ausgelöst worden war, hieß Hollywood Koproduktionen wirklich willkommen, insbesondere mit Italien. Im Ausland gedrehte Filme wie Mervyn LeRoys *Quo Vadis?* (1951) und William Wylers *Ein Herz und eine Krone* (1953) machten nicht nur bislang gesperrte Guthaben verfügbar, sondern gaben den Studios auch die Möglichkeit, lokale Subventionen, exotische Drehorte und billige, nicht gewerkschaftlich organisierte Arbeitskräfte zu nutzen. Darüber hinaus öffneten diese Auslandsproduktionen auch europäische Märkte, die vorher durch Schutzquoten abgeschirmt worden waren, und führten zum Import neuer Stars wie Sophia Loren.

Während zu Hause Sorgen um den Fortbestand von Hollywoods Status als Welthauptstadt des Films laut wurden, erhoben sich allerdings in Europa Proteste gegen den amerikanischen Kulturimperialismus. Ermutigt von der Gründung des gemeinsamen Markts, begannen Staaten daher, Koproduktionsverträge zu unterzeichnen, sodass der Anteil der Gemeinschaftsproduktionen in den zehn Jahren nach 1955 von 10 auf 40 Prozent anstieg und 1965 zwei Drittel aller französischen Filme zu einem gewissen Grad koproduziert waren. Die Mehrheit dieser Spielfilme wurde als „Europudding" abgelehnt. Erdacht, um jeden Geschmack zu treffen, waren sie so kosmopolitisch, dass sie niemandem gefielen: Zu viele Szenen wurden an Touristenorten gedreht, um vertragliche Verpflichtungen zu erfüllen, während Stars aus den teilnehmenden Ländern dümmliche Kurzauftritte übernahmen, um heimische Fans anzulocken. Aber neben Sandalenactionfilmen, Spaghettiwestern, Kriegsrekonstruktionen, Spionagepossen, Gaunerkomödien und Erotikhorror wurde auch der Kunstfilm von fremder Währung abhängig – Frederico Fellini, Michelangelo Antonioni, Luchino Visconti, Ingmar Bergman, François Truffaut, Claude Chabrol und Jean-Luc Godard führten alle bei mehreren Koproduktionen Regie, wobei der letztgenannte in *Die Verachtung* (1963) sogar das ganze schmutzige Geschäft verspottete.

Allerdings hielten Koproduktionen nicht nur bereits existierende Filmindustrien am Leben. Sie stützten auch aufkeimende Traditionen in Afrika, Asien und Lateinamerika, sowohl bei der Produktion politisch gehaltvoller Studien zur Kolonialerfahrung durch das Dritte Kino als auch bei Genreware wie Kampfsportfilmen. Seit den 1980ern haben sich Fernsehsender wie Canal+, RAI (Radiotelevisione Italiana), Channel 4 und HBO (Home Box Office) als entscheidende Quelle für Koproduktionseinnahmen erwiesen. Aber obwohl Koproduktionen in den letzten zwei Jahrzehnten mehr als die Hälfte aller Preisträger bei den wichtigen Festivals gestellt haben, werden sie doch immer noch mit Misstrauen betrachtet. ∎

Regisseur William Wyler weigerte sich, den Film Ein Herz und eine Krone *(1953) auf dem Paramount-Studiogelände aufzunehmen; er wurde als erster amerikanischer Film vollständig in Italien gedreht.*

Das Wagenrennen in **Ben Hur** *(1959) wurde in einer Nachbildung des Circus Maximus gefilmt, die 7 Hektar des Cinecittàstudiogeländes einnahm – das größte Freiluftszenenbild seiner Zeit.*

Geschichte groß geschrieben – sehr groß

IDEE NR. 68
MONUMENTALFILME

Sie griffen auf althergebrachte literarische Traditionen zurück, boten aber auch noch nie dagewesene (audio-)visuelle Größenordnungen: Monumentalkinofilme waren schon seit den 1910er Jahren beim Publikum beliebt, weil sie (um Präsident Woodrow Wilsons Worte zu paraphrasieren) Geschichte mit Blitzstrahlen schreiben.

Die ersten Monumentalfilme wurden in Italien produziert; sie inspirierten rivalisierende Filmemacher und verführten die Mittelschicht dazu, ins Kino zu gehen. Darüber hinaus führten spektakuläre Monumentalfilme wie Mario Caserinis *Die letzten Tage von Pompeji* (1913) den Spielfilm ein und schmiedeten eine dauerhafte Verbindung des Genres zur antiken und biblischen Welt. Allerdings sollten Monumentalfilme wie Raoul Walshs *Der Dieb von Bagdad*, Erich von Stroheims *Gier* (beide 1924) und Cecil B. DeMilles *Der König der Könige* (1927) bald eine große Bandbreite von historischen, phantastischen und zeitgenössischen Themen erkunden. Diese Filme waren mehr als reine Filmereignisse: Sie liefen in einem Trommelfeuer von Werbung an, rühmten sich speziell in Auftrag gegebener Filmmusik und trugen auch dazu bei, Erzähltechniken zu verfeinern, ein neues Bewusstsein für historische Genauigkeit zu fördern und populäre Vorurteile über Religionen, Nationen, Dynastien und Reiche zu stärken.

Solche „Schicksalsfilme" erlaubten es Hollywood, den Weltmarkt zu dominieren, denn nur wenige Filmnationen konnten mit den prachtvollen Dekorationen und Kostümen, den Tausenden von Mitwirkenden und den effekthascherischen Ausstattungsstücken mithalten. Allerdings geriet der Monumentalfilm in den zwei Jahrzehnten nach der Einführung des Tonfilms in eine Wartestellung, denn die Studios konzentrierten sich auf prestigeträchtige Literaturverfilmungen, Filmbiografien und Mantel-und-Degen-Abenteuer. Aber obwohl die gesteigerte Intimität und der allegorische Subtext der Monumentalfilme bemerkenswert waren, wurden ihre Themen mythologisiert, genauso wie in europäischen Filmen im Stil von Sergei Eisensteins *Iwan, der Schreckliche* (1944), einem der ersten Monumentalfilme, in dem die dunklere Seite des Protagonisten erkundet wurde.

Gegensätzliche patriotische Sichtweisen haben so unterschiedliche Nationalepen wie Mehboob Khans *Mother India* (1957), Sergei Bondartschuks *Krieg und Frieden* (1967) und Edgar Reitz' *Heimat* (1984–2006) angeregt. Roberto Rossellini entwickelte hingegen für antimonumentale Fernsehfilme wie *L'età di Cosimo de Medici* (1973) eine metahistorische Form des Neorealismus. Aber abgesehen von ungewohnten Ausflügen ins eigene Land wie *Das war der wilde Westen* (1962), neigte Hollywood dazu, Anleihen beim Erbe anderer zu machen, um neue Techniken wie Farbe, Breitwand und Stereoton in den Auslandsproduktionen, Neuverfilmungen und Koproduktionen vorzuführen. Diese belebten den Monumentalfilm in der Zeit des Kalten Kriegs neu – für Zuschauer, die Trost in der Religion und Beruhigung durch die Supermacht suchten.

Allerdings erwies es sich nach dem Misserfolg von Joseph L. Mankiewicz' *Cleopatra* (1963) als schwierig, Erfolge wie DeMilles *Die zehn Gebote* (1956) und William Wylers *Ben Hur* (1959) zu wiederholen. Tatsächlich sollten vier Jahrzehnte vergehen, bevor Ridley Scotts mit computergenerierten Bildern aufgebesserter *Gladiator* (2000) die Überzeugungskraft der Antike an den Kinokassen wiederherstellte. ∎

GANZ OBEN: *Plakat für* Mother India *(1957), Mehboob Khans Hindi-Epos über ländlichen Fortschritt, das Indien seine erste Oscarnominierung einbrachte*

OBEN: *Nikolai Tscherkassow in Sergei Eisensteins* Iwan, der Schreckliche *(1944), einem allegorischen Monumentalfilm über heldenhafte Menschenführung, der die Zuschauer in Kriegszeiten inspirieren sollte.*

Jenseits des Produktionskodex

IDEE NR. 69
EXPLOITATION

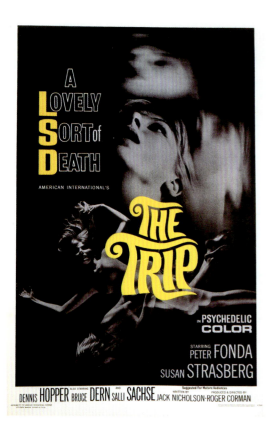

OBEN: Der Tod hat schwarze Krallen (1957), von AIP für nur 82000 Dollar produziert, spielte mehr als 2 Millionen Dollar ein und leitete die Mode des „Camp"-Horrors ein.

UNTEN: Nach vier Ablehnungen erteilte die britische Zensur The Trip, Roger Cormans LSD-Saga von 1967, im Jahr 2004 endlich eine Zulassung.

Ursprünglich eine Bezeichnung für Filme, die sich an spezielle Zielgruppen richteten und zusätzliche Werbemaßnahmen benötigten, wurde „Exploitation" später für Billigproduktionen mit gewagten Themen außerhalb des Mainstream verwendet. Obwohl der Begriff heute auf sensationshascherische B- bis Z-Movies angewandt wird, die sich an einen Markt von Fangemeinden richten, trugen Exploitationfilme dazu bei, Hollywood neu zu erfinden und Kultgenres weltweit zu etablieren.

Trotz der Beliebtheit amerikanischer Spielfilme wie *Seelenhändler* (1913) oder *Damaged Goods* (1914) und deutscher Aufklärungsfilme wie *Hyänen der Lust* (1919) wurden frühe Exploitationfilme streng zensiert. Ihre typischen Themen wie Nacktheit, weiße Sklaven, Sexualhygiene und Drogenmissbrauch standen ganz oben auf den Listen der Tabuthemen, die in Hollywood zwischen 1921 und 1934 erstellt wurden. Infolgedessen sprangen Unternehmer aus dem Jahrmarktgeschäft in die Bresche.

Die erfolgreichsten dieser „Vierzig Räuber" waren Samuel Cummins, Dwain Esper, J. D. Kendis, Willis Kent und Louis Sonney, die bis in die 1950er Jahre Gewinne mit Filmen machten, die Anthropologie, die Freikörperkultur, Geschlechtskrankheiten, Drogen, Kriminalität und Laster anschnitten und oft mit einem Begleitvortrag oder -buch vorgeführt wurden. Trotz ihrer ungelenken Drehbücher, achtlosen Kameraführung und hölzernen Darstellerleistungen zogen sie dank ihres „aufklärerischen" Inhalts beträchtliche Zuschauermengen in die Schmuddelkinos.

Streifen wie Edgar G. Ulmers Gefängnisdrama *Girls in Chains* (1943) und Kroger Babbs Schulmädchenschwangerschaftsschocker *Falsche Scham* (1945) – die angeblich 100 Millionen Dollar einspielten – wurden mit dem Vermerk „Nur für Erwachsene" angekündigt. Aber die Exploitationfilme richteten sich eindeutig an das neue, jugendliche Publikum und füllten die Lücken, die die Paramount Decrees und das Fernsehen hinterlassen hatten.

William Castle, der die Sehnsucht nach Neuem erkannte, wurde mit Hilfe von Tricks wie Percepto-Vibrationssesseln oder im Dunkeln leuchtenden Emergo-Skeletten, die über dem Publikum schwebten, zum „König der Kunst-

Snakes on a Plane *(2006) fand so lebhafte Anteilnahme bei der Fangemeinde, dass New Line Vorschläge aus dem Internet aufgriff und zusätzliche Filmszenen drehte.*

griffe". Aber James H. Nicholson und Samuel Z. Arkoff von American International Pictures (AIP) erfassten in dem Jahrzehnt zwischen zwischen Herman Cohens *Der Tod hat schwarze Krallen* (1957) und Roger Cormans *The Trip* (1967) die Stimmung der Gegenkultur am besten. AIP versorgte das Publikum der Autokinos und Mitternachtsmatineen und führte die Taktiken des zielgruppenorientierten Marketings und der flächendeckenden Kinostarts ein, die später von den Studios für ihre Blockbuster übernommen wurden. Darüber hinaus gab Corman Regisseuren vom Rang eines Francis Ford Coppola, Martin Scorsese oder John Sayles ihre ersten Chancen und führte neue Stars wie Jack Nicholson ein.

Exploitation veränderte auch die Genrelandschaft, denn Science-Fiction-, Horror- und Machoactionfilme erlangten Bekanntheit und trugen dazu bei, den Produktionskodex zu untergraben, ebenso wie die Sexploitationsoftpornos, die nach dem Vorbild von Roger Vadims *...und ewig lockt das Weib* (1956) gedreht wurden, und die blutrünstigen Hommagen an Alfred Hitchcocks *Psycho* (1960), die David F. Friedman und Herschell Gordon Lewis erdachten.

Bald schlug die Exploitation überall Wellen: Australische Außenseiterproduzenten wie Antony I. Ginnane spiegelten mit „Ozploitation" die Haltung der Blaxploitation, und der erotische Eurohorror von Jesus Franco und Jean Rollin fand sein Echo in der „Latsploitation" der Lateinamerikaner José Mojica Marins und Alejandro Jodorowsky. Nonnen, Nazis, Motorradfahrer, Samurai, Kampfsportler, Serienmörder und Vollstrecker von Selbstjustiz wurden die neuen Antihelden des Videozeitalters. In letzter Zeit hat die „Shocksploitation" der Political Correctness getrotzt und ist immer drastischer geworden. Aber immer noch stürzen sich Filmfreaks darauf, die von Fanzines, Kongressen und Internetseiten geeint werden. Deren Meister, Quentin Tarantino, bescherte der Exploitation mit Hits wie *Reservoir Dogs* (1992) und *Pulp Fiction* (1994) endlich das Kritikerlob und den Kassenerfolg, nachdem sie immer gestrebt hatte. ■

Demnächst im Kino ...

Trailer für Julien Duviviers Pépé le Moko *(1937)*

IDEE NR. 70
TRAILER

Die Werbetrommeln waren lange entscheidend für Kinoerfolge. Seit den Jahrmarkttagen des Kinos sind die Techniken vielleicht raffinierter geworden, aber Werbung – vor allem in Form kurzer Trailer, die bald anlaufende Attraktionen ankündigen – spielt immer noch mit der Begeisterung des Publikums für Neues, Berühmtes und Vertrautes.

Filmemacher haben lange gebraucht, um den Reiz bewegter Bilder wirklich auszunutzen. Außer den Erwähnungen in Verleihkatalogen war die einzige Werbung für neu anlaufende Filme von Nickelodeonbesitzern ersonnen: Mit Leuchtreklamen, handgemachten Plakaten, Schaufensterwerbung, Straßenbahnreklame, marktschreierischen Ausrufern und plärrender Musik lockten sie Kundschaft in Räumlichkeiten, die passend zum neuesten Filmstart dekoriert waren. Das Aufkommen der ersten Filmstars um 1910 brachte Mutual und Universal dazu, eigene Werbeabteilungen einzurichten, die PR-Strategien entwarfen und Werbeanzeigen und Pressemappen für Amerikas gierige Zeitungen und Fanzines produzierten.

Aber während sich die studioeigenen Kinoketten an das Familienpublikum richteten, entschieden sich unabhängige Lichtspielhäuser für stärker sensationsorientierte Werbemethoden. Einige griffen sogar auf illegale Glücksspiele wie Screeno und Bank Night zurück, um die Zuschauerzahlen während der Weltwirtschaftskrise in die Höhe zu treiben. Nach Beschwerden von religiösen Gruppierungen wurde 1930 ein Werbekodex erlassen, um einheitliche Standards durchzusetzen.

Auch Trailer waren streng reguliert. Anders als ein Mythos es will, wurden diese kurzen Vorschauen auf bevorstehende Attraktionen nicht eingeführt, um die Stammkunden der Filmpaläste aus den kontinuierlichen Programmen zu vertreiben. Tatsächlich führte Georges Méliès die erste Werbefilmrolle 1898 vor dem Théâtre Robert-Houdin in Paris vor, und in den Vereinigten Staaten wurden Trailer gebräuchlich, nachdem Famous Players 1916 Vorschauclips aus *The Quest of Life* gezeigt hatte. Drei Jahre später gründete Paramount Hollywoods erste spezielle Trailerabteilung. Die meisten übrigen Studios vertrauten allerdings im folgenden Jahr ihre Produktion dem New Yorker National Screen Service (NSS) an.

Der NSS-Stil war etwas behäbig und umfasste einen „Stimme-Gottes"-Erzähler, der gutgelaunt Filmschnipsel, grafisch gestaltete Slogans und Glamourporträts der Stars miteinander verband. Regisseure wie Cecil B. DeMille und Alfred Hitchcock durften gelegentlich ihre eigenen Trailer zusammenstellen. Aber die NSS-Pakete stellten Produzenten wie Zuschauer gleichermaßen zufrieden, bis das Studiosystem sich in den 1950ern aufzulösen begann und Schauspieleragenten und PR-Berater anfingen, vorzuschreiben, wie ihre Klienten in den Medien präsentiert werden sollten. Darüber hinaus mussten Einzelfilme nach dem Ende der Blockbuchungen aus eigener Kraft bestehen, und Trailer wurden wichtiger denn je, um schon vor dem Filmstart Aufmerksamkeit zu erregen.

1960 trennte sich Columbia vom NSS, um seine Trailer selbst zu bearbeiten. Aber Spezialfirmen wie Kaleidoscope beherrschten bald das Feld, denn Trailer für *Dr. Seltsam, oder wie ich lernte, die Bombe zu lieben* (1963) und *Die Nacht des Leguan* (1964) führten einen raffinierteren Stil ein, der eher Stimmungen als Übertreibungen betonte (obwohl sich viele immer noch auf das bewährte Format Höhepunkte-plus-Off-Text verließen). Inzwischen unter der Aufsicht der Motion Picture Association of America, haben Trailer in der Blockbusterära einen neuen Verbreitungsweg im Fernsehen gefunden, wobei die Produzenten den Montagestil der Musikvideos übernehmen, um das immer jugendlichere Kinopublikum anzusprechen. Tatsächlich hat der Trailer dank dieser Anpassungsfähigkeit bis ins Digitalzeitalter der DVDs, Internetseiten, Downloads und Apps seine Wirksamkeit behalten. ∎

„Trailer wurden wichtiger denn je, um schon vor dem Filmstart Aufmerksamkeit zu erregen."

OBEN: *Alfred Hitchcock konfrontierte einen amüsanten Fünf-Minuten-Vortrag mit einem Abschlussschock, um* **Die Vögel** *(1963) anzukündigen.*

UNTEN: *Zigarettenbilder waren eine billige und wirkungsvolle Reklame für Filmstars. Auf der ganzen Welt wurden in den 1920ern und 1930ern Hunderte Serien herausgegeben.*

CLARK GABLE · JEANETTE MAC DONALD

CLAUDETTE COLBERT

ALICE FAYE

Ingmar Bergman nutzte die Fragilität von Zelluloid für metaphorische Zwecke: In **Persona** (1966) bleibt ein Bild stehen, gerät in Brand und schmilzt.

Die vergänglichste Kunst bewahren

IDEE NR. 71
SICHERHEITSFILM

Von den 21 000 Spielfilmen, die vor 1951 in den Vereinigten Staaten produziert wurden, hat nur die Hälfte überlebt. Sie wurden auf gefährlich leicht entflammbarem und sehr instabilem Zellulosenitrat gedreht. Eastman Kodak führte 1909 eine Alternative aus schwer entflammbarem Zelluloseacetat ein, aber es dauerte noch vier Jahrzehnte, bis die Branche schließlich zu Sicherheitsfilm überging.

OBEN: Bill Morrison verwendete in Decasia (2002) Nitratfilm, um materiellen Niedergang, die Vergänglichkeit des Lebens und die Unbeständigkeit des Gedächtnisses zu erkunden.

UNTEN: Mélanie Laurent benutzt in Quentin Tarantinos Inglourious Basterds (2009) brennbares Filmmaterial, um ihr Kino in die Luft zu jagen und Hitler mit seinen Gefolgsleuten umzubringen.

John Carbutt, Hannibal Goodwin und Henry Reichenbach trugen zur Entwicklung des Zelluloids bei, aber es war George Eastmans Firma Kodak, die von seiner Markteinführung im Jahr 1889 profitierte. Die ersten orthochromatischen Filme produzierten strahlende Bilder. Aber das Trägermaterial für die Emulsion, die die lichtempfindlichen Silbersalze enthielt, neigte schon bei Temperaturen von nur 40°C dazu, sich zu entzünden und verströmte beim heftigen Auflodern giftige Gase. Aber obwohl bei einem Wohltätigkeitsbasar 1897 in Paris 180 Menschen ums Leben kamen und 1927 im Laurier-Palace-Kino in Montreal 77 Kinder starben, bevorzugten Filmemacher weiterhin Nitrat, weil es biegsamer und leichter zu kleben war, weniger zu Schrumpfen oder Wellenbildung neigte und länger haltbar war als Acetat. Darüber hinaus konnte man mit den neuen panchromatischen Filmen detail- und kontrastreiche Schwarz-Weiß-Bilder erzielen.

1948 stieg Eastman Kodak auf verbesserte Sicherheitsfilme auf Triacetatbasis für die Filmindustrie um, und innerhalb von vier Jahren hatte sich die weltweite Produktion auf das neue Format umgestellt. Aber bald wurde offensichtlich, dass sich überall in den Studiokellern verrottende Filme stapelten. Anfangs begann das Nitratmaterial zu schrumpfen, sodass die kürzer werdende Entfernung zwischen den Perforationslöchern die Projektion unmöglich machte. Dieser Abbauprozess verursachte den Austritt von Stickstoffdioxid, das mit dem Wasser aus der Gelatine reagierte und salpetrige beziehungsweise Salpetersäure bildete, die die Salze in der Emulsion zersetzte und die Bilder zerstörte. Die sich braun verfärbenden Filmrollen wurden immer klebriger und damit immer schwerer zu entrollen, während die Bildung einer bröckeligen Kruste der Vorbote ihrer letztendlichen Zersetzung zu weißem Pulver war.

Archivbrände reduzierten das Kinoerbe im Lauf des nächsten halben Jahrhunderts noch weiter. Aber obwohl Zellulosetriacetat, Zellulosepropionat und Zellulosebutyrat die Risiken der Herstellung, Lagerung und Vorführung von Filmen minderten, brachten sie doch eigene Probleme mit sich. Mit der Ausnahme von Technicolor verblassten die Farben mit alarmierender Geschwindigkeit, während das „Essigsyndrom" und andere anhand ihres Geruchs nach ranziger Butter oder Fisch klassifizierte Zerfallsprozesse die physische Zustandsverschlechterung verrieten.

In den 1990ern wurde Polyester eingeführt, das wegen seiner Festigkeit zwar ideal für die Projektion, aber wegen der Wahrscheinlichkeit von Kamerabeschädigungen weniger für Dreharbeiten geeignet war. Sogar die digitale Konservierung hat ihre Nachteile, denn sie ist nicht nur teuer, sondern die verschiedenen Bits und Bytes sind auch anfällig für „digitalen Zerfall", da Hard- und Software gleichermaßen rasch veralten. Es wird geschätzt, dass rund 80 Prozent der zwischen 1890 und 1930 gedrehten Filme bereits unwiderruflich verloren sind. Aber selbst wenn ausreichende finanzielle Mittel zur Verfügung stünden, um die erhaltenen Nitrat- und Acetatfilme zu retten, wären die digitalen Kopien doch mehrere Generationen von den Originalnegativen entfernt, und nur ein Bruchteil würde je gesehen werden – sogar Wissenschaftler machen sich nur selten auf die Suche nach den vergessenen Juwelen, die vielleicht die Kinogeschichte neu schreiben könnten. ∎

Eine lebendige Tradition erschaffen

IDEE NR. 72
DIE CINÉMATHÈQUE FRANÇAISE

Die Regisseure Claude Chabrol und Jean-Luc Godard verlangen Henri Langlois' Wiedereinstellung, nachdem ihn Kulturminister André Malraux im Februar 1968 aus der Cinémathèque entlassen hatte.

Auch wenn sie nicht das älteste Filmarchiv oder Programmkino der Welt ist, ist die Cinémathèque Française in Paris doch seit langem das berühmteste. Ohne die Bemühungen ihres lebensfrohen Mitgründers Henri Langlois und anderer geistesverwandter Kinofreunde würden wir weitaus weniger über die Frühzeit des Kinos wissen.

Louis Lumière hat angeblich gesagt: „Das Kino ist eine Erfindung ohne Zukunft". Das war sogar eine weitverbreitete Ansicht. Auch wenn zur Sicherung der Urheberrechte Papierabzüge an die Library of Congress geschickt wurden, sind die allermeisten frühen Filme zerstört worden, weil man ihnen keinen langfristigen kommerziellen oder kulturellen Wert beimaß. Der Kritiker Ricciotto Canudo war allerdings der Meinung, dass bewegte Bilder einen künstlerische Wert hätten, gründete 1920 in Paris CASA (den Klub der Freunde der siebten Kunst) und ließ sich auf erbitterte Theoriedebatten mit Louis Delluc ein, dessen „Ciné-club" seine Vorführungen um Vorträge und Veröffentlichungen ergänzte.

Genau dieser Geist der Kinoleidenschaft brachte Langlois, Georges Franju, Paul-Auguste Harlé und Jean Mitry dazu, im September 1936 die Cinémathèque Française und zwei Jahre später die Fédération Internationale des Archives du Film zu gründen. Ähnliche Institute entstanden in New York, London und Berlin. Anfangs suchte Langlois nach Werken der Leinwandpioniere, aber die banausenhafte Aussonderung von Stummfilmen nach dem Aufkommen des Tons überzeugte ihn davon, wahllos alle Werke zu retten. Seine Sammlung wuchs im Krieg weiter an, als er verbotene Kopien vor den Nazibesatzern rettete.

Die Erhaltung spielte für Langlois trotzdem immer eine kleinere Rolle als die Vorführung. Zu einer Zeit, in der Filme nur auf der großen Leinwand zu sehen waren, verschmähte er die neu anlaufenden Filme, um vergessene Schätze wieder zum Leben zu erwecken und dem Publikum vernachlässigte Stars und Regisseure wieder nahezubringen. Indem er fragile Nitratkopien vorführte und sie unter nicht gerade idealen Bedingungen hortete, brachte er Archivarkollegen gegen sich auf. Trotzdem waren die Klassikervorführungen in dem 50-sitzigen Auditorium an der Avenue de Messines Lehrveranstaltungen für einige der Großen des französischen Kinos, von Jean Renoir und Robert Bresson bis zu den Cineasten der Nouvelle Vague. Darüber hinaus öffnete Langlois seine Gewölbe für Institutionen aus aller Welt und trug so dazu bei, den Kunstfilm zu popularisieren und den Film als wissenschaftliches Fach zu etablieren.

Trotz seines brillanten Talents als Programmmacher wurde Langlois vorgeworfen, er habe die Beteiligung der Cinémathèque am Kampf gegen die Nitratzersetzung verzögert, indem er knappe Gelder in sein Musée du Cinéma im Pariser Palais de Chaillot umlenkte. Dessen Ausstellungen wurden auf der ganzen Welt nachgeahmt, obwohl sein Aufgebot antiker Apparate, Kulissen, Kostüme, Requisiten, Drehbücher, Plakate und Dokumente praktisch einzigartig blieb. Seit seinem Umzug in den Parc de Bercy im Jahr 2005 bietet das Museum Besuchern wie Wissenschaftlern wertvolle Bildungsangebote.

Eine Kombination aus Gleichgültigkeit der Filmbranche und der Weigerung, die untragbaren Lagerkosten für Filme mit begrenzten Marktchancen zu übernehmen, hat dazu geführt, dass mehr als 80 Prozent aller Filme, die zwischen 1895 und 1930 produziert wurden, verloren gingen, während von den vor 1951 auf Nitratmaterial gedrehten Filmen nur die Hälfte überlebt hat. Die Kampagne „Nitrate Won't Wait" sorgte in den 1980ern dafür, dass viel Filmmaterial auf Sicherheitsfilm überspielt wurde. Aber diejenigen, die mit der Digitalisierung der Archive befasst sind, sehen sich jetzt verblassten Farben auf Acetatkopien gegenüber, die außerdem zum Essigsyndrom neigen. Es ist traurig, dass Werke von Ernst Lubitsch, Friedrich Wilhelm Murnau, Alfred Hitchcock und Josef von Sternberg für immer verloren sind. Aber ohne die 40 000 Filme der Cinémathèque-Sammlung hätte die Verlustliste bedeutend länger sein können. ∎

„Langlois verschmähte neu anlaufende Filme, um vergessene Schätze zum Leben zu erwecken."

Nach einer unsteten Existenz fand die Cinémathèque Française in der Rue de Bercy 51 eine dauerhafte, von dem amerikanischen Architekten Frank Gehry entworfene Heimstatt.

Festivalfieber

IDEE NR. 73
CANNES

Vielleicht ist es nicht das älteste, aber auf jeden Fall ist das Festival de Cannes das wichtigste Filmfestival. Dieses jährliche Ereignis an der französischen Riviera hat das Kino dadurch verwandelt, dass hier eine Vielzahl bedeutender Filme zum ersten Mal gezeigt wurden, aber auch dadurch, dass zahllose karrierefördernde Geschäfte am „Le Marché" abgeschlossen wurden.

Dieses Plakat für das Festival von 1953 zeigt das ursprüngliche Festivalpalais, das 1949 an der Croisette eingeweiht und 1988 abgerissen wurde.

Die Wurzeln der Festivals liegen in den „Ciné-clubs" und Filmvereinen, die in den 1920ern außerhalb von Amerika als Antwort auf Hollywoods wachsende Vorherrschaft auf dem Weltmarkt gegründet wurden. In Europa lag der Schwerpunkt auf fremdsprachigen Klassikern, Dokumentarfilmen und experimentellen Werken. In Entwicklungsländern dagegen waren solche Institutionen oft der einzige Vertriebskanal für einheimische Spielfilme. Da viele Cineasten auch Möchtegernregisseure waren, begannen sie, sich bei internationalen Konferenzen zu Vorführungen und Diskussionen zu treffen. Auf diese Weise konnten sich die neuesten technischen, theoretischen und stilistischen Innovationen verbreiten.

Der italienische Diktator Benito Mussolini rief 1932 das Filmfestival in Venedig ins Leben, um für die Leistungen der faschistischen Filmindustrie zu werben. Kurz darauf wurde das Filmfestival in Cannes gegründet – als Reaktion darauf, dass Jean Renoirs pazifistisches Meisterwerk *Die große Illusion* (1937) von einer politisch motivierten Jury ignoriert worden war. Die französische Eröffnungsfeier wurde nach dem deutschen Einmarsch in Polen 1939 abgesagt, und die Neubelebung nach dem Krieg erlitt einige Fehlstarts. Aber 1951 war das Festival de Cannes etabliert, und drei Jahre später durchtränkte der Oben-ohne-Flirt des Starlets Simone Silva mit Robert Mitchum das Festival mit skandalumwittertem Glamour, der es seither zum Paradies der Paparazzi macht. Die Einführung der Goldenen Palme als Preis für den Besten Film sorgte hingegen für das unumstrittene Renommee des Festival de Cannes bei Filmemachern und Kritikern.

Das Festival ist im Lauf der Jahre erheblich gewachsen, wobei Nebenveranstaltungen wie die Kritikerwoche und die Sektion „Un Certain Regard" hinzukamen. Diese Erweiterungen haben es dem Festival de Cannes ermöglicht, die Filmgeschichte über seine Retrospektiven zu feiern und Newcomer aus Bewegungen wie der Nouvelle Vague, aber auch zuvor unbeachtete asiatische und afrikanische Filmtraditionen zu fördern. Tatsächlich trug das Festival de Cannes zur Globalisierung des Kinos bei, indem es für Kunstfilme warb und es ihnen ermöglichte, ihr Publikum zu finden.

Sogar amerikanische Independentfilme wie *Marty* (1955), *Easy Rider* (1969) und *Sex, Lügen und Video* (1989) haben vom Canneseffekt profitiert. Allerdings ist Hollywood oft vorgeworfen worden, es versuche das Festival zu kapern, indem es Blockbusterpremieren außer Konkurrenz ansetze und Stars für Fototermine einfliegen lasse. Aber die Jurys haben eher weniger kommerziell ausgerichtete Filme mit Preisen ausgezeichnet, auch wenn Entscheidungen wie die für Maurice Pialats *Die Sonne Satans* (1987) und Michael Moores *Fahrenheit 9/11* (2004) Kontroversen auslösten.

Jenseits des Medienereignisses ist das Festival ebenso sehr Marktplatz wie Vorführort, denn jährlich fallen um die 10 000 Käufer, Verkäufer und Bewerber an der Riviera ein. Nur beim Sundance Film Festival in Amerika werden ähnlich viele Geschäfte getätigt. Aber es kann ebenso wenig wie Venedig oder Berlin mit Cannes' Prestige oder seinem Einfluss auf die weltweiten Kinospielpläne konkurrieren. Der Erfolg von Cannes war Inspiration für ein ganzes Netz von großstädtischen Festivals und Nischenereignissen für Dokumentarfilme, Animation, Kurzfilme, Genres und Avantgarde. Aber trotz seiner Größe und Bedeutung sieht es seine Verpflichtung weiterhin darin, sogenannten kleineren Filmen dazu zu verhelfen, gesehen, verkauft und gewürdigt zu werden. ∎

„Das Festival de Cannes trug zur Globalisierung des Kinos bei, indem es für Kunstfilme warb."

Die 18-jährige Brigitte Bardot stahl beim Festival von 1953 allen die Schau. Fototermine an der Croisette sind seither ein absolutes Muss.

Die Titelseite der Ausgabe von
Cahiers du Cinéma, *in der im
Januar 1954 François Truffauts
berühmter Artikel „Eine gewisse Tendenz im französischen Film" erschien,
der die Nouvelle Vague auslöste*

Jeder ist ein Kritiker

IDEE NR. 74
FILMKRITIK

Mit der Einführung von Spezialzeitschriften und Internet haben sich die Kanäle der Filmkritik im Lauf des vergangenen Jahrhunderts vermehrt und bis zur Unkenntlichkeit gewandelt – wobei die Kritiker oft bestimmen, welche Vermarktungsaussichten ein Film hat und in welcher Weise er als Kunst oder als Unterhaltung interpretiert wird.

Trotz der Kritik zu Thomas Edisons *The Kiss*, die am 15. Juni 1896 erschien, wurde anfangs eher der aktuelle Nachrichtenwert als die kulturelle Bedeutung des Kinos wahrgenommen. Da sich Branchenpublikationen auf Werbung der Filmschaffenden stützten, waren Ankündigungen im Grunde wertfreie Zusammenfassungen der Handlung. Aber das technische Verständnis und die ästhetischen Prinzipien, das Vachel Lindsays Buch *The Art of the Moving Picture* (1915) darlegte, förderte eine kenntnisreichere Form der Kritik, die dem Film größere soziale und intellektuelle Ehrbarkeit einbrachte. Darüber hinaus gründete diese neue Sorte von Kritikertheoretikern die Filmklubs, die dem Großstadtpublikum internationale Künstler vorstellten.

Trotz der Arbeiten einflussreicher Denker wie Rudolf Arnheim, Béla Balázs und Siegfried Kracauer blieb die Mehrheit der Filmkritiken eher wertend als analytisch. Nach dem Beispiel des US-Filmkritikers James Agee, der „schlüssige Sprache" in dem „verfügbaren Platz" unterbringen wollte, griffen viele die amerikanischen Filme wegen ihrer unrealistischen Darstellung des Lebens an. Kritiker in aller Welt waren gleichermaßen verbittert in Bezug auf die heimischen Filmbranchen, die lieber Hollywoodklischees nachäfften, als kulturell eigenständigere Stile zu erarbeiten. Vom Herausgeber André Bazin inspiriert, waren die cineastischen Eiferer von *Cahiers du Cinéma* besonders extrem in ihrem Urteil über die französischen Nachkriegsspielfilme und dem Eintreten für die „Politique des auteurs" (siehe Auteur-Theorie).

Die Fehden zwischen den Filmkritikern Andrew Sarris und Pauline Kael in den Vereinigten Staaten und zwischen den Zeitschriften *Movie* und *Sight & Sound* in Großbritannien waren typisch für den Umbruch der kritischen Aufmerksamkeit. Dieser fiel zeitlich mit der Einführung der Filmwissenschaft als universitärem Fach und mit der Neubewertung des Films gemäß der Grundsätze des Marxismus, des Feminimus, der Schwulenbewegung, der Psychoanalyse, der Semiotik, der Postmoderne, des Strukturalismus und des Poststrukturalismus zusammen. Bevor die jungen Türken von *Cahiers du Cinéma* begannen, ihre eigenen Filme zu drehen (wie so viele Kritiker vor und nach ihnen), trugen die Abstimmungen über die besten Filme und das Pantheon der Autorenfilmer, die sie einführten, zur Etablierung des Kanons bei, der bis heute den ernsthaften Filmdiskurs prägt und gegen den sich zukünftige Generationen auflehnen werden.

Die zeitgenössische Landschaft hat sich stark verändert, denn die Studios pflastern ihre Plakate mit Zitaten nichtprofessioneller Fanatiker. Zeitungskritiker sind von Aussterben bedroht und Wissenschaftler debattieren online über Subtexte und metaphysische Detailfragen. Es bleibt abzuwarten, welche dauerhaften Auswirkungen diese sogenannte „Demokratisierung" auf die Kritik und deren Rolle für die Förderung und Wertschätzung von Filmen haben wird. ∎

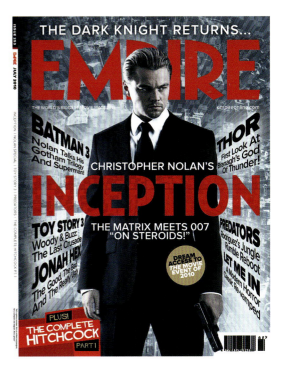

OBEN: *Die britische Zeitschrift* Empire *ist ein typisches Beispiel für den geschliffenen, trendigen und kenntnisreichen Stil, der bei Mainstreamfilmfans beliebt ist.*

UNTEN: *Andrew Sarris' Buch* The American Cinema *von 1968 erwies sich als ebenso umstritten wie einflussreich – es rückte die Auteur-Theorie ins Zentrum der US-Kritikerdebatten.*

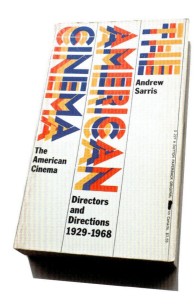

Die Kamera reicht tiefer

IDEE NR. 75
MISE EN SCÈNE

Der Begriff „Mise en Scène" kann einfach für all das stehen, was vor der Kamera platziert wird, sowie für dessen Organisation. Eine komplexere Verwendung des Worts aber wurde von dem Kritiker André Bazin geprägt, um eine Technik zu definieren, die lange Einstellungen mit einer beweglichen Kamera und großer Tiefenschärfe einsetzt, um Figur und Umfeld verschmelzen zu lassen und eine Alternative zu Hollywoods klassischer schnittbasierter Erzähltechnik zu bieten.

GANZ OBEN: Michelangelo Antonioni sah in Filmen wie Die rote Wüste (1964) Schauplätze und Figuren als gleich bedeutsam an.

OBEN: In Tatis herrliche Zeiten (1967) setzte Jacques Tati Mise en Scène und Montage ein, um die Zuschauer die unzähligen Gags selbst entdecken zu lassen.

Verschiedene Elemente gehören zur Mise en Scène eines Films im ersten, allgemeinen Sinn des Worts: Szenenbild, Räume und Requisiten, Kostüme und Make-up, die Anordnung der Schauspieler und ihre darstellerische Sprache, die Filmmusik, die Auswahl von Objektiv, Filmmaterial und Ausleuchtung und die Positionierung und Bewegungen der Kamera. Die Mise en Scène ist entscheidend für das Vermitteln von Bedeutung in Spiel-, Dokumentar- und Avantgardefilmen, denn sie kann Stimmungen prägen, Motive andeuten und Themen verstärken. Darüber hinaus kann eine gut komponierte Aufnahme ebenso viel über eine Figur und deren Welt offenbaren wie lange Dialogtexte.

Georges Méliès und die deutschen Expressionisten gehörten zu den ersten „Metteurs en Scène". Aber die Länge der Einstellungen verkürzte sich mit der Entwicklung der Parallelmontage, und mit dem Aufkommen des Tonfilms wurde die Tiefe der Bilder der erzählerischen Logik, der psychologischen Wahrheit und der räumlich-zeitlichen Folgerichtigkeit untergeordnet. Trotzdem entdeckten Regisseure wie William Wyler und Orson Welles die Technik neu und brachten Bazin dazu, die Theorie zu formulieren, die die „Politique des auteurs", die Nouvelle Vague und einen neu aufkommenden integralen Realismus inspirierte, der eine „Neuerschaffung der Welt nach ihrem eigenen Abbild" erlauben sollte.

Verbesserte Beleuchtungstechnik, kleinere Blendenöffnungen und empfindlichere Filme ermöglichten es Gregg Toland, Kameratechniken zu verfeinern und scharfe Bilder im Vorder-, Mittel- und Hintergrund zu produzieren. Aber während Toland Wylers Stürmische Höhen (1939) and Welles' Citizen Kane (1941) drehte, enthüllte Jean Renoir in Filmen wie Die große Illusion (1937), wie eine bewegliche Kamera bei Details verharren konnte, um den Zuschauer zu führen, die Figuren in ihrem Umfeld vorzustellen und Parallelen oder Gegensätze zwischen ihnen aufzuzeigen. Nach dem Zweiten Weltkrieg demonstrierte Max Ophüls seine meisterhafte Mise-en-Scène-Technik mit der geschmeidigen Kameraführung in Der Reigen (1950) und den 360-Grad-Fahrten und Kranaufnahmen in Lola Montez (1955).

Fahrten, Vertikal- und Horizontalschwenks sowie Kranaufnahmen trugen auch dazu bei, längere Einstellungen zu erzielen, denn sie dienten als „unsichtbare Schnitte", die der kontinuierlichen Handlung einen neuen Rahmen gaben. Lange Einstellungen betonten die Einheit von Zeit und Raum und wurden deshalb von Bazin als lebensnäher und demokratischer als die Montagetechnik gelobt. Gelegentlich konnten sie schwelgerisch werden. Aber flüssige Aufnahmesequenzen gestatteten es so unterschiedlichen Regisseuren wie Kenji Mizoguchi, Roberto Rossellini, Miklós Jancsó, Theo Angelopoulos und Hou Hsiao-Hsien, glaubhafte Milieus zu erschaffen und diese dennoch durch ihrer Persönlichkeit zu prägen.

Trotz Hollywoods Widerstand gegen eine Technik, die als selbstbezüglich, prahlerisch und teuer galt, bevorzugten auch amerikanische Regisseure wie Vincente Minnelli, Samuel Fuller, Robert Altman, David Fincher und Gus Van Sant den Mise-en-Scène-Ansatz für ihre Versuche, das Spontane, Besondere oder Zweideutige einer Szene einzufangen. Die Länge einer Aufnahme bestimmt die Art, wie wir sie verstehen. Allerdings verheißt die aktuelle Mode schneller Schnitte, dass die Mise en Scène eher mit dem Independent- und Kunstfilm in Verbindung steht als mit dem Mainstream. ■

Regisseur William Wyler ließ Lee Garmes' Kamera durch Hal Pereiras Szenenbilder wandern, um in **An einem Tag wie jeder andere** *(1955) die Spannung zu verschärfen.*

OBEN: *Abbas Kiarostami nutzte die 180-Grad-Handlungsachse, um den Fokus auf den Frauen zu halten, die in* Shirin *(2008) einen Film im Off betrachten.*

UNTEN: *In* Der schwarze Falke *(1956) verwendete John Ford das Off, um die Spannung aufrechtzuerhalten und rassistische Vorurteile gegen amerikanische Ureinwohner herauszufordern.*

Die Kamera reicht tiefer

IDEE NR. 76
DAS OFF

Das Mainstreamkino ist so sehr mit der Erzählung beschäftigt, dass der Blickpunkt unweigerlich auf Ereignissen innerhalb des Filmbilds liegt. Aber das Off – die unsichtbaren Bereiche außerhalb des Kamerablickwinkels – ist oft ebenso wichtig, um die Geschichte voranzutreiben, die Aufmerksamkeit auf bedeutsame Details zu lenken und Atmosphäre oder Spannung zu schaffen.

In Michael Powells schaurigem Exposé zum Kinovoyeurismus, Augen der Angst *(1960), wird Anna Massey von Carl Boehm bedroht, dem mörderischen Kameramann im Off.*

Nur wenige Zuschauer sind sich wohl der Tatsache bewusst, wie viel Zeit sie damit verbringen, über das nachzudenken, was sie nicht sehen, aber einige Kritiker beharren darauf, dass filmische Wahrheit fast vollständig vom Off-Bereich abhängt. Um eine dreidimensionale Welt auf einer zweidimensionalen Ebene wiederzugeben, übernahmen Filmemacher die Begriffe von Raum und Tiefe, die seit der Renaissance für die Malerei gegolten hatten. Zentralität und Frontalität wurden erzielt, indem man entlang einer 180-Grad-Handlungsachse drehte und schnitt, während Horizontal- und Vertikalschwenks ebenso wie Bildschnitte die Ausgewogenheit des Bilds wahrten, wenn sich die Figuren bewegten. Solche Bewegungen waren, neben Licht und Schatten, überlappenden Konturen, Textur, Farbe und audiovisueller Perspektive, entscheidend für die Darstellung räumlicher Beziehungen. Indem Regisseure ihre Bilder mit leeren Räumen komponierten, die von neuen Figuren gefüllt werden konnten, sobald diese ins Bild traten, erkannten sie die Existenz des Off-Bereichs an – bald begannen sie, ihn für dramatische Zwecke zu nutzen.

Einstellungs-, Montage- und Tonraum helfen den Zuschauern dabei, im Off liegende Bereiche zusammenzufügen. Nach Meinung des Theoretikers Noël Burch existieren sechs solche Zonen – außerhalb der vier Bildränder, hinter dem Szenenbild und hinter der Kamera – und zusammen können sie diegetischen wie nichtdiegetischen Raum vermitteln. Louis Lumière war der Erste, der dieses Konzept andeutete, indem er in *L'Arrivée d'un train à La Ciotat* (1895) Menschen aus dem Raum hinter der Kamera erscheinen ließ. Filmemacher haben schnell den Nutzen von Figuren erkannt, die mit Personen oder Requisiten im Off interagieren oder von Objekten, die plötzlich ins Bild eindringen, wie die zugreifende Hand in David Wark Griffiths *The Musketeers of Pig Alley* (1912).

Filme mit Verfolgungsjagden stützten sich stark auf die Beziehung zwischen Bildraum und Off, genauso wie Filme in der Art von John Fords *Der schwarze Falke* (1956) und Michelangelo Antonionis *Die mit der Liebe spielen* (1960). Das Off wurde auch zur Basiszutat für Thriller und Horrorfilme, wenn die Protagonisten sich aus dem Bild hinaus und in potentielle Gefahr begaben. Aber es konnte auch unterwandert werden, beispielsweise, wenn Oliver Hardy einen seiner lebensüberdrüssigen Seufzer an das Publikum richtete oder wenn Michael Caine in *Alfie* (1966) direkt in die Kamera sprach.

Die sich verschiebende Grenze zwischen Off und Bildraum war auch entscheidend für den Mise-en-Scène-Stil, den Regisseure wie Max Ophüls und Kenji Mizoguchi perfektionierten. Aber der Meister im Umgang mit dem Off war Yasujiro Ozu, der außermittige Bildausschnitte verwendete und die Zentrifugalkraft eines Bilds dazu nutzte, die Zuschauer an den Bildrand und in die reale Welt jenseits davon zu führen. Um dies zu erreichen, entwarf er einen komplett kreisförmigen filmischen Raum, um den er alternative Handlungsachsen konstruieren und damit innerhalb einer Szene komplett neue Raumkontexte erschaffen konnte.

Obwohl diese Methode äußerst sorgfältige Anschlussschnitte erforderte und sogar die einfachsten Schwenks unmöglich machte, garantierte sie die vollständige Integration von Handlung und Drehort. Ozu modellierte den Raum im Off auch durch die Pillow Shots oder visuellen Abschweifungen, die er als Szenenübergänge verwendete. Viele Filmemacher sind von seinen Ideen beeinflusst worden, darunter Abbas Kiarostami, der in *Shirin* (2008) wagemutig das Off auf einer Leinwand andeutete, die selbst im Off-Bereich lag. ∎

OBEN: *Außer Atem (1960) von Drehbuchautor und Regisseur Jean-Luc Godard nach einer Geschichte von François Truffaut erwies sich als Schlüsselwerk für die Popularisierung der Auteur-Theorie.*

UNTEN: *Godard und seine Muse Anna Karina auf dem Set von Lemmy Caution gegen Alpha 60 (1965).*

Der Regisseur als Superstar

IDEE NR. 77
DIE AUTEUR-THEORIE

Ursprünglich „Politique des auteurs" genannt, wurde die Auteur-Theorie zum ersten Mal Mitte der 1950er in der französischen Zeitschrift *Cahiers du Cinéma* vorgebracht, um Filmemacher zu bezeichnen, deren Konsistenz in Bezug auf Themenauswahl und visuellem Stil sie zu „Autoren" ihrer Filme machte. Wenige Ideen der Filmgeschichte haben sich als so bedeutsam und so umstritten erwiesen.

Außer den filmischen Umbruch zu fördern, der als Nouvelle Vague bekannt wurde, hat die Auteur-Theorie auch den Stil der populären und akademischen Filmkritik vollkommen verändert. Darüber hinaus trotzte sie dem Hohn lautstarker Verächter, die für das Filmemachen als gemeinschaftlichen Akt eintraten, und erfand den Regisseur neu – als Superstar. Trotzdem bestand ihre wohl größte Leistung darin, eine Neubewertung der Frage zu erzwingen, ob Hollywoods Studiosystem in der Lage war, mit der Raffinesse des europäischen Kunstfilms mitzuhalten.

Abhandlungen zur Filmgeschichte haben sich immer auf innovative Regisseure und besondere Stilmerkmale konzentriert. In der Stummfilmära war David Wark Griffith ganz klar die kreative Kraft hinter seinen Filmen, genau wie Erich von Stroheim, Victor Sjöström, Carl Dreyer und die wichtigsten deutschen Expressionisten und sowjetischen Montagekünstler. Bis in die Tonfilmzeit trotzten Cecil B. DeMille und Josef von Sternberg der industriellen Produktionsweise und entwickelten eine charakteristische Handschrift, während John Ford und Frank Capra zu jenen gehörten, die sich um mehr Unabhängigkeit bemühten, indem sie ab den späten 1940er Jahren eher persönliche Projekte verfolgten.

Aber erst in der Nachkriegszeit, als französische Leinwände mit lange zurückgehaltenen US-Importen gesättigt wurden, fingen Cineasten an, Hollywoodregisseure wie Alfred Hitchcock, Howard Hawks und Nicholas Ray mit Europäern wie Jean Renoir, Roberto Rossellini und Robert Bresson gleichzusetzen – sie brachten das gleiche Gefühl von Persönlichkeit und Konsistenz in ihre Arbeit ein wie Schriftsteller und folgten dem Regisseur und früheren Kritiker Alexandre Astruc, nach dessen „Caméra-stylo"-Ansatz man die Kamera so verwendet wie ein Schriftsteller den Füller. In der Tat war es ihre eigenständige und gewagte Art, die Mise en Scène einzusetzen, die François Truffaut 1954 zur Veröffentlichung seines Artikels „Eine gewisse Tendenz im französischen Film" anregte, in dem er das altmodische „Cinéma du papa" konservativer Regisseure wie Jean Delannoy, Claude Autant-Lara, René Clément und Henri-Georges Clouzot, die Drehbuch und Schauspielern mehr Zeit widmeten als den visuellen Aspekten ihrer Arbeit, anprangerte.

François Truffaut ermutigt als Regisseur den neurotischen Schauspieler Jean-Pierre Léaud in der oscarprämierten Satire über die Filmbranche **Die amerikanische Nacht** *(1973).*

„Wenige Ideen der Filmgeschichte haben sich als so bedeutsam und so umstritten erwiesen."

Trotzdem eroberte der Autorenfilm erst dann die angelsächsische Phantasie, als Truffaut und seine ehemaligen *Cahiers*-Kollegen Jean-Luc Godard, Claude Chabrol und Jacques Rivette anfingen, die radikal neuartigen Filme, die „neue Wellen" durch die Welt sandten, auch tatsächlich zu drehen. Der Beitrag der britischen Zeitschrift *Movie* hierzu ist oft übersehen worden, da die Debatte von der Fehde zwischen der New Yorker Kritikerin Pauline Kael und Andrew Sarris dominiert wurde. Letzterer hatte den Begriff „Auteur-Theorie" geprägt, bevor er in seinem Buch *The American Cinema: Directors and Directions 1929–1968* ein Pantheon seiner Helden zusammenstellte. Das Buch, das einen kritischen Richtungswechsel von Thema und Erzählweise zu Stil und ästhetischem Kontext forderte, wurde zu einem Schlüsselwerk für die Entwicklung der universitären Filmwissenschaft. Es ist bis heute extrem einflussreich, trotz des Aufstiegs rivalisierender Begriffe wie Cine-Strukturalismus und Genre.

Sarris sollte später behaupten, die Auteur-Theorie sei „weniger eine Theorie als eine Haltung, ein Wertekanon, der die Filmgeschichte in Autobiografien von Regisseuren verwandelt". Trotzdem stürzte sich die neue Generation von Filmhochschulabsolventen darauf, die sich nicht länger damit zufriedengaben, bei Dreharbeiten einfach hierarchische Überlegenheit auszuspielen. Diese „Movie Brats" waren versessen auf Autorenschaft und ihre Agenten überzeugten die Studiochefs schnell davon, dass Regisseure als Markennamen ebenso entscheidend für das Marketing von Blockbustern waren wie populäre Stars. Das Etikett „Ein Film von" ist mittlerweile so abgenutzt, dass es fast bedeutungslos geworden ist (außer natürlich, wenn es um Avantgardefilmemacher geht). Trotzdem bleibt die einigende Kraft für die meisten Filme – selbst in einer Zeit, in der die digitale Nachbereitung oft entscheidender ist als die realen Dreharbeiten – die Vision des Regisseurs. ■

Der Aufstieg der Wackelkamera

IDEE NR. 78
HANDKAMERA

Die Handkamera gehörte zu den „Keuschheitsgelübden" in Lars von Triers Manifest Dogma 95, *das den Mainstreamstil des Filmemachens infrage stellte.*

Handkamerabilder, die mit tragbaren Kameras aufgenommen werden, vermitteln Unmittelbarkeit und werfen die Zuschauer mitten ins Geschehen. Die Dänen nennen diese Technik „freie Kamera". Kameraleute in Hongkong haben ihr eigenes Sprichwort: „Die Handkamera deckt drei Fehler: schlechte Darsteller, schlechte Szenenbilder und schlechte Regie."

Die ersten Handkurbelkameras waren zu schwer, um sie von ihrem Stativ zu heben, aber das Bedürfnis nach ausgewogenen Kompositionen brachte Filmemacher dazu, die Kamera immer häufiger zu bewegen, um der Handlung einen neuen Rahmen zu geben, wenn sich ihr Schwerpunkt verlagerte. Die meisten Mainstreamregisseure versuchten, die Aufmerksamkeit von ihrer Technik abzulenken, aber Karl Freund schnallte sich für die subjektiven Einstellungen von Friedrich Wilhelm Murnaus *Der letzte Mann* (1924) die Kamera vor die Brust, während Abel Gance für *Napoleon* (1927) Kameras wechselweise an einem Pferd, einem Fußball oder einem Pendel befestigte.

Die Erfindung von Kamerawagen (auch Dolly genannt) und Kränen erlaubte es den Kameras, Figuren und Objekten zu folgen, durch die Mise en Scène zu streifen, bedeutsame Einzelheiten hervorzuheben, Blickwinkel der Figuren wiederzugeben und im Off liegende Bereiche zu offenbaren. Eine fließende Kameraführung konnte auch Muster und Rhythmen erzeugen, indem sie Distanz, Winkel und Höhe variierte. Außerdem gestattete sie die langen Einstellungen, die Kritiker wie André Bazin forderten, da sie eine Einheit von Raum und Zeit schufen und insofern realistischer waren als geschnittene Sequenzen. Alfred Hitchcock, Kenji Mizoguchi, Orson Welles, Max Ophüls und Miklós Jancsó demonstrierten ihre meisterhafte Beherrschung des beweglichen Bildrahmens. Aber Filmemacher suchten nach einem noch stärkeren Gefühl von Freiheit, Lebendigkeit und Authentizität.

Die Beliebtheit der tragbaren 16-mm-Kameras, die im Zweiten Weltkrieg für Kampfaufnahmen verwendet worden waren, führte zur Entwicklung der Auricon Cine-Voice, der Arriflex 16 BL und der Eclair NPR, die Handkameraaufnahmen zur charakteristischen Technik des Cinéma Vérité, des Direct Cinema und der Nouvelle Vague, aber auch der Fernsehnachrichten machte. Verwackelte und manchmal auch unscharfe Handkamerabilder stellten biedere Glaubenssysteme in Frage und schmückten so unterschiedliche Filme wie *Les Raquetteurs* (1958), *Außer Atem* (1960), *Jules und Jim* (1961), *Yeah Yeah Yeah* (1964), *Schlacht um Algier* (1966) und *Medium Cool* (1969).

Ungeachtet der künstlerischen und budgetären Vorteile dieser preiswerten, improvisierten Methode gab es heftige Gegenreaktionen bei den Kritikern, die sich an die Hollywoodklassik gewöhnt hatten. Als Antwort darauf kombinierte in den frühen 1970ern der Kameramann Garrett Brown die Beweglichkeit der Handkamera mit der Laufruhe eines Dollys, indem er die Steadicamhalterung erfand, die plötzliche Stöße abfangen konnte, während der Kameramann der Handlung folgte. Die Steadicam, die zum ersten Mal für Hal Ashbys *Dieses Land ist mein Land* (1976) eingesetzt wurde, ist seither in bemerkenswerter Weise von Stanley Kubrick, Brian De Palma und Martin Scorsese genutzt worden.

Gegenreaktionen erfolgten schnell. Sie erhoben wie Sam Raimi in *Tanz der Teufel* (1981) ruckelige, pseudorealistische Aufnahmen zur Tugend. Seit mit Woody Allens *Ehemänner und Ehefrauen* (1992) und Lars von Triers *Dancer in the Dark* (2000) die Wackelkameramode auch bei Filmen für den Massengeschmack angelangt ist, versuchen Regisseure, ihre Filme bewegungsbetonter und eindringlicher zu gestalten. Indem sie zappelige Bilder und schnelle, diskontinuierliche Schnitten einander gegenüberstellen, haben Regisseure wie Oliver Stone, Tony Scott und Michael Mann den schnellen „Run-and-gun"-Stil entwickelt, der seinen Ursprung in Videospielen hat und den manche als Zeichen für abnehmende Handwerkskunst interpretieren. Aber obwohl sie jedes Raumgefühl verleugnen, beschränkte psychologische Einsichten vermitteln und übermäßiges Vertrauen in Musik- und Toneffekte setzen, um den Mangel an visueller Klarheit und erzählerischem Zusammenhalt auszugleichen, begeistern Filme wie *Das Bourne Ultimatum* (2007) und *Cloverfield* (2008) weiterhin die Computerspielgeneration. ∎

OBEN: *Lars von Trier experimentierte bei der Arbeit an* Antichrist *(2009) mit Dollyaufnahmen, Handkameramaterial und computergesteuerten Motion-Control-Techniken.*

RECHTS: *Kameramann Raoul Coutard montierte seine Kamera auf einem Fahrrad, um die Heiterkeit der Figuren in François Truffauts* Jules und Jim *(1961) einzufangen.*

Um die Spannung in **Nanuk, der Eskimo** *(1922) zu steigern, ließ Robert Flaherty seinen Darsteller Allakariallak seit langem aufgegebene Jagdtechniken der Inuit darstellen.*

„Schon der Prozess von Kadrierung und Schnitt der Bilder reduziert deren Objektivität."

Wirklichkeit auf die Leinwand bringen

IDEE NR. 79
CINÉMA VÉRITÉ

Indem sie ihre eigenen Versionen des „wahrhaftigen Kinos" präsentierten, wurden Cinéma Vérité und Direct Cinema in den 1960ern zu Anführern einer Rebellion gegen die Tendenz des Dokumentarfilms, die Wirklichkeit zu dramatischen oder propagandistischen Zwecken zu manipulieren. Allerdings befeuerten sie auch eine Debatte über die Ethik des Tatsächlichen.

OBEN: *Der Dokumentarfilmer als Polemiker und Provokateur: Michael Moore in* Fahrenheit 9/11 *(2004).*

UNTEN: *Wie die andere Hälfte lebt: Jackie Kennedys Kusine Edie Bouvier Beale tanzt in dem Dokumentarfilm* Grey Gardens *(1975) mit der amerikanischen Flagge.*

Nach dem Vorbild der ersten Lumière-Berichte über die Wirklichkeit erschaffen, waren die frühesten Dokumentarfilme einfache, statische Ausschnitte aus dem Leben und Ansichten ferner Orte. Robert Flaherty allerdings, der mit *Nanuk, der Eskimo* (1922) nach lyrischem Naturalismus strebte, steuerte die Handlung bewusst und romantisierte so seine Inuithauptfigur. Der sowjetische Montagefilmer Dsiga Wertow nahm sich ähnliche Freiheiten für Agitpropkonstrukte wie *Der Mann mit der Kamera* (1929), die eine Verbindung zwischen Dokumentarfilm und Avantgarde schmiedeten. Trotzdem sah John Grierson, der den Begriff „Documentary" geprägt hat, nichts Falsches darin, diese „kreative Bearbeitung der Wirklichkeit" zu nutzen. Er produzierte in den 1930ern sponsorenfinanzierte Kurzfilme mit sozialen Inhalten, die nicht nur die britische Tradition des Dokumentarfilms begründeten, sondern auch die Verschmelzung von drehbuchgestützter Erzählung, nachgestellten Ereignissen und volksnahen Meinungsäußerungen, die bis ins Fernsehzeitalter überlebt hat.

Poeten wie Propagandisten manipulierten bis zum Ende des Zweiten Weltkriegs weiterhin die Wirklichkeit, dann aber führten die abnehmende Unterwürfigkeit des Publikums und die Ankunft des Neorealismus zu Rufen nach mehr Transparenz. Cinéma Vérité und Direct Cinema wählten ausgesprochen unterschiedliche Wege, um Leinwandwahrheit zu erschaffen. Beide bezogen ihre Anregungen aus journalistischen Fotoreportagen und bemühten sich darum, unter Verwendung der für die Kriegswochenschauen perfektionierten tragbaren Kameras und der neuesten Tonbandeinzelgeräte aus dem Zentrum der Ereignisse zu berichten. Aber während Vertreter des Direct Cinema darauf vorbereitet waren, sich abspielende Szenen nur zu beobachten, versuchten die „Vériteurs", sie aktiv zu steuern, indem sie entweder vor die Kamera traten oder mit den Hauptfiguren interagierten. Außerdem gab es Unterschiede innerhalb der beiden Traditionen. Michel Brault, ein Pionier aus Québec, erdachte den Begriff „Cinéma direct", um sich von Vertretern des Cinéma Vérité wie Jean Rouch und Chris Marker abzugrenzen. Unterdessen neigten amerikanische Kollegen wie die ehemaligen Drew-Associates-Mitarbeiter Robert Drew, Donn Alan Pennebaker und Albert und David Maysles dazu, den Blick auf Persönlichkeiten zu richten, während der strenger unparteiische Frederick Wiseman sich auf Institutionen konzentrierte.

Einige Theoretiker lobten die Reinheit der „Fliege-an-der-Wand"-Technik des Direct Cinema, denn sie erlaubte den Zuschauern, ihre eigenen Schlüsse zu ziehen. Aber schon der Prozess von Kadrierung und Schnitt der Bilder reduzierte deren Objektivität, und die Provokateure des Cinéma Vérité, die kein Geheimnis aus ihrer interaktiven Arbeitsweise machten, demonstrierten, dass sie ihr Publikum sowohl zu unterhalten als auch aufzuklären vermochten. Darüber hinaus erwiesen sich ihre eindrücklichen Handkamerabilder als wichtiger Einfluss auf die Nouvelle Vague und das politisierte Dritte Kino, das in den 1960ern in den Entwicklungsländern entstand. Ihr reflexiver Ansatz beeinflusste auch die beredten Filme von Stardokumentaristen wie Nick Broomfield und Michael Moore, die der Wirklichkeit in den 1990ern zu einem unerwarteten kommerziellen Erfolg verhalfen.

Seit Camcorder und digitale Ausrüstung es leichter denn je machen, das einzufangen, was Albert Maysles das „Drama der normalen Leute im alltäglichen Leben" genannt hat, gab es einen Boom politisch engagierter Filme, die Ungerechtigkeiten ins Rampenlicht rücken, Subkulturen legitimisieren, für bestimmte Ideen eintreten und Lösungen postulieren. Reality-TV hat sich ebenfalls auf das Dokumentarfilmformat ausgewirkt. Aber um das Publikum zu fangen, haben sich die verschiedenen Exposés, Bekenntnisse, Zusammenstellungen, Videotagebücher, Dokudramen, Rockumentarys und Mockumentarys immer weiter von der Unparteilichkeit entfernt und sich immer stärker auf filmische Effekthaschereien verlassen. ■

Grobkörniger sozialer Realismus

IDEE NR. 80
FREE CINEMA

Wenn man bedenkt, dass es auf sechs Präsentationen im Londoner National Film Theatre (NFT) zwischen 1956 und 1959 beschränkt blieb, hatte das Free Cinema einen bemerkenswerten Einfluss, der mit dem Übergang vom Studiosystem zu einem neuen Internationalismus und der Einführung des sozialrealistischen Stils einherging, der heute noch die heimischen Filme in Großbritannien bestimmt.

Die Lehrsätze des Free Cinema wurden von Lindsay Anderson, Tony Richardson und Karel Reisz entwickelt, während sie für die Zeitschriften *Sequence* und *Sight & Sound* schrieben. Sie wurzelten im Poetischen Realismus, im Neorealismus und im lyrischen Humanismus von Robert Flaherty, John Ford und Humphrey Jennings und lehnten den bevormundenden Altruismus der von John Grierson etablierten Dokumentarfilmtradition ebenso ab wie den behaglichen guten Geschmack, von dem Produzenten sich erhofft hatten, dass er Zuschauer beiderseits des Atlantiks bezaubern würde. Aber in erster Linie war es der Wunsch, persönliche Filme zu produzieren, den kommerziellen und propagandistischen Zwängen zu trotzen und der Arbeiterklasse Gerechtigkeit widerfahren zu lassen, der die preiswert produzierten Kurzfilme einte, die im NFT gezeigt wurden, wie *Momma Don't Allow* (1955), *Every Day Except Christmas* (1957) und *We Are the Lambeth Boys* (1959).

Die Betonung normaler Menschen und des Alltäglichen spiegelte die Haltung zeitgenössischer britischer Romane und Theaterstücke wider, die von Autoren wie John Osborne stammten. Bei dessen bahnbrechendem Stück *Blick zurück im Zorn* führte Richardson sowohl bei der Bühnen- (1956) als auch bei der Leinwandfassung (1959) Regie. In der Tat waren das Free Cinema und die Alltagsästhetik so kompatibel, dass sie sich in Reisz' *Samstagnacht bis Sonntagmorgen* (1960), Richardsons *Bitterer Honig* (1961) und Andersons *Lockender Lorbeer* (1963) zu einer authentischen Gesamtwirkung zusammenfanden.

Das Free Cinema, das immer eher eine Tendenz als eine zusammenhängende Bewegung war, scheiterte mit seinem Versuch, die Bedingungen für eine kontinuierliche Produktion und Vorführung von Independentkurzfilmen zu schaffen. Aber es war der Vorläufer einer neuen Filmwelle, die das Theatralische der koketten, in bürgerlichen Vororten angesiedelten Geschichten ablehnte, eine neue Generation zorniger junger Männer und befreiter Frauen losließ und soziale, politische und sexuelle Tabuthemen aufgriff, die von da an in Filmen aller Art auftauchten.

Der Oscarerfolg von Richardsons *Tom Jones* (1963) löste beträchtliche US-Investitionen in britische Filme aus, die als Verkörperung des Swinging-Sixties-Chics galten. Aber der Rückzug in ein verjüngtes Hollywood gegen Ende des Jahrzehnts stürzte die britische Filmbranche in ein Tief, von dem sie sich erst in den frühen 1980ern erholte. Einige Kritiker haben beklagt, das der soziale Realismus die thematische und stilistische Weiterentwicklung des britisches Kinos behindert habe, indem er die grobkörnige Authentizität institutionalisiere, die immer noch von Filmemachern wie Lynne Ramsay, Shane Me-

GANZ OBEN: *Der gebürtige Schweizer Claude Goretta, einer der kontinentaleuropäischen Vertreter des Free Cinema, führte später bei so erstklassigen Filmen wie* Die Spitzenklöpplerin *(1977) mit Isabelle Huppert Regie.*

OBEN: *„Ich will was vom Leben haben. Alles andere ist Käse." – Albert Finney in* Samstagnacht bis Sonntagmorgen *(1960)*

adows und Andrea Arnold verfochten wird. Allerdings hatte das Free Cinema auch eine internationale Komponente, und nachdem Roman Polanski, Claude Goretta und François Truffaut zu seinen Anhängern zählten, waren seine Folgen im Ausland deutlicher zu spüren. Darüber hinaus war der Einfluss von programmatischen Maximen wie „Perfektion ist kein Ziel" und „Haltung bedeutet Stil; Stil bedeutet Haltung" am Tschechischen Filmwunder sowie am Oberhausener Manifest von 1962, am Neuen Deutschen Film und an Dogma 95 ersichtlich. ■

Der Teddy-Boy-Teenager Percy in **We Are the Lambeth Boys** *(1959), Karel Reisz' Studie über einen Jugendklub in Südlondon*

OBEN: Tran Anh Hung, der in Frankreich lebende Regisseur von **Xich lo** (1995), erntete in seiner Heimat Vietnam für seine brutale Darstellung des Straßenlebens von Ho-Chi-Minh-Stadt scharfe Kritik.

„Das Dritte Kino ... versuchte, seinen Zuschauern revolutionäre Ideale anzuerziehen, indem es filmische Gebräuche unterwanderte."

OBEN: Politischer Protest als trockene Satire: Elia Suleimans **The Time That Remains** (2009)

RECHTS: In einer Quechua-sprachigen Gemeinde in den bolivianischen Anden gedreht, war Jorge Sanjinés' **Yawar mallku** (1969) eine militante Verurteilung des amerikanischen Kulturimperialismus.

Auf dem Weg zur trikontinentalen Revolution

IDEE NR. 81
DAS DRITTE KINO

Das Dritte Kino, das den Hollywoodkommerzialismus des sogenannten Ersten Kinos ebenso ablehnte wie die Autorenkunstfilme des europäischen Zweiten Kinos, versuchte, seinen Zuschauern revolutionäre Ideale anzuerziehen, indem es filmische Gebräuche unterwanderte und eine passive Rezipientenhaltung unmöglich machte. Es nahm im Lateinamerika der späten 1960er seinen Ursprung, dehnte aber seinen Einfluss bald nach Afrika und Asien aus.

Dariush Mehrjuis Die Kuh *(1969) begründete die Tradition von subtiler Kritik und ironischem Humanismus, die den iranischen Film vor wie nach der islamischen Revolution charakterisierte.*

Das Dritte Kino war eine kulturelle Antwort auf den antikolonialistischen Kampf in Afrika, die kubanische Revolution, das gestiegene Selbstbewusstsein der Schwarzen in den USA und die Neukonzeption marxistischer und maoistischer Dialektik durch Intellektuelle in aller Welt. Seine filmischen Wurzeln lagen in den 1950ern, im Neorealismus des Brasilianers Nelson Pereira dos Santos und des Argentiniers Fernando Birri sowie in der Cinema-Novo-Bewegung, die in den 1960ern den brasilianischen Film wiederbelebt hatte. Zentrale Bedeutung für den schnörkellos distanzierten Stil, den letztere pflegte, hatte Glauber Rochas Essay „Eine Ästhetik des Hungers" von 1965. Er wurde zum Schlüsseltext, zusammen mit zwei Manifesten von 1969: „Für ein nicht-perfektes Kino" von Julio García Espinosa aus Kuba und „Für ein drittes Kino", in dem die Argentinier Fernando Solanas und Octavio Getino die Ideen und Methoden kodifizierten, die sie in ihrem Guerilladokumentarfilm *La hora de los hornos* (1968) verwendet hatten.

Entschlossen, das Leben so darzustellen, wie es gelebt wurde, plädierten Solanas und Getino für ein unabhängiges, oppositionelles Kino, das Mainstreamgenres und Kunstfilmexistenzialismus zugunsten sozial relevanter Themen und Techniken ablehnte, historische Begrifflichkeiten infrage stellte, Ungerechtigkeit anprangerte und sich nationale Kulturen wieder zu eigen machte. Indem es Filme produzierte, die sich das Establishment nicht aneignen konnte, förderte das Dritte Kino eine stilistische Vielfalt, mit Wochenschauen, Agitpropdokumentarfilmen, avantgardistischen Kurzfilmen, realistischen Epen und soziopolitischen Satiren.

Trotzdem schafften es die Werke der Kubaner Tomás Gutiérrez Alea und Santiago Álvarez, der Chilenen Patricio Guzman und Miguel Littin, der Brasilianer Rocha und Ruy Guerra und des Bolivianers Jorge Sanjinés nicht, die angestrebte trikontinentale Revolution zu entfachen. Tatsächlich zog das Dritte Kino in den 1980ern viel Kritik auf sich. Der chilenische Einzelgänger Raúl Ruiz klagte darüber, dass die Ziele zu eng gesteckt worden seien, während andere die Vernachlässigung feministischer und ethnozentrischer Themen bedauerten oder die Beteiligung europäischer Filmemacher wie Joris Ivens, Chris Marker und Gillo Pontecorvo infrage stellten.

Allerdings war das Dritte Kino ein globales Phänomen geworden, durch das Probleme wie den Aufbau einer Nation, postkoloniale Desillusionierung und neu entstehende Formen rassistischer, religiöser, sozialer und sexueller Unterdrückung angesprochen wurden. Es hatte seine stärkste Basis in Afrika, wo der Zusammenprall von Tradition und Fortschritt in Allegorien, Satiren und realistischen Dramen erkundet wurde, von Youssef Chahine in Ägypten, Merzak Allouache in Algerien, Ousmane Sembène im Senegal, Gaston Kaboré und Idrissa Ouédraogo in Burkina Faso, Souleymane Cissé in Mali, Jean-Marie Téno in Kamerun und Med Hondo in Mauretanien.

In Asien wurde das Anliegen des radikalen Wandels von Lino Brocka auf den Philippinen, Mrinal Sen in Indien, Tran Anh Hung in Vietnam und Dariush Mehrjui im Iran aufgegriffen, während die Saat der Solidarität auch von Wayne Wang in den Vereinigten Staaten, Isaac Julien in Großbritannien und Tracey Moffat in Australien gesät wurde. In der Folgezeit hat das Dritte Kino Filmemacher in der Diaspora und im Exil unterstützt; es lieferte auch den Schwung für die lateinamerikanische Renaissance, die von Walter Salles, Fernando Meirelles, Alejandro González Iñárritu, Pablo Trapero und Lucrecia Martel angeführt wurde. ■

Die Augen der Kamera sind anders

IDEE NR. 82
ZOOM

Alfred Hitchcock setzte den „Vertigo-Effekt" mit beunruhigender Wirkung ein, um James Stewarts Schrecken in Vertigo *(1958) zu betonen.*

Im ersten Drittel der Kinogeschichte wurden die meisten Filme mit sogenannten Normalobjektiven gedreht. Aber nach der Einführung des Zooms und anderen Techniken zur Verfälschung der Perspektive, die Objekte näher oder ferner erscheinen lassen, haben Filme sich über die normale menschliche Sichtweite hinausbewegt.

Perspektive ist der Schlüssel zur Wertschätzung und zum Verstehen von Filmen, denn Änderungen in der Brennweite eines Objektivs beeinflussen die wahrgenommene Tiefe und Größe eines Bilds und seine dramatische, expressive Wirkung. Das Standardobjektiv, das von den 1910er Jahren bis in die frühen 1940er in Gebrauch war, hatte eine Brennweite von 35 bis 50 Millimetern und strebte danach, das menschliche Sehvermögen nachzubilden.

Objektive mit größerer Brennweite wurden Mitte der 1910er Jahre eingeführt, und der Kameramann Henrik Sartov verwendete sie in bemerkenswerter Weise für die Weichzeichnergroßaufnahmen von Lillian Gish in David Wark Griffiths *Eine Blüte gebrochen* (1919). Abel Gance und Marcel L'Herbier experimentierten in *Napoleon* (1927) beziehungsweise *Geld! Geld! Geld!* (1928) mit Weitwinkelobjektiven, das heißt mit Objektiven, die eine kurze Brennweite haben. Aber erst als Gregg Toland sie für *Citizen Kane* (1941) verwendete, wurden sie in Hollywood gebräuchlicher.

Weitwinkelobjektive, die eine Tiefenillusion betonen und oft die lineare Wahrnehmung verzerren, waren anfangs besser vereinbar mit im Normalformat gedrehten Schwarz-Weiß-Filmen als mit Breitwandfarbverfahren. Aber als die Pannen ausgebügelt waren, wurden Objektive mit Brennweiten unter 35 Millimetern zum Standard, anders als Fischaugenobjektive mit ihrem Aufnahmewinkel von bis zu 180 Grad, die vor allem eingesetzt wurden, um in schrägen Filmen wie *Easy Rider* (1969) Orientierungslosigkeit wiederzugeben.

Teleobjektive vergrößern weit entfernt stattfindende Handlungen, während sie die Tiefenwahrnehmung unterdrücken und den Blickwinkel verengen. Nach ihrer Verwendung in Claude Lelouchs *Ein Mann und eine Frau* (1966) bevorzugten Robert Altman, Milos Forman und Akira Kurosawa Teleobjektive, genauso wie die „Movie Brats" Steven Spielberg, Francis Ford Coppola und Brian De Palma, die oft Tele- und Weitwinkelaufnahmen in der gleichen Sequenz kombinierten. Aber obwohl sie Entfernungen verdichteten, Authentizität verstärkten und nützlich für die Arbeit im Freien oder in Studioaufbauten mit mehreren Kameras waren, waren Teleobjektive doch weniger vielseitig als Zoomobjektive.

Paramount begann Zooms in Filmen wie *Das gewisse Etwas* (1927) und *Love Me Tonight* (1932) einzusetzen. Aber auch nachdem Zoomar-Objektive mit Brennweiten von 100 bis 1000 Millimetern im Krieg für Luftaufnahmen weiterentwickelt worden waren und zur Basiszutat früher Fernseh- und Werbetechniken wurden, kamen sie nur selten beim Film zum Einsatz, trotz Alfred Hitchcocks genialer Kombination von Kamerafahrt und Zoom für den berühmten und oft imitierten „Vertigo-Effekt" in *Vertigo* (1958).

Allerdings wurden Zoomaufnahmen, die den unpersönlichen, nahtlosen Klassizismus unterwanderten, schließlich von Europäern wie John Schlesinger, Mario Bava, Roberto Rossellini und Michelangelo Antonioni populär gemacht, außerdem von in Großbritannien arbeitenden Amerikanern wie Richard Lester und Stanley Kubrick. Zoomobjektive, die eine variable Brennweite von Weitwinkel bis Tele bieten und kontrollierte Verschiebungen innerhalb von Einstellungen möglich machen, sind weiterhin ästhetisch wie wirtschaftlich wirkungsvoll. Die empfindlicheren Fabrikate benötigen nicht nur weniger Licht, sondern machen auch Dollys und Schienen überflüssig. Trotzdem haben die meisten Zuschauer immer noch Schwierigkeiten, zwischen Zoomaufnahmen, die mit feststehender Kamera gedreht wurden, und langsamen Kamerafahrten mit Dolly, die man Ranfahrten nennt und die von einer beweglichen Kamera gefilmt werden, zu unterscheiden. ∎

Kameramann László Kovács experimentierte mit Teleobjektiven und unterschiedlichem Filmmaterial, um die avantgardistische Optik von Dennis Hoppers Easy Rider *(1969) zu erzielen.*

„Zoomobjektive ... sind weiterhin ästhetisch wie wirtschaftlich wirkungsvoll."

UNTEN: *Stanley Kubrick und Kameramann John Alcott verwendeten Zooms nicht nur, um in* Barry Lyndon *(1976) dramatische Effekte zu erzielen, sondern auch, um die Bilder im Stile der Malerei des 18. Jahrhunderts abzuflachen.*

OBEN: *Erziehung eines Revolutionärs: Ernesto Guevara (Gael García Bernal) und Alberto Granado (Rodrigo de la Serna) in Walter Salles'* **Die Reise des jungen Che** *(2004)*

UNTEN: „*A place for dreams. A place for heartbreak.*" *Harry Dean Stanton in Wim Wenders' mit der Goldenen Palme prämiertem Roadmovie* **Paris, Texas** *(1984)*

Vom Viehtreiber zum Easy Rider

IDEE NR. 83
ROADMOVIES

Die meisten Filme führen ihre Figuren und Zuschauer auf eine metaphorische Reise. Aber Roadmovies legen ihr Augenmerk speziell auf das Reisen, und ihre Protagonisten überschreiten geografische wie moralische Grenzen, um ihren Problemen zu entrinnen, ihre wahre Natur zu erkennen oder ein lang gehegtes Ziel zu erreichen.

In der mythischen Odyssee und im pastoralen Schelmenroman verwurzelt, ziehen amerikanische Reiseerzählungen von Mark Twain bis Jack Kerouac Inspiration aus dem Pioniergeist, der die Siedlergesellschaft zur Expansion trieb. Der Billigwestern betonte ebenfalls die Gefahren der Durchquerung einer riesigen und oft tückischen Landschaft, und seine Planwagentrecks, Postkutschenfahrten und Viehtriebe inspirierten klassische Spielfilme wie *Höllenfahrt nach Santa Fé* (1939), *Panik am roten Fluss* (1948) und *Meuterei am Schlangenfluss* (1952). Das Roadmovie im eigentlichen Sinne aber verließ sich auf eine ganz andere Art von Pferdestärken, wenn Motorfahrzeuge die dem Kino eigene Bewegungs- und Geschwindigkeitsmanie widerspiegelten.

Das unstete Wanderleben in der Zeit der Weltwirtschaftskrise wurde in Sozialdramen wie *Früchte des Zorns* (1940) eingefangen, aber in Hollywoods Goldenem Zeitalter trat das Roadmovie noch in vielen anderen Verkleidungen auf. Neben Screwballkomödien wie *Es geschah in einer Nacht* (1934) und *Sullivans Reisen* (1941) gab es auch Heimkehrmusicals wie *Der Zauberer von Oz* (1939) oder Truckergeschichten wie *Nachts unterwegs* (1940). Aber noirartige Flüchtlingsdramen wie *Umleitung* (1945) und *Gefährliche Leidenschaft* (1949) hatten die größte Wirkung auf das Subgenre, denn sie erfassten die aufkeimende Stimmung jugendlicher Rebellion im Nachkriegsamerika und nahmen Meilensteine der Gegenkultur wie *Bonnie und Clyde* (1967) und *Easy Rider* (1969) vorweg.

Obwohl das Roadmovie seit langem ein etabliertes Filmgenre war, wurde der Begriff selbst erst in der New-Hollywood-Ära verwendet, die Mitte der 1960er begann, als filmische Werke die nationale Entzauberung nach Vietnam und Watergate widerspiegelten. In der Folgezeit nutzten Mainstream-, Independent-, Dokumentar- und Experimentalfilmemacher das Format. Spielfilme wie *Asphaltrennen* (1971), *Badlands* (1973), *Stranger Than Paradise* (1984), *Thelma & Louise* (1991) und *Little Miss Sunshine* (2006) kreisten um antiheroische Questen, Gesetzlose und Außenseiter, um scharfsinnige soziokulturelle Kritik zu liefern und gleichzeitig Genreregeln neu zu fassen. In der Tat erwies sich das offen endende modernistische Format als hinreichend flexibel, um Horror und Science-Fiction, aber auch komödiantische oder melodramatische Aufnahmen von Verfolgungsjagden im Gelände, studentischen Autoreisen und die Midlife-Crisis unterzubringen. Einsame Autofahrer, Eltern und Kinder, Gefangene und Bewacher, Kameraden, Anhalter, entlaufene Tiere, Yuppiepärchen und Busladungen von Versagern und Außenseitern haben den Kinohighway im Lauf der Jahre befahren.

Trotz seiner amerikanischen Assoziationen war das Roadmovie auch weltweit erfolgreich. Ein typisch europäischer Existenzialismus durchdrang Federico Fellinis *Das Lied der Straße* (1954) und Ingmar Bergmans *Wilde Erdbeeren* (1957). Aber Jean-Luc Godards *Elf Uhr nachts* (1965) enthüllte Anleihen bei den US-Vorbildern, die auch bei Wim Wenders' *Alice in den Städten* (1974) und *Im Lauf der Zeit* (1976) offensichtlich wurden. Australische und kanadische Filme wie George Millers *Mad-Max*-Trilogie und Bruce McDonalds Rock-'n'-Road-Kultstreifen versetzten ebenfalls ikonenhafte Klischees in besondere Umgebungen, genauso wie politisierte lateinamerikanische Filme in der Art von Walter Salles' *Central Station* (1998), Alfonso Cuaróns *...mit deiner Mutter auch!* (2001) und Cary Fukunagas *Sin nombre* (2009), der typisch für die neueste Variation dieser Form ist: die Migrantenexpedition. ∎

OBEN: *Der Reporter Clark Gable durchquert Amerika mit der ausgerissenen Erbin Claudette Colbert in Frank Capras mehrfach oscarprämiertem Film* Es geschah in einer Nacht *(1934).*

UNTEN: *In Federico Fellinis* Das Lied der Straße *(1954) wird das Straßenkind Giulietta Masina von ihrer Mutter an den wandernden Kraftmenschen Anthony Quinn verkauft.*

Von Sweetback bis Spike Lee

IDEE NR. 84
BLAXPLOITATION

Nach Jahrzehnten der Ausgrenzung fand der afroamerikanische Film in den 1970er Jahren erstmals ein Mainstream-Publikum – dank der Blaxploitationfilme („Black" + „Exploitation"). Obwohl ihnen oft die Raffinesse fehlte, gaben sie dem Ghettodasein eine Stimme und öffneten Hollywood für eine ganz neue Generation radikaler schwarzer Filmemacher und Schauspieler.

UNTEN: *Pam Grier, der Star von* Coffy *(1973) und* Foxy Brown *(1974), ist auch die Titelheldin in Quentin Tarantinos Hommage* Jackie Brown *(1997).*

GANZ UNTEN: *„Who's the cat that won't cop out when there's danger all about?": Richard Roundtree in dem Film* Shaft *(1971), der Isaac Hayes' Filmmusik viel verdankte.*

Unempfänglich für die Harlemrenaissance, erwies sich Hollywood als widerwillig, wenn es darum ging, die Alltagserfahrungen von Schwarzen darzustellen. Einzelwerke wie King Vidors *Hallelujah!* (1929) verstärkten die Stereotypen, die später von dem Kritiker Donald Bogle „Mammies", „Coons" (Nigger), oder „Onkel Toms" getauft wurden. Aber während Hattie McDaniel es schaffte, einen Oscar als Beste Nebendarstellerin für ihre Rolle als Dienstmagd in *Vom Winde verweht* (1939) zu gewinnen, mussten sich schwarze Regisseure wie Oscar Micheaux und Spencer Williams darauf beschränken, billige „Rassenfilme" für spätnächtliche Vorstellungen zu drehen, die Midnight Rambles genannt wurden. Micheaux versuchte, Verbesserungen herbeizuführen, indem er den Ehrgeiz und die Vielfalt der afroamerikanischen Bevölkerung ins Scheinwerferlicht rückte. Aber Vertriebsprobleme verhinderten, dass seine Geschichten über Mischbeziehungen und hellhäutige Frauen, die für Weiße gehalten wurden, ein breites Publikum fanden. Tatsächlich tauchten erst in den 1950er Jahren schwarze Stars wie Dorothy Dandridge und Sidney Poitier auf.

Viel Häme ist über die linksgerichteten Melodramen ausgeschüttet worden, die Hollywood in der Zeit der Bürgerrechtsbewegung produzierte, aber sie trugen dazu bei, das im Produktionskodex verankerte Verbot gemischter Beziehungen herauszufordern und unabhängige schwarze Filmemacher zu ermutigen, sich Gehör zu verschaffen. Aber die behagliche Stimmung von Gordon Parks' *Hass* (1969) wich bald dem raueren Großstadtrealismus von Ossie Davis' *Wenn es Nacht wird in Manhattan* (1970) und Melvin Van Peebles' *Sweet Sweetback's Baadasssss Song* (1971), die mit der bürgerlichen schwarzen Filmtradition brachen und sich ins Ghetto begaben – dort zelebrierten sie Männlichkeit und den separatistischen Wunsch, es dem weißen Establishment zu zeigen.

Beeindruckt von *Sweetbacks* wirtschaftlichem Erfolg, förderte MGM Parks' *Shaft* (1971). Andere folgten diesem Beispiel, nachdem der Film das Studio vor dem Bankrott gerettet hatte. Aber während die Zuschauer in Hits wie *Superfly* (1972) und *Straßen zur Hölle* (1973) in der gewalttätigen Kriminalität und konsumorientierten Oberflächlichkeit der Zuhälter, Drogendealer, Gangster und eigenbrötlerischen Polizisten schwelgten, beklagten Kritiker die Verherrlichung des Ghettolebens und die Tatsache, dass die Heldinnen von *Ein Fall für Cleopatra Jones* (1973) und *Foxy Brown* (1974) eher Männerphantasien waren als weibliche Rollenvorbilder. Darüber hinaus wurden die meisten dieser Filme wie am Fließband von weißen Regisseuren produziert, denen jede soziopolitische Einsicht abging.

Allerdings wurde die Blaxploitation vielfach als notwendiges Stadium in der Evolution eines genuin revolutionären schwarzen Films gesehen. Auf jeden Fall veranlasste sie Filmhochschulabsolventen der 1970er wie Charles Burnett, Larry Clark and Haile Gerima, die „L.A. Rebellion" zu starten, die wiederum in den frühen 1990ern das New Black Cinema von Spike Lee, John Singleton und Julie Dash inspirierten. Trotzdem spiegelte die Blaxploitation nicht einfach die afroamerikanische Verzweiflung über ein korruptes, rassistisches System. Sie ermutigte auch weiße Filmemacher, das Establishment anzuprangern und das nationale Gefühl des Verrats im Anschluss an Vietnam und Watergate in richtungsweisenden Filmen wie Sidney Lumets *Hundstage* (1975) und Martin Scorseses *Taxi Driver* (1976) auszudrücken.

Letztendlich führte die Blaxploitation dazu, dass Hollywood afroamerikanische Talente willkommen hieß. Aber nachdem sich Schauspieler- und Regisseursikonen nun auf Ware für den Massengeschmack konzentrieren, besteht die Gefahr, dass die schwarze Community, von gelegentlichen Gangsta-Sagas abgesehen, ihre filmische Stimme wieder verlieren könnte. ∎

Plakat für den Film **Super Fly** (1972), der für seine Darstellung von Afroamerikanern kritisiert wurde und weniger Umsatz einbrachte als Curtis Mayfields Soundtrackalbum.

Die Schauspielerin Maria Schneider sagte später, sie habe sich bei den Dreharbeiten zu **Der letzte Tango in Paris** *(1972) mit Marlon Brando von Regisseur Bernardo Bertolucci vergewaltigt gefühlt.*

„Leichtere Zugänglichkeit scheint dem Porno größere Akzeptanz eingebracht zu haben."

Durch das Schlüsseloch – und dahinter

IDEE NR. 85
PORNOGRAFIE

Der Pornografie haftet ein so dauerhaftes soziales Stigma an, dass sie in Veröffentlichungen zur Filmgeschichte weitgehend ausgeblendet wurde, obwohl sie eine ununterbrochene Ahnenreihe unabhängiger Produktionen nachweisen kann – von Laterna-magica-Dias aus dem 19. Jahrhundert bis zur heutigen Milliarden-Dollar-Industrie mit ihrem eigenen Starsystem, ihrem internationalen Festivalzirkus und ihren Filmpreisen.

OBEN: *Aufnahmen von einer Erektion und nicht vorgetäuschtem Geschlechtsverkehr machten Lars von Triers Dogma-95-Debüt berühmt-berüchtigt und brachten ihm die Aufmerksamkeit von Kritik und Kommerz ein.*

UNTEN: *Im Reich der Sinne (1976) war die erste Kreuzung aus Kunstfilm und Hardcoreporno. Der Regisseur Nagisa Oshima kämpfte vier Jahre vor Gericht, nachdem das Drehbuch gegen japanische Pornografiegesetze verstoßen hatte.*

Verglichen mit den unanständigen Bildern, mit denen die Laternisten hausieren gingen, waren die Aktbewegungsstudien von Eadweard Muybridge und die schlüpfrigen Possen, die im Mutoskop zu sehen waren (in Großbritannien als „What-the-Butler-Saw"-Maschine bekannt), zweifelsohne zahm. Aber Eugène Pirous neckische Zusammenarbeit mit Louise Willy veranlasste Louis Lumière und Georges Méliès dazu, gewagte One-Reeler zu drehen und bald produzierten Unternehmen in Mitteleuropa und Südamerika wie am Fließband sogenannte Smokers, die ihren Spitznamen nach den Rauchersalons der Herrenklubs und Bordelle trugen, wo sie gezeigt wurden.

Striptease- und Badeszenen wichen schließlich der expliziten Darstellung sexueller Akte, die von flüchtigen Bildern wie in A. Wise Guys *A Free Ride* (1915) bis zu perversen wie in Gabriellino D'Annunzios *Saffo and Priapo* (1922) reichten. Aber die Zensur in Europa und Amerika sorgte dafür, dass diese „Stag Films" nur bei privaten Anlässen, als erzieherische Vorführungen oder in Vorführkabinen mit Münzeinwurf gezeigt wurden.

„Blue Movies" blieben über die nächsten drei Jahrzehnte amateurhaft und tabubelegt. Aber das Zusammentreffen von Zweitem Weltkrieg, den Forschungen von Alfred Kinsey sowie William Howell Masters und Virginia Johnson zum menschlichen Sexualverhalten und dem Zustrom an erotischen Spielfilmen wie Roger Vadims *...und ewig lockt das Weib* (1956) trug viel zur Liberalisierung der Haltung gegenüber Sex im puritanischen Amerika bei.

Von Russ Meyers Nudie Cutie *Der unmoralische Mr. Teas* (1959) inspiriert, produzierten Radley Metzger, Doris Wishman und Joseph W. Sarno Dutzende von anzüglichen grenzüberschreitenden Filmen für Schmuddelkinos (siehe Exploitation) im ganzen Land. Filme wie *Sin in the Suburbs* (1964) und *Carmen Baby* (1967) sorgte auch für Softpornowellen in Dänemark, Schweden und Japan, und als der Produktionskodex durch ein Bewertungssystem ersetzt wurde, bereitete der Erfolg, den die immer stärker zum Hardcore tendierenden Importe in den Vereinigten Staaten hatten, Filmen wie Artie und Jim Mitchells *Behind the Green Door* und Gerard Damianos *Deep Throat* (beide 1972), die Marilyn Chambers und Linda Lovelace zu Stars machten, den Weg. Außerdem machten sie den Pornochic bei männlichen wie weiblichen Zuschauern populär und ermutigten kommerzielle Spielfilme wie Bernardo Bertoluccis *Der letzte Tango in Paris* (1972) zu größerer sexueller Freimütigkeit.

Trotzdem erwies sich die Breitwandphase des Pornos als kurzlebig, denn seine Genreszenarien und Archivaufnahmen wanderten zum Videomarkt ab, wo er auf immer explizitere Weise die Bedürfnisse der Hetero-, Schwulen-, Lesben- und Nischenmärkte abdeckte. Die amerikanische Pornobranche musste einen feministischen Gegenschlag, die Arbeit der Antiporno-Einheit „National Obscenity Enforcement Unit", den Traci-Lords-Skandal und den Ausbruch von AIDS in den 1980ern überstehen und blühte trotzdem auf – im Jahr 2007 machte sie Umsätze von mehr als 13 Milliarden Dollar, wobei DVD-Verkäufe durch Pay-per-View, Internetseiten und Videotelefonie ergänzt wurden.

Seine leichtere Zugänglichkeit scheint dem Porno größere Akzeptanz eingebracht zu haben, wobei gefeierte Filme wie Paul Thomas Andersons *Boogie Nights* (1997) und Pablo Bergers *Torremolinos 73* (2003) die Branche verspotteten, während Lars von Triers *Idioten* (1998) und Catherine Breillats *Romance* (1999) unzensierte Bilder von Erektionen und Geschlechtsverkehr enthielten. Aber auch wenn die Grenze zwischen Darstellungen für Erwachsene und Sexploitation verschwimmt, provoziert die Pornografie weiterhin Kontroversen. ■

Den männlichen Blick herausfordern

IDEE NR. 86
FEMINISTISCHE FILMTHEORIE

Bis in die 1950er Jahre war das Publikum der Hollywoodspielfilme vor allem weiblich. Trotzdem waren die wichtigen Posten in den Studios ausschließlich mit Männern besetzt. Die feministische Filmtheorie forderte dieses Ungleichgewicht der Geschlechter in den 1970ern radikal heraus – aber hat sich wirklich irgendetwas verändert?

Trotz ihrer unterschiedlichen Persönlichkeiten spielten Stummfilmstars wie Lillian Gish, Gloria Swanson, Greta Garbo und Clara Bow allesamt unabhängige Charaktere, die von Frauen wie Männern gleichermaßen bewundert wurden. Marlene Dietrich, Bette Davis, Joan Crawford und Katharine Hepburn setzten diesen Trend beim Tonfilm fort. Aber während Frances Marion, Anita Loos und Dorothy Parker angesehene Drehbuchautorinnen waren und Hedda Hopper und Louelle Parsons die mächtigsten Zeitungskolumnistinnen, taten es nur wenige Frauen June Mathis gleich, die tatsächlich Filme produzierte. Nach den Pionierleistungen von Alice Guy Blaché und Lois Weber folgten nur Dorothy Arzner und Ida Lupino, die in der Studioära bei einigen Spielfilmen Regie führten.

Die stereotype Darstellung weiblicher Figuren und die Fügsamkeit, die sie vorführen mussten, um den Rollen zu entsprechen, die ihnen eine patriarchalische Hierarchie zuwies, entsetzte Kritikerinnen, die der zweiten Welle des Feminismus entstammten. Als Vorreiter wählten Marjorie Rosens Buch *Popcorn Venus* (1973) und Molly Haskells *From Reverence to Rape* (1974) einen soziologisch-empirischen Ansatz, um die Situation anzuprangern. Britische Kolleginnen wie Claire Johnston und Laura Mulvey allerdings griffen auf Semiotik, Louis Althussers Marxismus und Jacques Lacans Psychoanalyse zurück, um zu zeigen, dass der amerikanische Film gesellschaftliche Haltungen nicht nur wiederspiegelte, sondern auch dazu beitrug, sie zu verstärken.

Dorothy Arzner stellte in The Wild Party *(1929),* Christopher Strong *(1933) und* Dance, Girl, Dance *(1940) starke, unabhängige Frauen dar.*

Isabelle Huppert in dem Film **White Material** *(2009), der Rassenfragen und Kolonialismus zu Claire Denis' charakteristischen Themen – Körper, Geschlecht und Sexualität – hinzufügte.*

„Die Wissenschaft begann, den Blick zurückzuerobern … und erzwang das Ablegen der männlichen Identifikation."

In ihrem bahnbrechenden Essay von 1975, „Visuelle Lust und narratives Kino", stellte Mulvey fest, dass Hollywoodfilme von Männern handelten, die Frauen verfolgten, ausspionierten und bestraften, weil ihre Andersartigkeit männliche Figuren, Produzenten und Zuschauer gleichermaßen bedrohte. Derartige Kodes und Konventionen ließen Frauen daher nur zwei Optionen des Zuschauens: die Passivität der weiblichen Figuren auf der Leinwand zu akzeptieren oder den männlichen Blick zu übernehmen, für den solch versinnlichter Idealismus zusammengebraut worden war.

Stilistisch von Sergei Eisenstein, Bertolt Brecht und Jean-Luc Godard beeinflusst, entwickelte sich in jener Zeit ein feministisches Gegenkino. Trotzdem hatten Spielfilme wie Chantal Akermans *Jeanne Dielman, 23 Quai du Commerce, 1080 Bruxelles*, Marguerite Duras' *India Song* (beide 1975), Laura Mulveys und Peter Wollens *Riddles of the Sphinx* (1979) und Sally Potters *The Gold Diggers* (1983) begrenzten filmischen Einfluss. Sie lösten allerdings eine heftige akademische Gegenreaktion aus, die Mulvey dazu veranlasste, die Frage der weiblichen Zuschauerschaft anzusprechen, indem sie einen Begriff transsexueller Identifikation postulierte, der auf präödipalen und phallischen Allmachtsphantasien beruhte.

Genres wie Western, Film noir und Horror wurden in Texten, die Kastration, Fetischisierung und Sadismus anführten, verdammt. Und die Wissenschaft begann, den Blick zurückzuerobern, indem sie Vamps, Femmes fatales und das „Final Girl", die letzte Überlebende von Slasherfilmen, feierten – sie feminisierte das Publikum und erzwang das Ablegen der männlichen Identifikation. Mehr noch: Als die Betonung der psychoanalytischen Theorie durch die Diskussion von zuvor so vernachlässigten Themen wie Klasse, Rasse, Alter und sexuelle Orientierung ersetzt wurde, wurde die feministische Filmtheorie endlich vielfältiger – die Ergebnisse spiegelten sich in den Filmen global anerkannter Talente wie Margarethe von Trotta, Jane Campion, Kathryn Bigelow, Julie Dash, Ann Hui und Claire Denis. ∎

OBEN: *Krieg der Sterne (1977) war der Beginn der* Star-Wars-*Filmserie, die an den Kinokassen mehr als 7 Milliarden Dollar einspielte und über 12 Milliarden Dollar Merchandisingumsatz einbrachte.*

RECHTS: *Obwohl es sich um einen Blockbuster handelt, wird* **Der Pate** *(1972) weithin als bester amerikanischer Film der Nachstudioära betrachtet.*

Große Budgets für den Massenmarkt

IDEE NR. 87
BLOCKBUSTER

Die Ära der Blockbuster hat in den 1970ern begonnen und mehrere richtungsweisende Spielfilme hervorgebracht. Trotzdem wird oft beklagt, dass Blockbuster immer mehr auf erfolgreiche Quellen, Spezialeffekte, Product-Placement, Merchandising, Neuverfilmungen und Fortsetzungen setzen. Andere bezichtigen die Macher der Blockbuster, durch die Jagd nach jugendlichen Zuschauern das geistige Niveau des Kinos immer mehr herunterzuschrauben.

Jennifer Jones in Duell in der Sonne *(1946), der in den Vereinigten Staaten neue Methoden des Filmmarketings und -vertriebs einleitete.*

Der Charakter von Blockbustern entwickelt sich ständig weiter. Hollywood pflegte die Umsätze seiner wichtigsten Prestigefilme in die Höhe zu treiben, indem es sie bei Vorabvorführungen in Großstadtkinos zu überhöhten Eintrittspreisen zeigte, um Aufmerksamkeit zu wecken, bevor sie an die kleineren Lokalkinos gingen, in denen die meisten Zuschauer ihre Filme ansahen. Aber als der unabhängige Produzent David O. Selznick *Duell in der Sonne* (1946) zum nationalen Kinostart mit einem Trommelfeuer der Werbung herausbrachte, war ein Trend gesetzt, den man Mitte der 1970er wieder aufleben ließ, um der Finanzkrise zu begegnen, die durch den Zusammenbruch der Studios ausgelöst worden war.

Francis Ford Coppolas *Der Pate* (1972) war der erste moderne Blockbuster. Aber Steven Spielbergs *Der weiße Hai* (1975) und George Lucas' *Krieg der Sterne* (1977) eroberten die Phantasie der jugendlichen Zuschauer, die die Kernzielgruppe von New Hollywood werden sollten. Sie schauten diese „Filmereignisse" nicht nur mehrfach an, sondern kauften auch Bücher zum Film, Soundtracks, Computerspiele, Fast-Food-Produkte und Eintrittskarten für Themenparks.

Aber Blockbuster brachten nicht nur eine neue Spezies von Fans hervor. Seit dem Verbot der vertikalen Integration in den spätern 1940ern wurden Filme immer stärker als Pakete entwickelt, wobei einzelne Agenturen Schauspieler und Produktionsteam organisierten und das jeweilige Studio nur seine Anlagen zur Verfügung stellte und für Finanzierung und Marketing sorgte. Anfangs gab dies den Stars, die in der Lage waren, einem Film den Markteintritt zu ebnen, enorme Macht und entsprechende Vergütungen. Aber als die immer phantastischer angelegte Handlung zunehmend vom Verlauf der Geschichte und weniger von den Figuren angetrieben wurde, verschob sich die Betonung auf spektakuläre Schaueffekte, die meist computergeneriert waren.

Das traditionelle Muster der Filmstarts wurde ebenfalls geändert. In der Studioära hatte man Filmen Zeit gelassen, ihr Publikum zu finden. Universal aber ließ seinen Film *Der weiße Hai* in 464 Kinos gleichzeitig anlaufen, gestützt von zahllosen Insidergeschichten über die Produktion, und erfand so die Schrotflinten- und Marktsättigungsstrategie, die seither zur Faustregel dafür geworden ist, wie man einen Blockbuster vollständig absichert – außer gegen Kritiker. Indem sie 25 Millionen Eintrittskarten in 38 Tagen verkauften, demonstrierten die Produzenten Richard Zanuck und David Brown außerdem, dass Filmstarts im Sommer genauso erfolgreich sein können wie solche zum Jahresende. Heutzutage lassen die risikoscheuen Studios jeden Film mit großem Budget Testvorführungen und Diskussionen in Fokusgruppen durchlaufen, um die größtmögliche Breitenwirkung sicherzustellen. Trotzdem investieren sie immer noch große Summen in glanzvolle Premieren, multimediale Werbekampagnen, persönliche Auftritte der Stars sowie Porträts und Interviews in den Printmedien.

Der Blockbuster, der inzwischen fast zu einem eigenen Genre geworden ist, kommt nicht nur in Hollywood vor. Allerdings können nur wenige nationale Filmbranchen mit den Finanzmitteln mithalten, die es ihm ermöglichen, weiterhin die überwältigenden audiovisuellen Belustigungen zu erschaffen, die den Weltmarkt dominieren. In dem sie den Mythos vom „großen Film" am Leben erhalten, haben sich die Studios oft der Kleingeistigkeit schuldig gemacht. Aber selbst wenn die Blockbuster zur Infantilisierung des Kinos beigetragen haben, ist ihre künstlerische Integrität oft ebenso groß wie die von Filmen, die mehr Kritikerlob erhalten. ∎

Von der Theaterschminke zur prothetischen Maske

IDEE NR. 88
MAKE-UP-EFFEKTE

Jack Pierce brauchte vier Stunden, um Boris Karloff mit Hilfe von Baumwolle, Kollodium, Gummi und grüner Schminke in Frankensteins Monster zu verwandeln.

Die Namen Cecil Holland, Jack Dawn und William Tuttle werden wohl selbst dem glühendsten Filmfan nicht viel sagen. Aber diese Pioniere der filmischen Maskenbildnerei entwickelten die Techniken, die dem klassischen Hollywoodglamour seine Finesse gaben und die Grundlagen für moderne Spezialeffekte schufen.

In den ersten beiden Jahrzehnten des Kinos schminkten sich die Schauspieler meist selbst und verließen sich auf Produkte und Stilmittel, die sich im Theater bewährt hatten. Erst 1912 führte Max Factor die erste spezielle Filmschminke ein, und weitere fünf Jahre vergingen, bis Selig als erstes Studio eine eigene Abteilung für Maskenbildnerei eröffnete. In dieser Anfangszeit wurde Make-up in erster Linie dazu verwendet, hellhäutige Schauspieler auf orthochromatischen Schwarz-Weiß-Filmen, die Rot- und Gelbtöne nicht wiedergeben konnten, natürlich aussehen zu lassen. Die Umstellung auf Technicolorfilme veranlasste Factor dazu, das „Pan-Cake"-Make-up zu entwickeln, das fotorealistische Effekte so sehr verstärkte, dass es zum Branchenstandard wurde, bis das Aufkommen des Farbfilms weitere Veränderungen erforderlich machte.

Der Schauspieler Lon Chaney alias „Der Mann mit den tausend Gesichtern" war der unumstrittene Meister der Stummfilmschminktechnik – er verwendete Theaterschminke, Leichenbestatterwachs, Harz, Flüssiggummi und Fischhaut für seine Metamorphosen zum *Glöckner von Notre Dame* (1923) und zum *Phantom der Oper* (1925). Die Maskenbildner Bud Westmore und Jack Pierce setzten die Horrortradition bei Universal in die 1930er fort, wobei das Aussehen, das Pierce für Boris Karloff in James Whales *Frankenstein* (1931) erdachte, die populäre Vorstellung von Mary Shelleys Monster veränderte.

Trotzdem war es die erste Pflicht eines Maskenbildners, einen Star in seiner oder ihrer Rolle auf natürliche Weise fotogen erscheinen zu lassen. Viele beschäftigten sich mit Anatomie, um eine authentische Wirkung zu garantieren, darunter Maurice Seiderman, der 37 Alterungsentwürfe für Orson Welles in *Citizen Kane* (1941) erschuf. Aber Effekte wurden auch benötigt, um in Historienfilmen und Filmbiografien physische Ähnlichkeit zu erzielen. Außerdem diente zu einer Zeit, in der nichtweiße Darsteller in Hollywood begrenzte Chancen hatten, die Maske auch als entscheidendes Mittel zur ethnischen Charakterisierung. Letztendlich wurden die Orientalen-Make-ups in berühmten Spielfilmen wie Sidney Franklins *Die gute Erde* (1937) und B-Filmserien wie *Charlie Chan* und *Mr. Moto* allerdings als politisch ebenso inakzeptabel erkannt wie Al Jolsons, Fred Astaires und Shirley Temples schwarz geschminkte Auftritte und Alec Guinness' Rollen des Fagin und des Dr. Godbole in David Leans *Oliver Twist* (1948) und *A Passage to India* (1984).

Als Farbverfahren allmählich die Filmproduktion in aller Welt beherrschten, entwickelte sich das Film-Make-up weiter und spiegelte die Alltagsmoden. Darüber hinaus führte der Niedergang des Produktionskodex dazu, dass alles – vom Kriegsfilm bis zum Ärztedrama – unverblümter dargestellt werden konnte. Aber obwohl die Techniken zur Herstellung überzeugender Töne und Texturen immer raffinierter wurden, wurde erst 1981 eine Oscarkategorie eingeführt, als der Boom bei Science-Fiction- und Fantasyblockbustern und die Mode der blutrünstigen Horrorfilme neue Talente wie Dick Smith, Stan Winston, Rick Baker, Rob Bottin und Tom Savini dazu brachte,

mit Lifecasting, prothetischen Masken und Animatronik zu experimentieren, um dynamische Effekte zu erzielen, die auch genauen Blicken standhielten.

Latexschaum und Gelatine werden heute durch computergenerierte Bilder ergänzt, sodass Jim Carreys Gesicht sich in *Die Maske* (1994) verwandeln kann und Ralph Fiennes in der *Harry-Potter*-Serie Lord Voldemorts bösartiges Antlitz anzunehmen vermag. Da nun endlich 3-D zum festen Aspekt eskapistischer Filme zu werden droht, versprechen gekonnte Maskeneffekte tatsächlich bedeutsamer denn je zuvor zu werden. ■

OBEN: *Reiko Kruk entwarf Klaus Kinskis Maske für Werner Herzogs* Nosferatu *(1979) (hier gezeigt) nach dem Vorbild von Max Schrecks rattenartigem Aussehen im Original von Friedrich Wilhelm Murnau aus dem Jahr 1922.*

UNTEN: *Der gebürtige Pole Max Factor schuf einen herzförmigen Schmollmund für Clara Bow, der ihr Image als „It Girl" des Stummfilms verstärkte.*

Pascal, der Sohn des Regisseurs Albert Lamorisse, in Der rote Ballon *(1956), einem wunderbaren Kinderfilm, der als bisher einziger Kurzfilm einen Oscar außerhalb der eigenen Kategorie gewann (für das Beste Originaldrehbuch).*

Kino für Lebensanfänger

IDEE NR. 89
KINDERFILME

Im Multimediazeitalter sind Filme für Kinder zu Kinoreklamespots für DVDs, Computerspiele, Fast-Food-Gerichte und Comics geworden. Aber Filmemacher haben diesen Markt erst spät angezapft und ihn erst systematisch erschlossen, nachdem die Erwachsenen ab den 1950ern zu Hause blieben, um fernzusehen.

UNTEN: *Zwischen 1922 und 1944 waren Die kleinen Strolche in 220 Slapstickkurzfilmen zu sehen, die sich an jüngere Zuschauer richteten.*

GANZ UNTEN: *Eine Geburtstagskarte, die der Filmunternehmer Joseph Arthur Rank für die jungen Mitglieder seines Samstagsmatineeklubs produzieren ließ.*

Da Sittenwächter sich darum sorgten, welch verderbliche Wirkungen Kintopps auf leicht zu beeinflussende Gemüter haben könnten, spielten Kinder in den ersten Jahrzehnten des Kinos kaum eine Rolle. Tatsächlich wurden sogar jugendliche Rollen von erwachsenen Stars wie Mary Pickford übernommen. Im Jahr 1925 brachte die Motion Picture Producers and Distributors Association 52 Programme mit neu geschnittenen kinderfreundlichen Filmen in Umlauf. Aber die Initiative hielt nur ein Jahr und das Standardmatineeprogramm aus Zeichentrickfilmen, Serien, B-Movies und Slapstickkurzfilmen bürgerte sich ein.

In den frühen 1930ern brachte Micky Maus eine Veränderung – die Beliebtheit der Figur wurde durch einen Pakt zwischen Walt Disney und dem Better Films Committee gefestigt, der zur Gründung des Mickey Mouse Club samt Mitgliedsschwur, gewählten Funktionären und Wohltätigkeitsaktivitäten führte. Disney erkannte schnell das kommerzielle Potential sowie den sozialen Nutzen des Klubs und begann, die Produktion passender Spielsachen, Geschirrteile, Uhren und Lebensmittel zu fördern. Diese schufen eine Markentreue, die das Risiko von Disneys erstem Vorstoß in Richtung Zeichentrickspielfilme für Kinder, *Schneewittchen und die sieben Zwerge* (1937), etwas reduzierte.

Etwa zur gleichen Zeit begann das Moskauer Kinderfilmstudio, Märchenfilme zu produzieren, die Tugenden wie Zusammenarbeit und harte Arbeit priesen, ohne übermäßig propagandistisch zu sein. Das Grundmuster des sowjetischen Regisseurs Alexander Row wurde hinter dem Eisernen Vorhang in den folgenden 40 Jahren vielfach kopiert. Die britische Children's Film Foundation spezialisierte sich auf halb komische Abenteuer, in denen beherzte Kinder geistig minderbemittelte Gauner überlisteten, während Deutschland, die Niederlande und Skandinavien Kinderfilmtraditionen entwickelten, die bis heute Eskapismus mit einer nicht bevormundenden Behandlung der Alltagsprobleme Heranwachsender vereinen.

Hollywood dagegen hat sich ausnahmslos dafür entschieden, lieber zu unterhalten als aufzuklären. Mehr noch – indem es wie am Fließband Hunderte von B-Western, Actionserien und Science-Fiction-Blockbuster für Kinder ausstieß, neigte es dazu, eher Jungen zu versorgen. Mädchen haben wenige Rollenmodelle auf der Leinwand gesehen, seit Shirley Temple ihrer *Curly-Top*-Phase entwachsen ist und Judy Garland und Deanna Durbin lieber anfingen, sich zu verlieben, als im Rampenlicht zu stehen.

Bei Disney erkannte man, dass das jüngere Publikum vernachlässigt wurde, als die Teenager sich von sensationslüsternen Exploitationfilmen weglocken ließen, und antwortete mit einer Reihe von Filmen mit lebenden Darstellern, die von Abenteuern wie *Die Wüste lebt* (1953) und tierischen Eskapaden wie *Die unglaubliche Reise* (1963) bis zu musikuntermalten Buchverfilmungen wie *Mary Poppins* (1965) reichten. Aber trotz der Einführung der G-Kennzeichnung jugendfreier Filme (G wie generelles Publikum) im Jahr 1968 wurden im nachfolgenden Jahrzehnt nur wenige bemerkenswerte Kinderfilme gedreht, denn Regisseure erfreuten sich der neu entdeckten Freiheit, „erwachsene" Themen ohne die Einschränkungen des Produktionskodex zu erkunden.

Krieg der Sterne (1977) belebte die Form aufs Neue und verschob den Schwerpunkt so entscheidend in Richtung Spektakel, Spezialeffekte und Superhelden, dass sich viele Kritiker über den Jugendwahn des amerikanischen Films und die immer stärkere Verbindung zwischen Kino und Konsum beklagten. Aber nachdem Kinderfilme immer lukrativer werden, sind rivalisierende Konzerne immer auf der Suche nach Erfolgsserien wie *Harry Potter,* um sich die nächste Generation von Kinogängern zu angeln. ∎

Teenagerängste auf der Leinwand

IDEE NR. 90
TEENIEFILME

OBEN: *Love Finds Andy Hardy* (1938), aber das scheint Mickey Rooney wenig zu beeindrucken.

UNTEN: *In John Hughes' Der Frühstücksclub* (1985) wurde das „Brat Pack" erwachsen.

Jugendliche haben Hollywood gerettet. Als ab 1947 die Zahlen erwachsener Zuschauer zurückgingen, erkannten die Produzenten, dass Heranwachsende Appetit auf Sensationen und Spektakel hatten und über genügend Freizeit und Geldmittel verfügten, um sich ihnen hinzugeben. Insofern begannen plötzlich diejenigen, die einst die Massen bedient hatten, mit der Fließbandproduktion von Teeniefilmen.

Bis in die späten 1930er gaben sich Filmemacher wenig Mühe, zwischen jugendlichen Altersgruppen zu unterscheiden. Aber nachdem sie viel in heranwachsende Kinderstars wie Judy Garland, Deanna Durbin und Mickey Rooney investiert hatten, fingen sie an, Spielfilme über Schule, Familie und Flirts zu drehen, die die neu aufkommende Kultur söckchentragender Teenager widerspiegelten. Allerdings schränkte der Produktionskodex ihr Themenspektrum ein, sodass die unschuldigen Probleme des Mittelschichtvororthelden Andy Hardy fast ebenso unerhört waren wie die Untaten der Dead End Kids, die anfangs in Gangsterfilmen auftraten.

Die Jugendphobie der Nachkriegszeit führte dazu, dass junge Leute in Filmen wie *Der Wilde* (1953) verteufelt wurden. Aber Filme wie *...denn sie wissen nicht, was sie tun* und *Die Saat der Gewalt* (beide 1955) versuchten ernsthafter, die Teenagerpsyche zu verstehen, wobei in letzterem sogar eine rassenübergreifende Allianz gegen Ungerechtigkeit geschildert wird. Der Rock 'n' Roll gab Teeniefilmen eine neue Kantigkeit. Trotzdem begann man in Hollywood erst ab 1956, nach der Revision des Produktionskodex, endlich Tabuthemen wie Angst, Entfremdung, sexuelle Identität, Schwangerschaften bei Minderjährigen und zerrüttete Familienverhältnisse anzupacken.

Produzenten begannen, am laufenden Band Teeniefilme aller Genres für Autokinos und Kinos mit Doppelvorstellungen zu produzieren. Infolgedessen wurden sie beschuldigt, das Kino immer stärker auf Jugendliche auszurichten, denn die meisten Filme waren mit Kunstgriffen, Klischees und Stereotypen durchsetzt und boten konservative, oberflächliche Lösungen für drängende Probleme. In den 1960ern allerdings kam neben den Strandfilmen, die eine keimfreie Rock-'n'-Roll-Haltung zu propagieren versuchten, eine Flut von Filmen über Kriminalität, frisierte Autos, Motorradfahrer und Drogentrips heraus, die die Studios davon überzeugten, die lukrative Gegenkultur willkommen zu heißen, sodass der Kodex zusammenbrach und New Hollywood entstand.

Diese kurze nachklassische Epoche wurde bald von einer zweiten Teeniefilmwelle überschwemmt, die eine Kassenkrise der Kinos beendete, indem sie die medienerfahrene und unersättlich konsumorientierte Generation X befriedigte. Anfangs von der Nostalgie in Filmen wie *American Graffiti* (1973) und der amüsanten Suche nach Sex in *Lockere Geschäfte* (1983) verführt, identifizierte sie sich besonders mit den „Brat-Pack"-Filmen von John Hughes. Sie lieferten einen behaglichen Ausgleich zu den Bestrafungen jugendlicher Verfehlungen in Slasherfilmen wie *Halloween* (1978).

Obwohl die *Scream*- und *American-Pie*-Serien einen ironischeren Ansatz pflegten, kreisten die meisten Teeniefilme um weiße Vorortbewohner, die wenig über Armut, Gewalt, Drogenmissbrauch oder zerbrechende Familien wussten. Ausflüge des New Black Cinema wie *Boyz n the Hood* (1991) boten einen realistischeren Blick auf das innerstädtische Amerika. Hollywood blieb weit hinter den Niederländern, Deutschen und Skandinaviern zurück, wenn es um die Diskussion von Frauenthemen ging – wenn es darauf einging, dann allenfalls, indem es die Figur des „bösen Mädchens" aus TV-Serien wie *Beverly Hills, 90210* importierte. Insofern beuten die Studios Teenager zwar weiterhin als Kernpublikum aus, haben aber nach wie vor Schwierigkeiten, mit ihnen in ihrer eigenen Begrifflichkeit zu sprechen. ∎

„Der Rock 'n' Roll gab Teeniefilmen eine neue Kantigkeit."

OBEN: *Der Vampir Edward Cullen (Robert Pattinson) unterwirft sich in* **New Moon – Biss zur Mittagsstunde** *(2009), dem zweiten von fünf Filmen zu Stephenie Meyers Twilightsaga, den Volturi.*

LINKS: *Rot steht für Gefahr: James Dean transformierte das Bild des amerikanischen Jugendlichen in Nicholas Rays* **... denn sie wissen nicht, was sie tun** *(1955).*

James Achesons Kostüme halfen Regisseur Sam Raimi und Schauspieler Tobey Maguire bei der Neuerfindung des Marvel-Comichelden in **Spider-Man** *(2002) und dessen Fortsetzungen 2003 und 2007.*

Nach bewährtem Rezept

IDEE NR. 91
FORTSETZUNGEN

Fortsetzungen gibt es bei vielen Erzählformen, von Romanen bis zu Videospielen. Homers großes Versepos, die *Odyssee,* war eine Fortsetzung der *Ilias,* und sogar Shakespeare hatte nichts dagegen, seine Geschichten fortzusetzen. Mit der Produktion von Fortsetzungen hat sich das Kino also nur an die alte künstlerische Faustregel „Das Gleiche, nur anders" gehalten.

Fortsetzungen, englisch Sequels genannt, haben keinen guten Ruf. Jeden Sommer klagen die Kritiker über einen neuen Ausbruch der „Sequelitis" und prangern Hollywoods kreative Erstarrung und kommerzielle Ängstlichkeit an. Trotzdem kann die Fortsetzung nicht immer als ein Synonym für faules Wiederholen angesehen werden.

David Wark Griffith versuchte sich als einer der Ersten an einer Fortsetzung, als er die Geschichte, die in seinem Film *His Trust* begann, in *His Trust Fulfilled* (beide 1911) vollendete. Aber während Hollywood in der Studioära gelegentlich Ausflüge wie *Der Sohn des Scheichs* (1926) und *Edison, the Man* (1940) produzierte, verschmolz die Fortsetzung tendenziell zur Filmserie, die wiederkehrende Figuren in jeweils abgeschlossenen Einzelgeschichten zeigte. Erst in den 1970ern wurde die Fortsetzung zur Institution. Francis Ford Coppolas *Der Pate 2* (1974) war in einzigartiger Weise Fortsetzung und Vorgeschichte zugleich, indem er nicht nur die in *Der Pate* (1972) begonnene Geschichte fortführte, sondern auch den Hintergrund zum früheren Film nachlieferte. *Der Pate 2* gehört auch zu den wenigen Nachfolgefilmen, die von den Kritikern ebenso hochgelobt werden wie ihre Vorgänger. Die Abspalter von *Der weiße Hai* und die Flut von Slasherfilmen, die in den 1980ern Filmreihen hervorbrachten, lösten den Trend abnehmender filmischer und kommerzieller Erträge aus, der eine unvermeidliche Gegenreaktion hervorrief.

Viele dieser Fortsetzungen der ersten Generation wurden in der Hoffnung auf schnelles Geld billig produziert. Aber die Fortsetzungen von Megafilmreihen waren entscheidend für die Strategie medialer Synergien, die Hollywoods Konzerne erdacht hatten: Je mehr erfolgreiche Sequels einem Kassenschlager folgten, desto größer waren die Chancen für entsprechende Merchandisingprodukte. Infolgedessen endeten die Handlungsstränge immer offener, um Raum für ein Weitererzählen zu lassen, und die Studios planten die Kinostarts von Fortsetzungen so, dass sie mit der Markteinführung von Heimunterhaltungsformaten zusammenfielen. Darüber hinaus fingen sie an, Fortsetzungen vorab zu drehen – so war *Fluch der Karibik: Am Ende der Welt* (2007) bereits in Vorbereitung, bevor *Pirates of the Caribbean – Fluch der Karibik 2* (2006) auch nur angelaufen war.

Der Zynismus hinter einer derartigen horizontalen Integration hat zu dem Vorwurf geführt, effektüberladene Sequels seien bar jeglicher Ideen oder Intelligenz. Aber es gibt keinen Grund zu der Annahme, dass Handlungen, in denen beliebte Figuren, Situationen und Orte vorkommen, nicht innovativ und anspruchsvoll sein können. Bei der Neubelebung von Spider-Man und Batman konnten Sam Raimi und Christopher Nolan beispielsweise mit den Erwartungen des Publikums spielen, aber auch ihre eigenen Einblicke in die Superheldenpsyche erkunden.

Es liegt auch ein gewisses snobistisches Element darin, Filme wie *Die nackte Kanone 33 1/3* (1994) oder *Für immer Shrek* (2010) abzulehnen und gleichzeitig nichtamerikanische Fortsetzungen zu preisen, wie Fritz Langs *Das Testament des Dr. Mabuse* (1933), Satyajit Rays Trilogie *Apus Weg ins Leben* (1955–59), Akira Kurosawas *Sanjuro* (1962) und Wong Kar-Wais *Fallen Angels* (1995). Tatsächlich verlassen sich Hongkong, Japan, Bollywood und die verschiedenen europäischen Filmbranchen ebenso stark auf Fortsetzungen, wie Hollywood es tut. ∎

GANZ OBEN: *Rudolph Valentino, die romantische Filmikone schlechthin, bei seinem letzten Leinwandauftritt in der Stummfilmfortsetzung* Der Sohn des Scheichs *(1926)*

OBEN: *Charlie Yeung in* Fallen Angels *(1995), Wong Kar-Wais Fortsetzung und Gegenstück zu* Chungking Express *(1994)*

Was gibts Neues?

Anne Heche und Janet Leigh sterben in Gus Van Sants (1998) und Alfred Hitchcocks (1960) Versionen von Psycho *unter der Dusche.*

IDEE NR. 92
NEUVERFILMUNGEN

Weil für Neuverfilmungen selten Lizenzgebühren anfallen, bearbeiten Produzenten gerne Klassiker wie auch unbekannte Filme neu, in der Hoffnung, sowohl die Zuschauer neugierig zu machen, die mit dem Original vertraut sind, als auch jene, die es nur vom Hörensagen oder gar nicht kennen. Aber Risikoscheu ist nicht das einzige Motiv für derartige Renovierungsaktionen.

Jean Renoir äußerte einmal die Auffassung, dass Regisseure oft ihre ganze Laufbahn damit verbringen, den gleichen Film immer wieder zu drehen. Kritiker haben derartige Autorenwiederholungen tendenziell wohlwollend betrachtet, aber Neuverfilmungen existierender Filme durch einen anderen Regisseur werden unweigerlich als Beweis für kreative Trägheit und kommerziellen Konservativismus verunglimpft. Schon seit dem ersten Jahrzehnt des Kinos haben Filmemacher trotzdem erfolgreiche Geschichten wiederverwendet. Damals führte die mangelnde Urheberrechtsgesetzgebung dazu, dass Remakes im Überfluss produziert werden konnten. Öffentlich verfügbare literarische Werke wurden oft wieder aufgegriffen; selbst als die Studios anfingen, Rechte zu erwerben, kauften sie diese in der Regel unbefristet an, sodass zukünftige Neuverfilmungen ohne Zusatzkosten möglich waren. Solche erfolgreichen Quellen wurden in der Regel neu aufbereitet, um mehr Werktreue zu erzielen oder sie für neue Generationen zu modernisieren. Allerdings wurden Remakes auch als Hommagen an frühere Filmfassungen gedreht – oder um jene überflüssig zu machen. Viele Regisseure von Neuverfilmungen versuchen, einer vielversprechenden Vorlage Gerechtigkeit widerfahren zu lassen, die zunächst falsch behandelt oder unterschätzt wurde. Einige genießen es, verbesserte Ton-, Farb- und Effektverfahren einzusetzen, um die audiovisuelle Qualität der Handlung zu steigern, während andere ein spezielles Geschick dafür haben, ausländische Filmhits in eine neue Umgebung zu versetzen, um neue und oft breitere Zuschauerschichten zu erreichen.

Keine Neuverfilmung ist eine Bild-für-Bild-Nachahmung; selbst Gus Van Sants berüchtigt sklavisches Remake von *Psycho* (1998) unterscheidet sich in mehrfacher Hinsicht von Alfred Hitchcocks Original aus dem Jahr 1960. Allerdings werden werktreue Neuverfilmungen mit nur kleinen Veränderungen bei Handlung, Charakteren, Dialogen, Drehorten und Gestaltung gedreht. Revisionistische Neuverfilmungen dagegen bemühen sich um einen vollkommen neuen Blickwinkel auf den Stoff, während inoffizielle oder „verkleidete" Remakes die Kernhandlung an einen anderen Ort verlegen und den Titel ändern, um direkte Überschneidungen mit dem oft nicht genannten Original zu vermeiden.

Neuverfilmungen über Genregrenzen hinweg sind oft ebenso gewagt, denn sie lassen zu, dass Geschichten in eine ganz neue Vorstellungswelt ver-

„Schon seit dem ersten Jahrzehnt des Kinos haben Filmemacher ... Geschichten wiederverwendet."

OBEN: Plakate für Michael Hanekes amerikanische Neuverfilmung Funny Games U.S. *(links) und das zehn Jahre früher entstandene österreichische Original* Funny Games *von 1997 (rechts).*

UNTEN: *Leise plätschernde Paranoia: Hitomi Kuroki in Hideo Nakatas J-Horrorjuwel* Honogurai mizu no soko kara *(2002) (rechts) und Jennifer Connelly in Walter Salles' Hollywoodremake von 2005 (links).*

lagert werden. Im Goldenen Zeitalter Hollywoods wurden beispielsweise verschiedene Filmstile „musicalisiert". In jüngerer Zeit hat Bollywood diese Mode übernommen und Musiknummern in Neufassungen von *Reservoir Dogs* (Kaante, 2002) und *E.T. – Der Außerirdische* (Sternenkind, 2003) eingebaut.

Die Verbindung von Nebenprodukten des Fernsehens wie *Verliebt in eine Hexe* (2005) und ihren Quellen ist prekär. Ob ehrfürchtig oder parodistisch – nur wenige TV-Transfers haben an den Kinokassen Gnade gefunden. Aber zusammen mit Videos und DVDs hat das Fernsehen bedeutend zur Kultur der Neuverfilmungen beigetragen, denn es hat dabei geholfen, Zuschauer mit der Filmgeschichte vertraut zu machen. ∎

Spielorte wie dieses Warner-Multiplex im englischen Preston, Lancashire, vergrößerten nicht etwa die Auswahl – sie verstärkten Hollywoods Dominanz auf dem Weltmarkt.

Kinosupermärkte

IDEE NR. 93
MULTIPLEXE

Wenn die Filmpaläste Kathedralen des Kinos waren, dann sind die Multiplexe seine Supermärkte. Es ist kein Zufall, dass sie in Einkaufspassagen oder Einkaufszentren außerhalb der Städte liegen, denn auch sie versprechen „alles unter einem Dach". Aber egal, ob auf drei, 13 oder 30 Leinwänden – Multiplexe bieten nur selten so viel Auswahl, wie die Kunden möglicherweise erwarten.

Im Jahr 1988 eröffnet, war das Kinepolis mit Brüssel mit sage und schreibe 25 Sälen das erste Megaplex der Welt.

Die Paramount Decrees von 1948 sollten dazu dienen, den Kinomarkt zu öffnen, indem sie Hollywoods Monopol über Amerikas Lichtspieltheater aufbrachen. Sie trugen aber eher dazu bei, die immer stärker unter Geldmangel leidenden Studios abzuschrecken, sodass den neuen Kinoketten und unabhängigen Kinos wenige Filmen zum Vorführen blieben. Infolgedessen führten die Abwanderung in die Vorstädte und konkurrierende Freizeitbeschäftigungen wie das Fernsehen dazu, dass die Kinoumsätze zwischen 1946 und 1953 um fast 50 Prozent zurückgingen. Trotz der Einführung von Autokinos, Programmkinos, Wiederaufführungshäusern und Schmuddelkinos (siehe Exploitation) sanken die wöchentlichen Zuschauerzahlen von 30 Millionen im Jahr 1960 auf 18 Millionen zum Ende des Jahrzehnts.

Lichtspieltheater mit mehreren Leinwänden hatte es schon seit den 1930ern gegeben. Aber nachdem so viele Innenstadtkinos, Zweitaufführungshäuser und Nachbarschaftskinos verschwanden, unternahmen die Kinobesitzer in den 1970ern gemeinsame Anstrengungen, um die Zahl ihrer Leinwände zu verdoppeln oder zu verdreifachen und damit die Laufzeiten erfolgreicher Filme zu verlängern. Diese Praxis fiel mit dem Aufkommen der Blockbuster zusammen, und die Deregulierungspolitik der Reagan-Regierung ermöglichte es den Konzernen, die inzwischen die Studios kontrollierten, wieder Verwertungskreisläufe in ihre Portfolios zu integrieren. Daraufhin folgte ein Multiplexbauboom, der die Zuschauerzahlen im Jahr 1980 auf 20 Millionen ansteigen ließ, 1995 auf 25 Millionen und 2002 auf 30 Millionen.

Allerdings schufen die neuen Vorführhäuser nicht unbedingt Räume, in denen Independent- und Importfilme ihre Nischen gefunden hätten – stattdessen ermöglichten sie einfach größeren Zahlen von Zuschauern, die allgegenwärtigen „Filmereignisse" zu sehen. Die Studios setzten auf Werbung in den Massenmedien und den gleichzeitigen Filmstart in extrem vielen Kinos. Insofern verschob sich der Schwerpunkt: Man ließ nicht mehr Filmkritiken und Mund-zu-Mund-Propaganda für ein allmählich anwachsendes Publikum sorgen, sondern setzte auf einen Kassenerfolg am Eröffnungswochenende und darauf, dass die an den Kinokassen ermittelten Zuschauerzahlen Marketing und Umsatz bis zum Video- oder DVD-Start stützten.

Um ihre Umsätze zu maximieren, gingen die Studios in Bezug auf die Inhalte immer weniger Risiken ein. Sie verließen sich darauf, jüngere Zuschauer über Fortsetzungen, Neuverfilmungen und Verfilmungen bereits erfolgreicher TV-Serien, Bestseller, Comics und Videospiele anzulocken und gaben dem Spektakel Vorrang vor der Geschichte. Das führte dazu, dass noch mehr effektgesättigte Kassenschlager zu überhöhten Preisen in 3-D oder Großleinwandformaten wie 70-mm oder IMAX anliefen. Zur Bekämpfung der Piraterie wurden auch die Vorlaufzeiten für Heimunterhaltungsformate reduziert. Und noch größere „Megaplexe" wurden gebaut, die ansteigende Sitzreihen, günstige Parkmöglichkeiten und modernste Projektions- und Tontechnik boten, um so viele Menschen wie möglich durchzuschleusen, bevor der nächste Film anlief, den „man gesehen haben muss". Solche Filme wurden oft, in einer zynischen Form der Rückkehr zu Blockbuchungen, mit unwichtigeren Filmen des gleichen Produzenten oder Verleihs gebündelt.

Megaplexe, die drastische Einsparungen bei Transport- und Personalkosten ermöglichten und 40 Prozent ihrer Umsätze an den Imbissständen scheffelten, waren wirtschaftlich sinnvoll. Aber sie drängten auch viele kleinere Multiplexe aus dem Markt, ebenso wie die traditionellen Innenstadthäuser. Großkinos mit vielen Sälen und meist mit digitaler Projektionstechnik entstehen weiterhin in rascher Folge auf allen Kontinenten. Die meisten von ihnen verstärken Hollywoods kommerzielle Übermacht. Die Tatsache, dass sie so viele Plätze bieten und ebenso bequem wie praktisch sind, hat allerdings entscheidend dazu beigetragen, die Zahl der Kinobesucher auch in der letzten weltweiten Wirtschaftskrise ansteigen zu lassen. ■

The VHS-Revolution

IDEE NR. 94
VIDEO

Sogar für eine Industrie, in der die Technik sich rasch wandelt, kam und ging die Videoepoche mit bemerkenswerter Geschwindigkeit. Aber in den letzten beiden Jahrzehnten des vergangenen Jahrhunderts veränderten Videobänder und -rekorder die Produktion, Rezeption und Erforschung kommerzieller und künstlerischer Filme.

Kunstinstallation als Spielfilm: Die Videokünstler Douglas Gordon and Philippe Pareno setzten 17 Kameras ein, um Zidane – Ein Porträt im 21. Jahrhundert *(2006) zu drehen.*

Im Jahr 1956 eingeführt, wurde Video zunächst primär in der Fernsehbranche verwendet, bis Sony und Matsushita in den 1970ern die Betamax- beziehungsweise VHS-Kassetten entwickelten. Nachdem Sony die Einsprüche von Disney und Universal abgewehrt hatte, Video verstoße gegen das Urheberrecht, verlor die Firma bei der Schlacht um Formate, und schon 1988 besaßen 60 Prozent aller amerikanischen Haushalte ein VHS-Gerät. Um die gleiche Zeit verdoppelten die Einnahmen aus Videoverleih und -verkauf die Einnahmen an den Kinokassen auf jährlich 7,2 Milliarden Dollar.

Unabhängige Produktionen blühten auf, um die Nachfrage nach Filmen zu befriedigen, die direkt als Videos veröffentlicht wurden. Der resultierende Pornografie- und Splatterhorrorboom führte aber zu Kontroversen darüber, ob minderjährige Zuschauer zu viel Sex und Gewalt ausgesetzt seien. Auch ästhetische Debatten flammten auf, denn Puristen beklagten, den auf Magnetbänder aufgenommenen Bildern fehle die Dichte, Genauigkeit, Tiefenwirkung und Dynamik von Zelluloidaufnahmen. Sie verurteilten auch die Tatsache, dass das Zusehen im heimischen Umfeld viel weniger kontrollierbar und konzentriert ablief als in verdunkelten Kinosälen. Trotzdem machte die Videotechnik wissenschaftliche Untersuchungen erheblich einfacher, und bald erwies sie sich auch auf Filmsets als wertvoll. Mehrere Regisseure verwendeten Video für Storyboards und Rohschnitt, weil Videomaterial anders als Film nicht entwickelt werden muss und so, dank Vorschaubildschirmen und Sofortwiedergabe, teure Wiederholungsaufnahmen weniger häufig nötig waren.

Aber Video beeinflusste nicht nur Hollywood. Dokumentarfilmer konnten dank Videobändern länger drehen, und Jean-Luc Godard und Anne-Marie Miéville setzten stilisierte Tatsachenberichtstechniken für persönliche Projekte wie *France/tour/detour/deux/enfants* (1977) ein. 1980 baute Wim Wenders Videoaufnahmen von Tom Farrell in *Nick's Film – Lightning over Water*, sein Porträt von Nicholas Ray, ein, während Michelangelo Antonioni in *Das Geheimnis von Oberwald* (1981) mit Videofarbtönen experimentierte. In jüngerer Zeit hat die Videotechnik den kometenhaften Aufstieg von Nollywood in Nigeria ermöglicht.

Video spielte auch in Steven Soderberghs *Sex, Lügen und Video* (1987), Oliver Stones *Natural Born Killers* und Atom Egoyans *Exotica* (beide 1994) eine wichtige Rolle, und das Musikvideo beeinflusste die einschlägigen Szenen in *Flashdance* (1983) und *Dirty Dancing* (1987). Während die Videorevolution aber Hollywood dazu brachte, mit der Produktion von Spektakeln mit eingängiger Handlung wie *Top Gun – Sie fürchten weder Tod noch Teufel* (1986) zu beginnen, um den Großleinwandblockbuster wieder zu seinem Markenzeichen zu machen, fand gleichzeitig eine neue Sorte von Videokünstlern ein anerkennendes Publikum in den Kunstgalerien und Museen dieser Welt.

Nam June Paik, Peter Campus, Joan Jonas sowie Steina und Woody Vasulka, die in den 1960ern in Erscheinung getreten waren, gehörten zu den ersten, die Endlosschleifen, Überwachungstechniken, Mehrfachbildschirme sowie elektronisch verzerrte Töne und Bilder nutzten, um Videos und Installationen zu schaffen, die nicht immer dafür entworfen waren, vollständig gesehen zu werden. Später verschmolzen Bruce Nauman, Bill Viola, Sadie Benning, Matthew Barney, Matthias Müller, Pascal Auger, Pipilotti Rist und Douglas Gordon Video mit Performance, Konzeptkunst und Experimentalfilm.

Digitale Videotechnik führte zur allmählichen Veraltung von Videobändern ab Mitte der 1990er. Aber viele Kritiker sind besorgt, weil die Formbarkeit digitaler Bildwelten ein Kino fördern könnte, das nicht mehr aufgezeichnete Wirklichkeit vorführt, sondern kosmetisch geschönte Idealisierung. ∎

UNTEN LINKS: *Nachdem er* Das Geheimnis von Oberwald *(1981) auf Videoband gedreht hatte, um Farbexperimente durchzuführen, übertrug Michelangelo Antonioni das Ergebnis für den Kinostart auf eine Standard-35-mm-Kopie.*

UNTEN: *Steven Soderbergh baute mit einer Videohandkamera gedrehtes Bildmaterial in seine mit der Goldenen Palme prämierte Studie über Voyeurismus,* Sex, Lügen und Video *(1989), ein.*

Ingmar Bergman tauschte eine Reihe Zinnsoldaten gegen die Laterna magica seines Bruders ein – mit Bertil Guves Diavorführung in **Fanny und Alexander** *(1982) erinnert er an die Verzauberung seiner Kindheit.*

Trautes Heim, Glück allein

IDEE NR. 95
HEIMUNTERHALTUNG

Heimunterhaltung ist nicht etwa ein modernes Phänomen. Seit der Frühgeschichte des Kinos haben bewegte Bilder zu ihr beitragen. Allerdings ist das, was einst eine Nischenneuheit war, heute eine entscheidende Komponente der globalen Filmwirtschaft, die unter anderem einen willkommenen neuen Vertriebsweg für vergessene Klassiker bietet.

Jacques Demy drehte als Junge Zeichentrickstreifen und Filme mit lebenden Darstellern – daran erinnert seine Witwe Agnès Varda in ihrer liebevollen Filmbiografie Jacquot de Nantes *(1991).*

Optische Spielzeuge wie das Thaumatrop, das Phenakistoskop und das Zoetrop (siehe Nachbildwirkung) fanden Mitte des 19. Jahrhunderts den Weg in die Eigenheime. Verkleinerte Versionen von öffentlichen Unterhaltungsangeboten wie dem Diorama wurden ebenfalls hergestellt, obwohl Émile Reynaud diesen Trend umkehrte, indem er das Praxinoskop so umbaute, dass er damit in seinem Théâtre Optique bewegte Bilder vor größerem Publikum projizieren konnte.

Keines dieser Geräte erwies sich im häuslichen Bereich als so beliebt wie die Laterna magica, an die sich Ingmar Bergman in *Fanny und Alexander* (1982) so liebevoll erinnert. Trotzdem wurde sie bald vom Projektor überflügelt, als der Amateurfilm nach der Einführung von Sicherheitsfilm (1923) und 8-mm-Film (1932) zum letzten Schrei avancierte. Jacques Demy, Bernardo Bertolucci, Francis Ford Coppola und Steven Spielberg gehörten zu den vielen aufstrebenden Regisseuren, die Jugendwerke für Familie und Freunde gestalteten. Aber das Heimkino konnte sich nie mit der Wirkung des Fernsehens messen.

Obwohl es eine Mitschuld an den sinkenden amerikanischen Kinoumsätzen ab 1947 trug, wurde das Fernsehen schnell zur Rettungsleine für Hollywood. Mitte der 1950er fingen die Studios an, ihre Archivbestände für Sendezwecke zu verkaufen. Martin Scorsese erzählte, Fernsehreihen wie *Million Dollar Movie* hätten ihn mit klassischen Filmen vertraut gemacht, die seit ihrem ursprünglichen Kinostart kaum zu sehen gewesen waren. Diese neue Zugänglichkeit wurde zwei Jahrzehnte später durch die Einführung der Videokassetten erweitert, dank derer man Filme mieten oder kaufen konnte. Anfangs wehrte sich die Branche aus urheberrechtlichen Gründen gegen Video, aber im Jahr 1995 machte der Heimunterhaltungsmarkt mehr als die Hälfte von Hollywoods weltweitem Umsatz aus.

Außerdem konnten auch Filmemachern außerhalb des Mainstreams durch Video ihr Publikum finden. Insbesondere die Exploitationgenres fanden kultische Fangemeinden, wobei Quentin Tarantino bekanntlich seine Kinobildung als Videothekmitarbeiter erweiterte. Der Boom löste aber auch Kontroversen aus – so entzündete sich im Großbritannien der 1980er Jahre eine Debatte über Zensur an den drastischen Horrorfilmen, die den Spitznamen „Video Nasties" trugen, während Puristen die Techniken verurteilten, die für das Überspielen von Breitwandfilmen auf Videoband eingesetzt wurden.

Auch Bildqualität und Haltbarkeit gaben Anlass zu Besorgnis. Aber beide Probleme wurden durch die Einführung von Laserdisc, DVD und Blu-ray Disc gemildert. DVDs, die im Jahr 2003 erstmals den VHS-Verleih überflügelten, haben Heimvorführungen deutlich verändert: Beigefügte Extras bieten Kommentare, „Making-Of"-Dokumentationen, nicht verwendete Szenen, Trailer, Bonusmaterial, Bildergalerien und biografische Informationen. Die DVD zu Greg Marcks' *11:14 – Elevenfourteen* (2003) bot darüber hinaus ein interaktives Element – die Verbindung zwischen Filmen und Spielen wird immer stärker.

Das Gleiche gilt für die Verbindung zwischen Filmen und Internet. Eine Internetseite löste einen Hype aus, der den Machern von *Blair Witch Project* (1999), die 22 000 Dollar Auslagen hatten, 240,5 Millionen Dollar Umsatz bescherte. Und das Drehbuch für *Snakes on a Plane* (2006) wurde nach Forumskommentaren gestaltet. Breitband hat es Animationskünstlern und Experimentalfilmern möglich gemacht, ihre Werke im Netz zu zeigen, während Internetangebote wie YouTube Schaufenster für talentierte Amateure bieten. Allerdings hat der Datenaustausch dazu geführt, dass immer mehr Filme illegal vom Internet heruntergeladen werden – das Zeitfenster zwischen Kinolaufzeit und DVD-Markteinführung wurde daher drastisch verkürzt. Vermehrte Investitionen in 3-D-Spektakel sollten die Piraterie bekämpfen, was zur Folge hatte, dass im Jahr 2009 die Kinoeinnahmen (9,87 Milliarden Dollar) die DVD-Umsätze (8,73 Milliarden Dollar) zum ersten Mal seit fast zehn Jahren überstiegen. Heimunterhaltung mag ein großes Geschäft sein, aber die Seherfahrung in einem Kino mit großen Leinwand bleibt unschlagbar. ∎

Das Studiosystem herausfordern

IDEE NR. 96
US-INDEPENDENTFILME

Die unabhängige Produktion hat in Amerika immer eine entscheidende Rolle gespielt. Aber während diese Unabhängigkeit einstmals dazu diente, Neuerungen und Bilderstürmerei in den Mainstream zu tragen, wird sie in der Ära der Blockbuster immer stärker an den Rand gedrängt.

GANZ OBEN: *Independentchic in Schwarz-Weiß: John Lurie, Eszter Balint und Richard Edson in Jim Jarmuschs* Stranger Than Paradise *(1984)*

OBEN: *Das jiddische Filmjuwel* Yidl mitn Fidl *(1936) von Joseph Green und Jan Nowina-Przybylski*

Es gehört zu den ironischen Aspekten der Filmgeschichte, dass die Außenseiter, deren Motion Picture Distributing and Sales Company das Kartell der Motion Picture Patents Company aufbrach, damit das unendlich restriktivere System der vertikalen Integration festigten, mit dessen Hilfe Hollywood das Weltkino beherrschte. Tatsächlich fühlten sich schon im Jahr 1919 David Wark Griffith, Mary Pickford, Douglas Fairbanks und Charlie Chaplin veranlasst, zum Schutz ihrer kreativen und kommerziellen Interessen die Firma United Artists zu gründen. Der Studiochef von Metro Pictures, Richard A. Rowland, urteilte zwar verächtlich, „die Verrückten hätten das Irrenhaus übernommen", aber sowohl die großen als auch die kleinen Studios arrangierten sich in ihrer Blütezeit mit unabhängigen Produzenten und erlaubten der Poverty Row auch, ihre Produkte für die Zweitfilme von Doppelvorführungen abzukupfern.

Allerdings verlagerte sich nach den Paramount Decrees von 1948 der Schwerpunkt entschieden in Richtung unabhängiger Produktion. United Artists florierte, wobei die Produzenten Walter Wanger, Sam Spiegel und Walter Mirisch, die Regisseure Stanley Kramer und Otto Preminger und Schauspieler wie Burt Lancaster und Kirk Douglas für gute Verleihgeschäfte sorgten. Im Jahr 1958 waren 65 Prozent aller Hollywoodspielfilme unabhängig produziert, wobei produktive Marktneulinge wie Allied Artists und American International Pictures erheblich zur Steigerung der Zahlen beitrugen.

Exploitationfilme trugen dazu bei, dass das amerikanische Kino die Ankunft des Fernsehens überlebte. Aber bald wurde die Branche von Blockbustern beherrscht, die in den Independentgenrefilmen wurzelten. Eine heftige Gegenreaktion führte in den späten 1980ern dazu, dass neue Talente wie Jim Jarmusch, Hal Hartley, Steven Soderbergh sowie die Brüder Ethan und Joel Coen auftauchten. Sie wurden von Jungfirmen wie New Line, Orion und Miramax finanziert, vom Sundance Film Festival bekannt gemacht und bei den Independent Spirit Awards gepriesen.

Aber obwohl viele Filmemacher es geschafft haben, mit Minimalbudgets erfolgreiche Debütfilme zu drehen, die mehr Wert auf Figuren und Handlung legten als auf Schaueffekte, gelang es nicht vielen, ihre Karriere fortzusetzen. Trotz der Unterstützung der Filmkritiker haben nur wenige Independentfilme wie *Reservoir Dogs* (1992) und *Blair Witch Project* (1999) den Durchbruch geschafft. Die meisten liefen nur in Programmkinos, auf spezielle Festivals oder wurden von Kultvideolabels vertrieben. Wie einst die „Rassenfilme" von Noble Johnson, Oscar Micheaux und Spencer Williams und die jiddischen Filme von Sidney M. Goldin, Joseph Green und Edgar G. Ulmer sehen sich heute auch die meisten Filme von Frauen, Schwulen und Lesben, Afroamerikanern sowie Filmemachern in der Diaspora und im Exil in die Randbereiche des Independentfilm gedrängt. ∎

„Im Jahr 1958 waren 65 Prozent aller Hollywoodspielfilme unabhängig produziert ..."

Heather Donohue in dem Film **Blair Witch Project** *(1999), der den Independenttrend der Horrorfilme mit „gefundenem Filmmaterial" auslöste.*

„Das Queer Cinema unterhält heute seinen eigenen Festivalzirkus …"

OBEN: *Gael García Bernal in* La mala educación *(2004), Pedro Almodóvars Film-noir-Enthüllung über die kirchlichen Schulen der Franco-Ära*

RECHTS: *Alessandro Gassman auf einer Selbstfindungsreise mit Mehmet Günsür in Ferzan Ozpeteks* Hamam – Das türkische Bad *(1997)*

Coming out

IDEE NR. 97
QUEER CINEMA

Das Drehbuch zu Mädchen in Uniform *(1931) stammte von Christa Winsloe, Leontine Sagan führte Regie und auch die Besetzung war ausnahmslos weiblich.*

Homosexualität war einen Großteil des ersten Kinojahrhunderts lang in vielen Ländern illegal und die Darstellung offen schwuler oder lesbischer Figuren nahezu unmöglich. Bis die späten 1960er Jahre im Westen eine Revolution brachten, die nicht nur die Methoden des Filmemachens veränderte, sondern auch die Art deren Interpretation.

Der Produktionskodex, der in Hollywood in den 1930ern erlassen wurde, verbot die Darstellung jeglicher Art von „sexueller Perversion", und selbst nach einer Ergänzung der Rubrik im Jahr 1961 waren gleichgeschlechtliche Situationen nur zulässig, wenn sie mit „Sorgfalt, Diskretion und Zurückhaltung" behandelt wurden. Spielfilme wie *Mädchen in Uniform* (1931) und *Der Teufelskreis* (1961) waren daher in den Jahrzehnten von Hetzjagd und Strafverfolgung selten. Tatsächlich blieben schwule und lesbische Themen meist auf nichtkommerzielle Ausnahmen wie Kenneth Angers *Fireworks* (1947) und Jack Smiths *Flaming Creatures* (1963) beschränkt. Allerdings führten der Zusammenbruch des Kodex 1968 und der Stonewall-Aufstand in der New Yorker Christopher Street im darauffolgenden Jahr dazu, dass Hollywood mit Filmen wie *Asphalt-Cowboy* (1969) und *Die Harten und die Zarten* (1970) vorsichtig für Natürlichkeit und Mitmenschlichkeit eintrat.

Aber obwohl sie Akzeptanz einforderten und Schwule und Lesben von Neben- zu Hauptdarstellern beförderten, schafften es viele dieser Filme nur, Klischees zu verstärken. Diese wurden durch die gut gemeinten, aber oft bevormundenden AIDS-Dramen, die Mitte der 1980er aufzutauchen begannen, noch fester verankert. Die Gegenreaktion gegen politische Korrektheit und aggressiven Aktivismus rief das von dem Kritiker B. Ruby Rich so getaufte „New Queer Cinema" hervor.

Todd Haynes' *Poison* (1991), Gregg Arakis *The Living End* und Tom Kalins *Swoon* (beide 1992) rückten von positiven Darstellungen ab. Die Regisseure traten mit diesen Filmen politisch selbstbewusst auf und setzten sich für die Überprüfung und Neuaneignung von Stereotypen ein, wurden aber beschuldigt, elitäre, postmoderne „Homo-Pornos" zu produzieren, die um schwule Männer aus der weißen Mittelschicht kreisten. Allerdings spiegelte das New Queer Cinema, indem es eine einheitliche Ästhetik vermied und Vielfalt förderte, das wachsende Selbstbewusstsein von etablierten und aufstrebenden Filmemachern in aller Welt, darunter Chantal Akerman, Barbara Hammer, Su Friedrich, Monika Treut, Sadie Benning, Gus Van Sant, Derek Jarman, Pedro Almodóvar, John Greyson und Bruce LaBruce.

Das New Queer Cinema löste auch eine wissenschaftliche Revolution aus. Indem die Queertheorie Raum für eine breites Spektrum politischer und ideologischer Positionen bot, wurde sie zum Überbegriff für jede „nichtheterosexuelle" Perspektive. Somit hatten Theoretiker die Möglichkeit, Hollywoods Geschichte neu zu untersuchen und die Geziertheit von sogenannten Schwuchteln wie dem komödiantischen Schauspieler Franklin Pangborn zu bejubeln, aber auch die Geistesgestörtheit von verweichlichten Psychopathen wie Jame „Buffalo Bill" Gumb in *Das Schweigen der Lämmer* (1991) und Killerlesben wie Beth Garner in *Basic Instinct* (1992) in Frage zu stellen.

Queertheoretiker haben die feministische Theorie zur Bedeutung des Blicks (siehe Feministische Filmtheorie) angezweifelt und erklärt, er sei eher wechselseitig als repressiv, wenn er den androgynen Reiz von Greta Garbo und Marlene Dietrich oder den homoerotischen Charme von Marlon Brando und Tom Cruise betont. Sie feierten die Exzesse und das Leiden von Judy Garland und Carmen Miranda, erklärten die frühe Regisseurin Dorothy Arzner zur Autorenfilmerin und akzeptierten die Tatsache, dass Mainstreamdarstellungen von schwulen, lesbischen, bisexuellen oder transidenten Figuren trotz aller Mängel ebenso einer Aufnahme in den Kanon würdig sind wie die Darstellungen in Independent-, Avantgarde-, Underground- oder Dokumentarfilmen.

Das Queer Cinema unterhält heute seinen eigenen Festivalzirkus und seine eigene Pornoindustrie, erfreut sich aber auch Crossoverhits wie *Priscilla – Königin der Wüste* (1994), *Boys Don't Cry* (1999), *Dem Himmel so fern* (2002) und *Brokeback Mountain* (2005). Aber lesbische, schwule, bisexuelle und transidente Filme sind weit davon entfernt, universelle Akzeptanz zu finden – Melodramen wie Deepa Mehtas *Fire – Wenn die Liebe Feuer fängt* (1996) lösten gewalttätige Proteste aus, während viele afrikanische und asiatische Länder sie komplett verbieten (siehe Zensur). ∎

Nostalgie für die Mittelschicht?

Julian Sands und Helena Bonham Carter in Merchant Ivorys Zimmer mit Aussicht *(1985), einem typischen britischen Heritagefilm der 1980er*

IDEE NR. 98
HISTORIENFILME

Historienfilm ist ein umstrittener und oft spöttisch verwendeter Begriff. Er wird vor allem für die prachtvollen britischen „Heritagefilme" benutzt – Kostümdramen, die ab Mitte der 1980er in die Kinos kamen. Er umfasst aber genauso die ersten Experimente des Kinos mit Literaturverfilmungen, Rekonstruktionen historischer Ereignisse und Biografien – sie alle teilen eine oberflächliche Raffinesse, die eine gewisse soziokulturelle Respektabilität ausstrahlen soll.

Das unmittelbarste Anliegen der ersten Filmemacher war es, die Gegenwart aufzuzeichnen. Aber nachdem Alfred Clark *The Execution of Mary, Queen of Scots* (1895) gedreht hatte, strebten sie bald danach, Kunst, Literatur, Theater und Wachsfigurenkabinetten nachzueifern und die Vergangenheit neu zu erschaffen. Der Film d'Art, das italienische Großspektakel und David Wark Griffiths Filme *Die Geburt einer Nation* (1915) und *Intolerance* (1916) griffen allesamt literarische oder historische Themen auf und trugen dazu bei, die Maßstäbe und den Ehrgeiz des Kinos zu verwandeln. Außerdem brachten sie ihm ein neues, gebildeteres Publikum ein.

Solche Filme prägten das Muster für Darstellungen historischer Ereignisse. Aber egal, ob sie das dargestellte soziale, kulturelle oder politische Erbe feierten oder unterwanderten: Filme wie Ernst Lubitschs deutsche Kostümfilme aus der Stummfilmära der 1920er, die Hollywoodfilmbiografien der 1930er mit George Arliss oder Paul Muni und die britischen Korsettromanzen aus den 1940ern spiegelten die Empfindungen des Orts und der Zeit, in der sie entstanden. In der Tat kreisten nachfolgende Kritikerdebatten um das Ausmaß, in dem Historienfilme das gängige Verständnis der Vergangenheit formen, indem sie nationale Mythen stützen, Loblieder auf Helden singen und allegorische Parallelen zu zeitgenössischen Ereignissen ziehen.

Egal, ob sie als Verfilmungen antiker Texte, literarischer Meisterwerke oder Groschenromane antraten – die Kostümfilme der Nachkriegszeit bewiesen eine größere Komplexität und Themenvielfalt und dienten oft dazu, neue technische Möglichkeiten vorzuführen. Bei Filmbiografien wurden die Fehler der Hauptfigur ebenso wichtig wie

OBEN: *Jean Florette* (1986) gewann ein internationales Publikum für den französischen Film, weil in ihm historische Fallstricke mit der glatten Ästhetik des zeitgenössischen „Cinéma-du-look"-Stils kontrastiert wurden.

UNTEN: Gabriel Axels Karen-Blixen-Verfilmung *Babettes Fest* (1987) gehört zu den vielen Historienfilmen, die den Oscar für den Besten ausländischen Film gewannen.

seine oder ihre Erfolge, und der immer größere Wert, der in Breitwandmonumentalfilmen wie David Leans *Lawrence von Arabien* (1962) auf psychologischen Realismus gelegt wurde, nahm den Naturalismus von New Hollywood, die metahistorische Berichterstattung von Roberto Rossellinis *Die Machtergreifung Ludwigs XIV.* (1966) und die anachronistische Bilderstürmerei von Hans-Jürgen Syberbergs *Hitler – ein Film aus Deutschland* (1978) vorweg.

In vieler Hinsicht war der Heritagefilm der 1980er und späterer Jahre eine Reaktion gegen solche Abweichungen vom narrativen Klassizismus. Aber er verschob auch den Schwerpunkt des Geschichtenerzählens von der Technik auf die Mise en Scène, denn akribisch recherchierte Kostüme, Requisiten, Kulissen und Manieren durchtränkten Verfilmungen der Werke von Jane Austen, Charles Dickens, Alexandre Dumas, Émile Zola, Henry James, Edward Morgan Forster und anderen mit einem hohen Grad an kodierter Bedeutung.

Ansehnliche internationale Unternehmungen wie *Jean Florette* (1986), *Bittersüße Schokolade* (1992), *Zeit der Unschuld*, *Das Piano* und *Lebewohl, meine Konkubine* (alle 1993) wurden von einem Publikum geschätzt, das von den Muskeldarbietungen der Mainstreamactionhelden eher befremdet war. Aber obwohl der britische Heritagefilm die einheimische Filmbranche rettete, indem er das Erwachsenwerden von unabhängigen Frauen, schwulen Männern und Hoffnungsträgern aus der Unterschicht an Originalschauplätzen festhielt, wurde er doch vielfach für seinen elitären Laura-Ashley-Piktorialismus und für die Ausmerzung aller satirischer Absichten seines Quellenmaterials verspottet. Insbesondere Merchant Ivorys Produktionen wurden dafür gegeißelt, dass sie angeblich auf dem Höhepunkt der sozialen Umwälzungen der Thatcher-Ära

unkritische Nostalgie an Mittelschichtsbürger mittleren Alters und mittlerer Bildung verhökerten.

Der Historienfilm ist nicht mehr so umstritten oder so allgegenwärtig. Aber da ihm computergenerierte Bilder eine Chance bieten, sich weiterhin neu zu erfinden, tritt er so kenntnisreich und selbstreflexiv wie immer in die Nach-Heritage-Ära ein. ∎

Billiger, vielseitiger, besser?

IDEE NR. 99
DIGITALE VIDEOTECHNIK

Digitale Videotechnik verschlüsselt Bilder auf elektronischem statt fotochemischem Wege. Digitalkameras beruhen zwar auf ungefähr den gleichen optischen Prinzipien wie ihre analogen Vorfahren, bewahren aber ihre Informationen in binären Einheiten. Insofern stellt die Digitalisierung eine der radikalsten technischen Umwälzungen der Filmgeschichte dar – und neue Softwarepakete machen die Anwendungen vom Storyboard bis zur Wiedergabe immer effizienter.

Eine Steadicamhalterung und eine hochauflösende Digitalkamera fingen den Lauf der Geschichte in Alexander Sokurows Russian Ark – Eine einzigartige Zeitreise durch die Eremitage *(2002) mit einer einzigen 96-Minuten-Einstellung ein.*

Die Digitaltechnik, die man anfangs für die Erschaffung von bewegten Bildern und Spezialeffekten am Computer verwendete, wurde bei Dreharbeiten nutzbar, als Sony 1998 seine HDCAM einführte. George Lucas *Star Wars: Episode II – Angriff der Klonkrieger* (2002) war der erste Blockbuster, der auf hochauflösendem Digitalvideo (DV) mit 24 Bildern pro Sekunde gedreht wurde. Er besiegelte die Revolution, die Lucas Mitte der 1970er zum ersten Mal vorhergesagt hatte. Das Kritikerlob für Alexander Sokurows in einer einzigen Einstellung gedrehten Film *Russian Ark – Eine einzigartige Zeitreise durch die Eremitage* (2002) und der Oscarerfolg von Danny Boyles *Slumdog Millionaire* (2008) bestätigten die Akzeptanz der DV-Ästhetik.

Viele verschiedene Kameratypen sind schon für Mainstreamspielfilme verwendet worden, darunter die Panavision Genesis, die Arriflex D-20, die Silicon Imaging SI-2K und die Red One. Ihre leichte Tragbarkeit hat dazu geführt, dass es mehr Handkamerabilder und schnelle Actionszenen gibt – Tendenzen, die von der Kritik nicht immer gebilligt wurden. Aber die einfache Handhabung der Kameras hat es Regisseuren ermöglicht, die Produktion zu beschleunigen und Kosten niedrig zu halten.

Ebenso nützlich sind Sofortwiedergabeoptionen, die genug von der Helligkeit und Auflösung eines Bildes zeigen, um seine Qualität zu beurteilen. Aber Kameraleute mussten Beleuchtungsstrategien neu erlernen, denn der begrenzte Dynamikbereich der meisten hochwertigen Digitalformate sorgt entweder für die Betonung der Schatten oder für eine Reduzierung des helleren Lichts. Insofern wählen Kameraleute, die einst ein bestimmtes Filmmaterial aussuchten, um eine besondere Anmutung zu erzielen, heute eine Kamera entsprechend der Lichtempfindlichkeit ihres CMOS- oder CCD-Sensors und der Körnigkeit aus, die ihr elektronisches Bildrauschen produziert.

Manche Menschen mögen die Plastizität digitaler Bilder nicht und geben nonlinearen Schnittsystemen, die sofortigen Zugriff auf jedes Einzelbild erlauben, die Schuld am vermehrten Vorkommen von Schnitten und Großaufnahmen. Trotzdem haben Cutter dank Random-Access-Systemen wie Avid, Lightworks und Final Cut Pro größere Kontrolle über die Auswahl und Zusammenstellung von Bildern und sparen so Zeit und Geld. Digitale Formate werden auch für Tonschnitt und Farbanpassung genutzt. Darüber hinaus altern sie nicht und spielen daher auch bei der Restaurierung und Lagerung klassischer Filme eine Rolle.

Man hat Hollywood beschuldigt, vor allem aus wirtschaftlichen Gründen auf DV umgestiegen zu sein. Allerdings haben auch Kunstfilmbewegungen wie Dogma 95 und Mumblecore das Potential der Digitaltechnik dazu genutzt, mit knappen Budgets stilistisch innovative Filme zu produzieren. Tatsächlich arbeiten mehr unabhängige Filmemacher denn je und führen ihre Werke entweder online oder über eine Vielfalt von Heimunterhaltungsmedien vor. Darüber hinaus ermöglicht ihnen die Tatsache, dass es billiger ist, DVDs zu brennen als Kopien zu ziehen, ihre Arbeiten in Heimkinos und bei internationalen Festivals vorzuführen.

Kinobesitzer sind immer häufiger bereit, digitale Filme auf die Leinwand zu bringen, die entweder als Datenträger oder Datei geliefert oder per Internet oder Satellitenverbindung übertragen werden. Im Jahr 2005 starteten die großen US-Studios die Digital Cinema Initiatives, um die Kinos zur Umstellung zu ermutigen. Aber zum Zeitpunkt der Abfassung dieses Textes befinden sich 80 Prozent der 6 000 Vorführhäuser, die über einen 2K-, 4K- oder 6K-Projektor verfügen, in Nordamerika. Obwohl Regisseure in aller Welt mit neuen Technologien und Verfahren experimentieren, werden die Zuschauer insofern wohl noch eine Weile warten müssen, bis sie das vollständige digitale Erlebnis genießen können. ∎

Vom Monitor auf die Leinwand

LINKS: *Star Wars* –Fans waren geteilter Meinung über den Umstieg von der ursprünglichen Yodapuppe auf die computergenerierte Version.

OBEN: Selbst Autorenfilmer versuchen sich an CGI: Für Eric Rohmers *Die Lady und der Herzog* (2001) wurde das Frankreich der Revolutionszeit digital neu erschaffen.

IDEE NR. 100
COMPUTERGENERIERTE BILDER

Computer gestatteten es Yoda, in *Star Wars* Weisheit zu vermitteln, und einer ganzen Verbrecherkartei, *Sin City* zu beewohnen. Aber obwohl computergenerierte Bilder, englisch „computer-generated imagery" (CGI), Hollywood grundlegend verändert haben, sind nach wie vor die meisten weltweit produzierten Filme frei von Effekten.

John Whitney wurde mit abstrakten Animationen wie *Lapis* (1963–66) zum Pionier des Computereinsatzes beim Filmemachen. Allerdings waren Computer noch nicht leistungsfähig genug, um Bilder mit Überzeugungskraft für das Kino hervorzubringen, und Hollywood nahm eine Neubewertung vor, nachdem die Filme *Tron* (1982) und *Starfight* (1984), die erste computergenerierte Figuren beziehungsweise fotorealistische Effekte enthielten, bei Kritikern und Kinokassen durchgefallen waren. Aber die sinkenden Zuschauerzahlen der späten 1980er bewegten die Studios dazu, sich der Computertechnik anzuvertrauen, um jüngere Zuschauer zu erreichen, und der Erfolg von James Camerons *Terminator 2 – Tag der Abrechnung* und Disneys *Die Schöne und das Biest* (beide 1991) kündigte eine folgenschwere ästhetische und wirtschaftliche Verschiebung an.

Kein Aspekt des Filmemachens hat sich durch die CGI-Revolution so radikal verändert wie die Animation, deren Dimensionalität sich seit Pixars *Toy Story* (1995) gewandelt hat. Doch auch der Standardgrafikstil profitierte von den Verschönerungen durch den Computer. Darüber hinaus hat die Digitalisierung Hollywood dazu gezwungen, seine Blockbusterstrategien zu überdenken und computergenerierte Bildwelten bis ins Letzte auszuschöpfen.

Diese Umstellung war auch finanziell sinnvoll, denn es war viel billiger, einen einzelnen Programmierer eine alternative Wirklichkeit erschaffen zu lassen, als teure Sets zu bezahlen. Die Kosten für Honorare und Kostüme von Statisten konnten ebenfalls gesenkt werden, indem man Massenszenen um „künstlich intelligente" Figuren vermehrte, die so programmiert waren, dass sie passende Bewegungen in zufälliger Reihenfolge ausführten. Auch Stunts konnten durch die Verwendung digitaler Doubles sicherer gemacht werden, während Paradeszenen wie die Schießerei auf dem Dach in *Matrix* (1999) durch die Zeit- und Raummanipulationen der sogenannten Bullet-Time-Technik verbessert werden konnten. CGI verlieh auch Modellen und Miniaturen größere Authentizität und ermöglichte es sogar einem Körperdouble, die Szenen des verstorbenen Oliver Reed in Ridley Scotts *Gladiator* (2000) zu vollenden.

Trotz der Fortschritte, die bei Filmen wie *TRON: Legacy* (2010) erzielt wurden, muss die Erschaffung realistisch wirkender virtueller Menschen, sogenannter Synthespians, noch perfektioniert werden. Aber in der Zwischenzeit haben computergenerierte Bilder einen deutlichen Effekt auf die Filmschauspielerei ausgeübt: Darsteller arbeiten oft vor leeren Greenscreens, während andere Bewegungserfassungsanzüge anlegen, um Animationskünstlern die Erschaffung mythischer Wesen wie Gollum in der *Herr-der-Ringe*-Trilogie zu ermöglichen.

Nachdem Techniker die Autorenfilmer verdrängen, erscheint eine Zukunft, in der eine interaktive Form virtueller Unterhaltung die traditionelle, kontemplative Form ersetzen könnte, immer wahrscheinlicher. Neuheiten kurbeln den Verkauf von Kinokarten und passenden Merchandisingprodukten an, und obwohl sich die Filmwelt neuen Technologien immer vorsichtig genähert hat, könnte eine Krise an den Kinokassen Hollywood leicht dazu bringen, einen möglicherweise unumkehrbaren Schritt zu unternehmen. ∎

James Cameron ließ nicht nur ein Dampfermodell im Maßstab 9:10 bauen, sondern gab auch 50 Millionen Dollar für die 500 Effektaufnahmen in Titanic *(1997) aus.*

Glossar

Abspann
Der Ab- oder Nachspann zählt die Leistungen von Darstellern und Produktionsstab auf, außerdem Danksagungen und Einzelheiten zum Copyright.

Anamorphotisches Objektiv
Ein Objektiv, dessen Linse ein vergrößertes Bild in ein 35-mm-Format „quetscht". Das Bild wird bei der Projektion entzerrt, um ein Bildverhältnis von 2,35:1 zu erzielen.

Animatronik
Ferngesteuerte oder computerprogrammierte Modelle, die zur Erzielung von Spezialeffekten verwendet werden.

Anime
Ein von Mangas inspirierter japanischer Animationsstil. In den 1960ern von Osamu Tezuka entwickelt, verbreitete sich die „Japanimation" Mitte der 1980er um die Welt.

Backlot
Der Bereich des Studiogeländes hinter den Gebäuden, wo lebensgroße oder maßstabsgetreue Kulissen erstellt und gelagert werden. Die meisten großen Hollywoodstudios hatten eine Vielzahl von Sets, die an alle Zeiten und Orte angepasst werden konnten.

Big Five
Spitzname von MGM, Paramount, Warner Brothers, Twentieth Century-Fox und RKO – den Hollywoodstudios, die bis 1948 vertikal integriert waren.

Bilderfassung
Die Technik des Hochladens von Bildern aus einer Digitalkamera oder einem Scanner, sodass sie am Computer bearbeitet werden können.

Bildsprung
Ein bewusst abrupter Bruch der zeitlichen und/oder räumlichen Kontinuität, der sich über die erzählerische Logik hinwegsetzt und die Aufmerksamkeit auf den konstruierten Charakter eines Films lenkt.

Bipackverfahren
Ein Farbprozess, bei dem zwei für verschiedene Farben empfindliche Zelluloidstreifen in direktem Kontakt durch eine Kamera oder eine optische Kopiermaschine laufen, um gleichzeitig belichtet zu werden.

Blickachsenanschluss
Ein für die Kontinuitätsmontage entscheidender Anschlussschnitt, der zwischen Halbnah- oder Nahaufnahmen einer Figur und dem Objekt ihres Blicks hin- und herwechselt.

Blue- oder Greenscreenverfahren
Die neutralen Farben blau oder grün dienen als Hintergrund für Schauspieler, die bei neutralem Licht Szenen spielen. In der Nachbearbeitung werden diese mit computergenerierten Figuren und Umgebungen kombiniert.

Breitwand
Ein Filmformat, das über das Seitenverhältnis des Normalformats von 1,33:1 beziehungsweise 4:3 hinausgeht.

Bullet Time
Englisch für „Projektil-Zeit" – eine Aufnahmetechnik mit einem Ring synchronisierter Kameras, deren Aufnahmen so nachbereitet werden können, dass sie die Illusion von Dreidimensionalität erschaffen.

CinemaScope
Markenname des anamorphotischen Prozesses, der von Henri Chrétien entwickelt wurde. Er wurde für *Das Gewand* (1953) verwendet und war mit einem Seitenverhältnis von 2,35:1 entscheidend für die Entwicklung des Breitwandkinos.

Digital Tracing
Eine computergestützte Variante der Rotoskopieanimationstechnik.

Diorama
Ein optisches Unterhaltungsmedium, das erstmals 1822 in Paris gezeigt wurde; es verwendete Laterna-magica-Projektoren und Blenden, um Szenen eines riesigen durchscheinenden Gemäldes zu illuminieren, das rund um ein rotierendes Zuschauerpodium angebracht war.

Dolly
Ein beweglicher Kamerawagen, der Kamera und Kameramann während einer Kamerafahrt trägt, sodass die Kamera zum Beispiel an das Geschehen heran- oder vom Geschehen wegbewegt werden kann.

Doppelbelichtungen
Die Überlagerung von zwei Bildern, indem ein Stück Film zweimal belichtet wird, entweder in der Kamera oder in einer optischen Kopiermaschine. Doppelbelichtungen deuteten Gespenster oder das Innenleben einer Figur an, waren aber auch entscheidend für Überblendungen zwischen Szenen.

Dutch Angle
Ein Kameraaufnahmewinkel, den die deutschen Expressionisten entwickelten. Er verwendet eine diagonale Achse, um körperliche oder seelische Desorientierung zu vermitteln, wie in Carol Reeds *Der dritte Mann* (1949).

Einführungsaufnahme
Eine Einstellung am Anfang einer Sequenz, die in die Szene einführt, indem sie Ort, Zeit und Atmosphäre deutlich macht, manchmal auch die räumlichen Verhältnisse zwischen den Figuren.

Filmereignis
Ein Blockbuster mit Großbudget, der zum soziokulturell bedeutsamen Kinoereignis hochgejubelt wird.

Filmstudio
Ein großer schalldichter Raum auf einem Studiogelände, der für Filmaufnahmen benutzt wird.

Flache Ausleuchtung
Die gleichmäßige, frontale Beleuchtung von Figuren, um geringe Kontraste ohne Schatten oder hell erleuchtete Stellen zu produzieren, sodass mehrere bewegliche Kameras verwendet werden können, ohne zwischen den Einstellungen die Lichtführung verändern zu müssen.

Folienanimation
Zeichentricktechnik, bei der die bewegten Bildelemente auf einer transparenten Zelluloidfolie über statische Hintergründe gelegt werden. Jede Folie enthielt einen einzelnen Handlungsschritt und ersparte die Mühe, das gesamte Bild neu zu zeichnen. Verschiedene Folien konnten gestaffelt werden, um den Eindruck von Bildtiefe zu vermitteln.

Glasaufnahme
Diese in den 1920ern und 1930ern eingesetzte Technik sparte die Kosten für den Bau von Szenenbildmodellen, indem sie Szenen durch Glasscheiben mit aufgemalten Umgebungsbildern aufnahm.

Go-Motion
Eine in den späten 1970ern eingeführte Computertechnik, die Modelle während der Aufnahme von Stop-Motion-Szenen minimal bewegt, sodass wirklichkeitsgetreue Bewegungen entstehen und der Stakkatoeffekt von Einzelbildaufnahmen verwischt wird.

Grafischer Anschlussschnitt
Eine bei der Kontinuitätsmontage verwendete Technik, die Kompositionselemente verschiedener Einstellungen einander gegenüberstellt – entweder um Ähnlichkeiten zwischen den Bildern hervorzuheben oder um metaphorische Vergleiche zwischen ihnen anzustellen.

Greenscreenverfahren siehe **Blue- oder Greenscreenverfahren**

Großstadtsinfonien
Avantgardedokumentarfilme wie Walter Ruttmanns *Berlin – Die Sinfonie der Großstadt* (1927),

die versuchten, die Ansichten (und zuletzt auch Geräusche) einer Metropole mit dem Rhythmus des Alltagslebens zu kombinieren.

Halbnahe Einstellung
Die am häufigsten verwendete Einstellung im Kino; normalerweise zeigt sie eine menschliche Gestalt von der Taille an aufwärts.

Ice-Box
Spitzname der schalldichten Gehäuse, in denen Kameras in der frühen Tonfilmzeit untergebracht wurden, um zu verhindern, dass die primitiven Mikrophone das Surren des Motors aufnahmen.

IMAX
Eine Großleinwandtechnik, die in den 1960ern in Kanada entwickelt wurde; sie projiziert Bilder bis zu zehnmal größer als 35-mm- und dreimal größer als 70-mm-Systeme mit konkurrenzlos hoher Auflösung.

Indirekte Beleuchtung
Eine Technik, bei der Reflektoren außerhalb des Sets oder Oberflächen innerhalb des Szenenbildes verwendet werden, um das Licht genau auf eine Person zu lenken.

Intermittierende Bewegung
Die stockende Bewegung, die sicherstellt, dass jedes Bild eines Films einen Moment lang unbewegt gehalten wird, bevor eine Kamera oder eine Projektorlinse Licht hindurchfallen lässt. Diese Bewegung wird durch einen Malteserkreuzmechanismus erzielt, der mit einer Reihe von Zahnrollen verbunden ist, die den Zelluloidstreifen durch die Mechanik ziehen, während eine Latham-Schlaufe die Spannung mindert und Einreißen verhindert.

Kino-Auge
Von dem sowjetischen Filmemacher Dsiga Wertow geprägter Begriff, der sowohl seine Auffassung von der Kamera als beobachtendem und intellektuellem Werkzeug als auch die Montagetechnik beschreibt, mit der er in seinen *Kino-Prawda*-Wochenschauen filmische Wahrheit erschuf.

Kran
Eine große bewegliche Kameraaufhängung mit einem langen Arm oder Galgen, der die Kamera und das Team auf einer Plattform unterbringt, die über die Szene gehoben oder zu ihr herabgefahren werden kann.

Lifecasting
Die Verwendung von Guss- oder Modelliertechniken, um dreidimensionale Kopien lebender Wesen zu erschaffen.

Maske
Eine Abdeckung, die während des Drehens oder Kopierens dazu dient, ein Filmbild teilweise zu verdecken, sodass Vorder- und Hintergrundbilder präzise zu einem einzigen Bild beziehungsweise einer Maskenaufnahme zusammengesetzt werden können.

Midnight Rambles
Spätnächtliche Vorstellungen für ausschließlich schwarzes Publikum zu einer Zeit, als die Rassentrennung die Gewohnheiten amerikanischer Kinogänger diktierte.

Mitternachtsmatineen
Spätnächtliche Vorstellungen von Genre-, Exploitation- oder Kultfilmen.

Motion Picture Association of America (MPAA)
1922 als Motion Picture Producers and Distributors of America gegründet, überwacht diese gemeinnützige Organisation das US-Altersfreigabesystem seit 1968.

Multiplankamera
Eine Kamera, die bei Animationen eingesetzt wird, um die Tiefe und Perspektive von Einstellungen zu verbessern. Glasplatten werden in verschiedenen Abständen vor dem Kameraobjektiv postiert, sodass Folien mit beweglichen Elementen vor statischen Hintergründen aufgenommen werden können.

Nachsynchronisation
Begriff für den Prozess der Nachvertonung beziehungsweise des automatischen Tonanlegeverfahrens, bei dem die Darsteller ihren Text in der Nachbearbeitung noch einmal aufnehmen.

Negativraum
In einer künstlerischen Komposition der Raum rund um die Figuren und zwischen ihnen.

New Hollywood
Bezeichnung der postklassischen Phase der Studiofilmproduktionen, die von Mitte der 1960er bis in die 1980er dauerte und eine Art amerikanische Nouvelle Vague darstellte.

New Talkies
Produziert von Avantgardisten der 1970er Jahre, ließen sich diese Independentspielfilme von der kritischen Theorie und politischen Kunstfilmen dazu inspirieren, die Konventionen des traditionellen Erzählkinos zu dekonstruieren.

Nouvelle Vague
Die neue Welle des französischen Films, die zwischen 1959 und 1963 stattfand und die Auteur-Theorie propagierte, um die filmische Erzählweise zu erneuern.

Nudie Cutie
Spitzname der Sexploitation-Softpornos, die in den 1960er Jahren für Schmuddelkinos produziert wurden.

One-Reeler
Ein Film, der als „Einakter" nur eine Filmrolle lang war, das heißt je nach Projektionsgeschwindigkeit 10 bis 12 Minuten.

Optische Kopiermaschine
Ein Gerät für Spezialeffekte; es besteht aus einem oder mehreren Projektoren, die mit einer Kamera synchronisiert sind, um Filme für die Herstellung zusammengesetzter Bilder noch einmal aufzunehmen.

Over-the-Shoulder-Shot
Ein Aufnahmewinkel, der für Schuss-Gegenschuss-Dialogszenen verwendet wird, um eine Figur über die Schulter des anderen Gesprächspartners hinweg zu zeigen.

Paramount Decrees
Eine Entscheidung des Obersten Gerichtshofs der USA von 1948, die es den Studios untersagte, eigene Kinos zu besitzen und die monopolistische Hollywoodpraxis der vertikalen Integration beendete.

Patent- und Kartellkriege
Konflikte, die 1897 und 1908 aufflammten, als Thomas Edison seine Rivalen dazu zu zwingen versuchte, seine Eigentumsrechte an den wichtigsten Filmherstellungspatenten und die Vorherrschaft seiner Motion Picture Patents Company über die aufkeimende amerikanische Filmindustrie zu akzeptieren.

Pillow Shot
Eine poetische Abschweifung (üblicherweise ein Stillleben), die der japanische Regisseur Yasujiro Ozu verwendete, um den Zuschauern zu ermöglichen, über die Bedeutung der vorhergehenden Szene nachzudenken.

Postproduktion
Die Phase im Prozess der Herstellung eines Films, die auf die Hauptdreharbeiten folgt. Normalerweise umfasst die Postproduktion Schnitt, Vertonung, Filmmusikaufnahme, Tonmischung sowie die Herstellung nichtphysischer Spezialeffekte.

Poverty Row
Das „Armenviertel", Spitzname der kleineren Hollywoodstudios rund um die Gower Street, die im Goldenen Zeitalter des Studiosystems B-Movies, Filmserien und Kurzfilme wie am Fließband produzierten.

Prestigefilm
Branchensprache für einen Vorzeigespielfilm mit üppigem Produktionskosten und ernsthaftem Inhalt, der eher die Kritiker besänftigen als die Kinokassen sprengen sollte.

Problemfilm
Ein Zyklus sozialrealistischer Dramen, die im Hollywood der Nachkriegszeit produziert wurden. Problemfilme wagten sich an bislang tabuisierte Themen wie Armut, Rassismus, Ausgrenzung, Kriminalität, Korruption und Ungerechtigkeit heran.

Programmfüller
Andere Bezeichnung für B-Movies oder die Zweitfilme von Doppelvorstellungen.

Prothetische Masken
Eine Technik, bei der Formen aus Silikongummi angefertigt werden, um spezielle Make-Up-Effekte zu erzielen.

Ranfahrt
Eine langsame Fahrt, bei der die Kamera mit einem Dolly auf das Motiv zubewegt wird.

Rotoskopieverfahren
Die Technik, Szenen mit lebenden Personen nachzuzeichnen, um sie in Zeichentrickform wiederzugeben.

Saturation Style
Die Praxis, jede Szene eines Films mit Hintergrundmusik zu unterlegen und den Film mit Musik zu „sättigen".

Schärfenverlagerung
Die Technik, den Schärfebereich während der Filmaufnahme zu verschieben, um die Aufmerksamkeit der Zuschauer auf ein neues Element innerhalb der Mise en Scène zu lenken.

Schnittstelle
Der Punkt, an dem die Handlung eines Films von einer Einstellung zu einer anderen wechselt.

Schuss-Gegenschuss
Eine kontinuitätsorientierte Schnitttechnik, die oft für Dialogszenen verwendet wird. Sie verwendet Blickachsenanschlüsse, um zwischen den Perspektiven der Sprechenden hin- und herzuwechseln.

Screwballkomödie
Eine in den 1930ern entstandene Form der romantische Komödie mit schnellen Dialogen, zu der üblicherweise eine unkonventionelle Frau und ein glückloser Mann gehörten.

Sicherer Bereich
Der Bereich eines Bilds, den man auf einem Fernsehbildschirm mit einem Seitenverhältnis von 4:3 sehen kann.

Socko
Bezeichnung für den überdrehten Stil physischen Herumalberns in Slapstickkomödien und Zeichentrickfilmen.

Standbild
Die andauernde Wiederholung eines einzelnen Bilds, um den Eindruck einer „eingefrorenen" Handlung zu vermitteln.

Stop-Motion
Die Einzelbild-Animationstechnik, bei der kleine Veränderungen an einer Puppe, einem Modell oder einer Tonfigur vorgenommen werden, um die Illusion von Bewegung zu schaffen.

Storyboard
Eine Reihe von Skizzen, die in Absprache mit dem Regisseur erstellt werden. Sie illustrieren Winkel, Größe und Inhalt der verschiedenen Einstellungen einer Handlungssequenz.

Synthespian
Eine computergenerierte Figur, die entweder eine originäre Schöpfung oder die Nachahmung einer realen Person sein kann.

Technicolor
Markenname des Farbfilmprozesses, der 1915 patentiert wurde. Zwei-Farben-Technicolor wurde in Stummfilmen wie *Die zehn Gebote* (1923) verwendet, aber der Drei-Farben-Prozess, der 1932 eingeführt wurde, produzierte viel sattere Töne. Allerdings war er teuer und wurde anfangs nur für Prestigefilme wie *Der Zauberer von Oz* (1939) eingesetzt.

Telefoni-Bianchi-Filme
Spitzname der Hochglanzkomödien und Dramen, die im Italien der 1930er Jahre produziert wurden. Sie zeichneten sich durch schickes Produktionsdesign aus und verweigerten strikt jede Auseinandersetzung mit der Lebenswirklichkeit.

Tradition de la Qualité
Von François Truffaut geprägter Begriff, der den im französischen Nachkriegsfilm dominierenden, langatmigen Stil des Drehbuchschreibens anprangerte.

Treatment
Eine kurz gefasste Geschichte, die im Prozess der Drehbuchentwicklung zwischen dem Konzept und dem ersten Entwurf steht.

Trick durch Ersetzen
Eine in der Frühzeit des Films verwendete Technik, bei der die Dreharbeiten unterbrochen wurden, um Objekte verändern oder entfernen zu können – so wurde eine Illusion erschaffen, sobald die Kamera wieder zu drehen begann.

Trickblende
Ein Szenenübergang wie eine Überblendung, eine Wisch-, Iris- oder Abblende, bei der eine Einstellung allmählich durch eine andere ersetzt wird.

Tschechisches Filmwunder
Eine andere Bezeichnung für die tschechische Nouvelle Vague (1962–68), deren Regisseure das sowjetisch diktierte Dogma des Sozialistischen Realismus in Frage stellten.

Unterdrehen
Eine Handkurbelkamera mit niedrigerer Geschwindigkeit als normalerweise drehen.

Verfremdung
Dieses dramatische Stilmittel wurde von Bertolt Brecht entwickelt, um Distanz zwischen Publikum und Handlung zu schaffen und eine einfache Bindung zu den Figuren zu verhindern.

Vertikale Integration
Die Praxis der Vereinigung von Filmproduktion, -vertrieb und -vorführung in einem einzigen Unternehmen, die von den Big-Five-Hollywoodstudios betrieben wurde, bevor der Oberste Gerichtshof der USA 1948 entschied, dass sie kartellrechtlich unzulässig war.

Wire Fu
Eine Technik, die in Hongkongkampfsportfilmen verwendet wird. Sie nutzt Drahtseile und Flaschenzüge, um Kung-Fu-Szenen noch spektakulärer und athletischer zu machen.

Zeitlupe
Mit diesem Trickeffekt verlangsamt man die Handlung für komische, dramatische oder analytische Zwecke. Er wird erzielt, indem man schneller als mit der Standardgeschwindigkeit von 24 Bildern pro Sekunde dreht.

Zweiereinstellung
Eine Einstellung, die zwei Figuren im gleichen Bild zeigt, sodass ihre Reaktionen auf ein Ereignis oder eine Aussage einander direkt gegenübergestellt werden können.

Zwischentitel
Eine in die Handlung eingefügte gedruckte Texttafel, vor allem bei Stummfilmen.

Literaturhinweise

Altman, Rick, *Silent Film Sound*, New York 2007

Barnouw, Eric, *Documentary. A History of the Non-Fiction Film*, Oxford 1993

Bogle, Donald, *Toms, Coons, Mulattoes, Mammies and Bucks. An Interpretive History of Blacks in American Films*, London 2001

Bordwell, David, *On the History of Film Style*, Boston 1997

Bordwell, David, *Narration in the Fiction Film*, Oxford 1985

Bordwell, David und Kristin Thompson, *Film Art. An Introduction*, New York 2010

Brennicke, Ilona und Joe Hembus, *Klassiker des deutschen Stummfilms 1910–1930*, München 1983

Brownlow, Kevin, *Pioniere des Films. Vom Stummfilm bis Hollywood*, Schriftenreihe des Deutschen Filmmuseums Frankfurt am Main, Basel und Frankfurt am Main 1997

Cousins, Mark und Kevin Macdonald (Hg.), *Imagining Reality*, London 2006

Dyer, Richard, *Now You See It. Studies on Lesbian and Gay Film*, London 2002

Fabich, Rainer, *Musik für den Stummfilm*, Frankfurt am Main 1993

Felix, Jürgen, *Moderne Filmtheorie. Eine Einführung*, Mainz 2007

Furniss, Maureen, *The Animation Bible. A Guide to Everything from Flipbooks to Flash*, London 2008

Gomery, Douglas, *The Hollywood Studio System*, London 2005

Gronemeyer, Andrea, *Schnellkurs Film*, Köln 2004

Hall, Ben M., *The Best Remaining Seats*, New York 1961

Hill, John und Pamela Church Gibson (Hg.), *The Oxford Guide to Film Studies*, Oxford 1998

Katz, Ephraim, *The Film Encyclopedia. The Complete Guide to Film and the Film Industry*, New York 2008

King, Geoff, *American Independent Cinema*, London 2005

Klinger, Barbara, *Beyond the Multiplex. Cinema, New Technologies, and the Home*, Berkeley 2006

Kogel, Jörg-Dieter, *Europäische Filmkunst. Regisseure im Porträt*, Frankfurt am Main 1990

Krützen, Michaela, *Dramaturgie des Films. Wie Hollywood erzählt*, Frankfurt 2004

Mannoni, Laurent, *The Great Art of Light and Shadow. Archaeology of the Cinema*, Exeter 2000

Manthey, Dirk und Blumenberg Hans C, *Making of ... Wie ein Film entsteht. Bd. 1: Idee, Produktion, Drehbuch, Storyboard & Konzept, Regie ...*, Reinbek 1998

Manthey, Dirk und Blumenberg Hans C, *Making of ... Wie ein Film entsteht. Bd. 2: Set-Team, Effekte & Tricks, Maske, Stop motion, Animation, Digitale Effekte ...*, Reinbek 1998

Monaco, James, *Film verstehen. Kunst, Technik, Sprache, Geschichte und Theorie des Films und der Medien*, Reinbek 2009

Monaco, James, *Film und Neue Medien. Lexikon der Fachbegriffe*, Reinbek 2000

Müller, Jürgen, *100 Filmklassiker*, Köln 2011

Nowell-Smith, Geoffrey (Hg.), *Geschichte des internationalen Films*, Stuttgart 2006

Pramaggiore, Maria und Tom Wallis, *Film. A Critical Introduction*, London 2011

Schneider, Steven Jay (Hg.), *1001 Filme, die Sie sehen sollten, bevor das Leben vorbei ist*, Zürich 2010

Salt, Barry, *Film Style and Technology*, Melbourne 2009

Sitney, P. Adams, *Visionary Film. The American Avant-Garde*, 1943–2000, Oxford 2002

Thornham, Sue, *Passionate Detachments. An Introduction to Feminist Film Theory*, London 1997

Tieber, Claus, *Stummfilmdramaturgie. Erzählweisen des amerikanischen Feature Films 1917–1927*, Wien, Berlin und Münster, 2011

Wakeman, John (Hg.), *World Film Directors: Vol. 1 1890–1945, Vol. 2 1945–1985*, New York 1988

Zimmermann Peter (Hg.) *Geschichte des dokumentarischen Films in Deutschland, 3 Bände*, Leipzig 2005

Filminstitute und Museen

Amsterdam: Nederlands Filmmuseum, www.filmmuseum.nl

Berlin: Deutsche Kinemathek, www.filmmuseum-berlin.de

Frankfurt am Main: Deutsches Filmmuseum, www.deutsches-filminstitut.de

London: British Film Institute, www.bfi.org.uk

London: London Film Museum, www.londonfilmmuseum.com

Los Angeles: American Film Institute, www.afi.com

Los Angeles: The Hollywood Museum, www.thehollywoodmuseum.com

Melbourne: Australian Centre for the Moving Image, www.acmi.net.au

New York: Museum of the Moving Image, www.movingimage.us

Paris: Cinémathèque Française, www.cinematheque.fr

Turin: Museo Nazionale del Cinema, www.museonazionaledelcinema.it

Wien: Film Museum, www.filmmuseum.at

Index

Hervorgehobene Seitenzahlen verweisen auf Abbildungen.

Die Abenteuer der Kathlyn (1913) **47**
Die Abenteuer des Prinzen Achmed (1926) **119**
Adaption. (2002) 125
Alice in den Städten (1974) 173
Alles über Eva (1950) 22, 125
Almodóvar, Pedro **200**, 201
Am Ende eines langen Tages (1992) 106
American International Pictures (AIP), 110, 144, 145, 198
American Pie, Trilogie 186
American Mutoscope and Biograph Company, 13, 28, 35
Die amerikanische Nacht (1973) 161
Les amours de la reine Élisabeth (1912) **37**, 37, 38, 40, 56
Ein andalusischer Hund (1928) 88, **88**
An einem Tag wie jeder andere (1955) **157**
Anderson, Gilbert M. 112
Anderson, Lindsay 166
Anderson, Wes 118
Angst und Schrecken in Las Vegas (1998) **89**
Animation 114, **116**, 117 f., **119**, 122, 206
Anschlussschnitte 23, 25, 28, 30, 32 f., 84
Anschütz, Ottomar 12, 16
Antichrist (2009) **163**
Antonioni, Michelangelo 22, 82, 137, 140, 156, **159**, 170, **195**
Applaus (1929) **26**
Apu, Trilogie (1955–59) 121, 189
Araki, Gregg 201
Arbuckle, Fatty 53, 112
L'Arrivée d'un train en Gare de La Ciotat (1896) 15, **16**, 16, 138, 159
L'Arroseur arrosé (1895) 15, **15**, 28, 49
Arzner, Dorothy 178, **178**, 201
Ashby, Hal 162
Astruc, Alexandre 160
Atalante (1934) 106, **106**
Atlantic (1929) 98
Augen der Angst (1960) **159**
Außer Atem (1960) **160**
Austin Powers – Das Schärfste, was Ihre Majestät zu bieten hat (1997) **49**
Auteur-Theorie 81, 106, 155, **155**, 156, 160 f.
Avantgardefilme 33, **80**, 81, 91, 95, 138
Avatar (2009) 28, **139**
Aviator (2004) 73
Axel, Gabriel **203**

Babettes Fest (1987) **203**
Ball, Lucille 133
Bardot, Brigitte **153**
Barry Lyndon (1976) **171**
Barthelmess, Richard 67, **130**
Bartlett, Scott 91
Barton Fink (1991) **42**
Batman (1989) 78
Bazin, André 54, 84, 88, 106, 155, 156, 162
Behind the Green Door (1972) 177
Bei Anruf Mord (1954) 138
Beleuchtung 76, **77**, 78, 109, 126
Ben-Hur (1925 und 1959) 50, 74, 118, **142**, 143
Bergman, Ingmar 22, **23**, 137, 140, **148**, 173, **196**, 197
Berkeley, Busby **27**
Berlin Alexanderplatz (1931 und 1980) 39, **39**
Berri, Claude 64
Bertolucci, Bernardo **176**, 177
Bigelow, Kathryn 70, 179
Biograph, siehe American Mutoscope and Biograph Company
Bitterer Honig (1961) 166
Bitterer Reis (1949) **121**
Blackton, J. Stuart 19, 112, 118
Blade Runner (1982) 76, 125
Blair Witch Project (1999) 197, **199**
Blair, Linda 67
Blaxploitation 174, **175**
Blazing the Overland Trail (1956) 47
Blick zurück im Zorn (1959) 166
Blockbuchungen **58**, 59, 60, 112, 114, 193
Blockbuster 16, 21, 28, 39, 47, 54, 59, 69, **180**, 181, 193
Blow Up (1966) 22
Eine Blüte gebrochen (1919) 170

Das Blut eines Dichters (1930) 88
B-Movies 40, 59, 67, 110 f., **126**, 138, 185
Bollywood 53, **53**, 54, 67, 96, 191
Bonham Carter, Helena **202**
Bow, Clara 178, **183**
Bowman, William J. 26
Boyle, Danny **123**, 205
Brahm, John 122
Brakhage, Stan 91, **91**
Brando, Marlon 53, 67, 70, **71**, 130, **130**, **176**, 201
Bray, John 117
Breillat, Catherine 177
Bresson, Robert 64, 87, 106, 125, 150, 160
Broadway (1929) 26
Broncho-Billy-Western (1910–16) 112
Bronson, Charles **20**, **62**
Browning, Tod **78**
Bugs Bunny 117
Bullitt (1968) 28, 50
Buñuel, Luis 88, 103
Burton, Tim **78**, 118
Buscemi, Steve 118
Butch Cassidy und Sundance Kid (1969) 22
Bwana, der Teufel (1952) 138

Das Cabinet des Dr. Caligari (1920) 78, **78**, **79**
Cabiria (1914) 26, 37
Cahiers du Cinéma, Zeitschrift **68**, 69, 81, **154**, 155, 160
Cameron, James 25, 122, **139**, 206, **207**
Campion, Jane 125, 179
Cannes, Festival de 152
Cannibal Holocaust (1980) 25
Canutt, Yakima **47**, 50, **51**
Capra, Frank 87, 104, 122, 160, **173**
Carbutt, John 12, 149
Carné, Marcel 106, **107**
Carrey, Jim **49**, 183
Carrie (1976) **32**, 33
Cascio, Salvatore **67**
Castle, William 111, 144
Chabrol, Claude 140, **150**, 161
Chahine, Youssef 121, 169
Chaney, Lon 182
Chaplin, Charlie 26, **48**, 49, 67, 92, 95, 112, 114, **114**
Charlie gegen alle (1915) 114
Charlie staubt Millionen ab (1969) 28, **29**
Chihiros Reise ins Zauberland (2001) **116**, 117
Chomón, Segundo de 19, 37
Cine Arte, Zeitschrift **68**
Cinema Paradiso (1988) **67**
Cinéma Vérité 26, 100, 121, 162, 165
CinemaScope 134, **135**
Cinémathèque Française 150, **150**, **151**
Cinématographe 11, **14**, 15, 26
Cinématon (1978–2009) 39
Citizen Kane (1941) 22, 25, 74, 84, 100, 122, 156, 170, 182
Clair, René 88, **108**, 114
Clark, Alfred 202
Cleaner (2007) **86**
Clément, René 67, 160
Clerc, François 15
Cleopatra (1963) **58**, 59, 143
Cocteau, Jean 44, 88
Coen, Joel und Ethan **42**, 198
Cohen, Herman 145
Cohl, Émile 117
Cohn, Harry 56
Colbert, Claudette **173**
Collateral (2002) **204**
Columbia, Filmstudio 47, 56, 59, 60, 112, 133, 146
Computergenerierte Bilder (CGI) 25, 74, 91, 96, 109, 117, 118, 125, 137, 182, 183, 205, 206, **207**
Coogan, Jackie 67
Cooper, Gary **128**
Copie Conforme (2010) **103**
Coppola, Francis Ford 84, 130, 145, 170, 181, 189, 197
Coraline (2009) 118
Corman, Roger 111, **111**, **144**, 145
The Count of Monte Cristo (1907) 54
Courant, Gérard 39
Cruz, Penelope 70
Curtis, Tony 97
Cyrano de Bergerac (1990) 99

Dahl, John 133
Dalí, Salvador 88, 122
d'Almeida, J. C. 138
Die Dame im See (1947) 25, **25**
Damiano, Gerard 177
A Daring Daylight Burglary (1903) 28
Das ist New York (1949) 26
Davies, Terence 106
Davis, Bette 53, 70, 178
Davis, Ossie 174
Davis, Peter 104
Dawn, Norman 44, 74
Dean, James 67, 130, 133, 137, **187**
Decasia (2002) **149**
Deep Throat (1972) 177
Delluc, Louis 64, 81, 150
Delon, Alain **126**
DeMille, Cecil B. 81, 143, 146, 160
Demy, Jacques 106, **136**, 137, **197**, 197
Denis, Claire 82, **179**
Denizot, Vincenzo 25
... denn sie wissen nicht, was sie tun (1955) 137, 186, **187**
Deodato, Ruggero 25
Depardieu, Gérard 99
Deren, Maya **90**, 91
Devdas (2002) **53**
Dick und Doof mit der Kuckucksuhr (1935) 22
Dickson, William Kennedy Laurie 12, 134, 138
Der Dieb von Bagdad (1940) 74, 143
Dieses Land ist mein Land (1976) 162
Dietrich, Marlene 178, 201
Digitale Videotechnik 194, **204**, 205
Direct Cinema 100, 162, 165
Disney-Filme 67, 74, 96, 117, 137, 185, 204, 206
Disney, Walt 67, 74, 96, 117, 118, 128, 185
Dmytryk, Edward 126, **129**
Dogville (2003) **109**
Dokumentarfilme 16, 31, 84, 100, 104, 114, 156, 165, 173
Don Juan (1926) 96, **96**
Don Winslow of the Navy (1942) 47
Donat, Robert **16**
Donen, Stanley 26, 122
Donner, Richard 64
Donohue, Heather **199**
Douglas, Kirk 53
Dowschenko, Alexander 84, **86**, 87, 104
Dr. Jekyll und Mr. Hyde (1932) **92**
Dracula (1931) **78**
3-D 16, 25, 60, 133, 138, **139**, 183, 193, 197
Der dreiflügelige Spiegel (1927) 81
Dressed to Kill (1980) 25
Dreyer, Carl Theodor **20**, 160
Der dritte Mann (1949) 21, 28, **44**, 94
Drittes Kino, 104, 121, 125, 140, 165, 169
Dsiga Wertow 84, 100, **101**, 104, 165
Du sollst mein Glücksstern sein (1952) 96, 122
Duel (1971) 133
Duell in der Sonne (1946) 181, **181**
Dulac, Germaine 25, 81, 88, 100
Dupont, Ewald André 22, 98
Durbin, Deanna 67, 185, 186
Duval, Benoit **15**
Duvivier, Julien 106, 146

Eastman, George 134, 149
Eastwood, Clint 95, **99**
Easy Rider (1969) 150, 170, **171**, 173
Edison, Thomas 11, 12, **13**, 15, 16, 35, 47, 53, 114, 134
Einfarbigkeit **72**, 73, 170
Eisenstein, Sergej 31, 82, 84, **84**, 87, 93, 95, 104, 134, 143
Der eiskalte Engel (1967) **126**
Eldorado (1921) 22, 81, **81**
Electric Theater, Los Angeles 34
11:14 – Elevenfourteen (2003) 197
Empire, Zeitschrift 69, **155**
En la ciudad de Sylvia (2007) **24**, 25
Endstation Sehnsucht (1951) 130, **130**
Epstein, Jean **80**, 81
Erde (1930) 84, 86
Die Ermordung des Herzogs von Guise (1908) 37
Es geschah in einer Nacht (1934) 173, **173**
The Execution of Mary, Queen of Scots (1895) 19, 202
Experimentalfilm 31, 91, 93, 114, 152, 173, 194, 197

Exploitationfilme 16, 67, 69, 91, 111, 144 f., 177, 185, 197, 198

Fahrenheit 9/11 (2004) 152, **165**
Fahrraddiebe (1948) 87, **120**, 121
Fairall, Harry K. 138
Fairbanks, Douglas 50, 137
Falconetti, Renée **20**
Ein Fall für Cleopatra Jones (1973) 174
Fallen Angels (1995) 189, **189**
Famous Players Film Company 37, 60, 146
Fanny und Alexander (1982) **196**, 197
Der Fantastische Mr. Fox (2009) 118, **119**
Fantomas (1920) 47, **47**
Fanzeitschriften 53, 68 f.
Farbe 136, 137, 170, 182
Fassbinder, Rainer Werner 39, **39**, 133
Die Faust im Nacken (1954) **71**, 128, 130
Fejos, Pal 26
Fellini, Federico 88, 95, 133, 140, 173, **173**
Feministische Filmtheorie 81, 178 f., 201
Das Fenster zum Hof (1954) 32, **32**
Fernsehen 56, 59, 60, 73, 76, 87, 100, 110, 114, 129, 133, 140, 191
Feuillade, Louis 47, **47**, 109
Feyder, Jacques 25
The Fighting Devil Dogs (1938) 47
Film d'art 36 f., 38, 56, 64, 202 siehe auch Heritagefilm
Film noir 73, 76, **90**, 106, 109, 122, 125, 126 f., **126**
Filmfestival 114, 152, 198, 201, 205
Filmhochschulen 82, 104
Filmkritik 126, 155, 160, 193
Filmmogul 35, 56, **57**
Filmmusik 37, 95, 96, 143, 162, 174, 175
Filmpaläste 35, 37, 38, 40, **41**, 146, 193
Filmserien 64, 104, 109, 110, 112, **113**, 189 siehe auch Serien
Finis terrae (1929) **80**, 81
Finney, Albert **16**
Fitzhamon, Lewin 18
Flaherty, Robert **164**, 165, 166
Flash Gordon (1936) 47, **47**
Fleming, Victor 38, **137**
Fluch der Karibik, Filmserie 189
Flucht ohne Ausweg (1948) 125
Fluchtpunkt San Francisco (1971) 50
Flügel aus Stahl (1927) 50, 134
Flying Down to Rio (1933) 74
Fonda, Henry **62**
Ford, Harrison **29**, 76
Ford, John **51**, 63, 104, **158**, 159, 160, 166
Foreman, Carl 128
Fortsetzungsfilme 54, 64, 190 f., 193
Foster, Jodie 67
Fox, William 35, 56
Foxy Brown (1974) 174, **174**
Frankenstein (1931) 182, **182**
Frau ohne Gewissen (1944) 122, 125, **125**, 126
Fred Ott's Sneeze (1894) 12, 21
Free Cinema 100, 121, 166
French Connection (1971) 28
Die freudlose Gasse (1925) 109
Freund, Karl 43
Friedman, David F. 145
Friese-Greene, William **16**, 138
From Reverence to Rape (1974) 178
Der Frühstücksclub (1985) **186**
Funny Games (1997 und 2007) **191**

Gabin, Jean 106, **107**
Gable, Clark 53, **54**, **173**
Gallipoli (1981) 22
Gance, Abel 81, 134, **135**, 162, 170
García Bernal, Gael 172, **200**
Garland, Judy **66**, 67, **137**, 185, 186, 201
Gassman, Alessandro **200**
Geächtet (1943) 102
Die Geburt einer Nation (1915) 37, 40, **104**, 202
Gefahr aus dem Weltall (1953) 138
Das Geheimnis von Oberwald (1981) 194, **195**
Geheimring 99 (1955) 127
Geld! Geld! Geld! (1928) 26, 81, 170
Genres 16, 60, 63, 87, 112, 145, 161
Die Geschichte der Kelly-Bande (1906) 38, **38**
Getino, Octavio 169
Das Gewand (1953) 134, **135**
Der Ghostwriter (2010) **27**
Gier (1924) 38, **38**, 137
Gilliam, Terry 88, **89**
Gish, Lilian 130, 170, 178
Gladiator (2000) 143, 206

Der Glanz des Hauses Amberson (1942) 22
Das Glück in der Mansarde (1927) **73**
Godard, Jean-Luc 43, **81**, 84, 125, 130, 140, 150, **160**, 161, 173, 179, 194
Goebbels, Joseph 104
Das goldene Zeitalter (1930) 88
Goldenes Gift (1947) 125
Goldwyn, Samuel 56
Gong Li **82**
Gordon, Douglas 194, **195**
Goretta, Claude 166, **166**
Grandma's Reading Glasses (1900) 21, **21**, 25
Grant, Peter **109**
The Great Train Robbery (1903) 28, 30, 44
Green, Joseph 198, **198**
Grey Gardens (1975) **165**
Grier, Pam **174**
Grierson, John 165, 166
Griffith, David Wark 13, 21, 22, 26, 28, 30, 32, **36**, 37, 38, 44, 82, 84, 98, 104, **104**, 109, **130**, 159, 160, 170, 189, 202
Großaufnahmen **20**, 21, 45
Die große Illusion (1937) 152, 156
Guazzoni, Enrico 37, **108**, 109
Guerín, José Luis **24**, 25
Guitry, Sacha 125
Güney, Yılmaz **102**, 103
Günsür, Mehmet **200**
Guy Blaché, Alice 35, 178
Guzmán, Luis **86**

Hafen im Nebel (1938) 106, **107**
Hale's Tours **35**
Hamam – Das türkische Bad (1997) **200**
Hammid, Alexander **90**
Die Hand (1965) 118
Handkamera 26, 31, 81, 162, **163**, 165, 195, 205
Haneke, Michael 73, 122, **191**
Happy Hooligan, Comicfigur 112
Harry Potter, Filmserie 64, **64**, 112, 113, 183
Harryhausen, Ray 118
Haskell, Molly 178
Hass (1995) **174**
Das Haus in der 92. Straße (1945) 100
Hawks, Howard 63, 160
Haynes, Todd **201**
The Hazards of Helen (1914-17) 112
Hearts and Minds (1974) 104
Heche, Anne **190**
Heinrich V. (1989) 99
Hepburn, Audrey 96, **97**
Hepworth, Cecil 19, 30
Heritagefilm 64, 143, 202, 203 siehe auch Historienfilm
Hero (2002) **50**
Der Herr der Ringe, Trilogie (2001–03) 44, **44**, 206
Ein Herz und eine Krone (1953) 140, **141**
Hill, George Roy 22
His Trust und His Trust Fulfilled (1911) 189
Historienfilm 64, 184, 202, 203
Hitchcock, Alfred 21, 22, 25, 32, 44, 63, **63**, 70, 76, 84, 95, 122, 147, 162, 170
Hitler – ein Film aus Deutschland (1978) 202
Holland, Brüder 12, **12**
Hollywood 40, 50, 53, 54, **55**, 56, 60, 87, 128 f., 140
L'homme-orchestre (1900) 19
Hopkins, Anthony 96, **97**
Hopper, Dennis **171**
La hora de los hornos (1968) 169
Horrorfilme 16, 63, 70, 114, 159, 182, **199**
How it Feels to Be Run Over (1900) 19
HUAC, Komitee für Unamerikanische Umtriebe des US-Repräsentantenhauses 56, 60, 126, 128 f.
Hughes, Howard **102**, 129
Hughes, John 186, **186**
Huppert, Isabelle **166**, **179**
Hurd, Earl 117
Huston, John 126
Hutton, Betty **46**

Ich kämpfe um dich (1945) 88, 122
Idioten (1998) 177, **177**
Im Lauf der Zeit (1976) 173
Im Reich der Sinne (1976) **177**
Im Zeichen des Bösen (1958) 26
IMAX 134, **135**, 138, 193
Impressionismus 25, 31, 44, 76, 81, 84, 88, 170
In the Mood for Love (2006) **136**, 137
Ince, Ralph 32
Ince, Thomas 43

Indiana Jones, Filmserie 28, **29**, 47
Inglourious Basterds (2009) **149**
In-Kamera-Effekte 44, **45**
Intolerance (1916) **36**, 37, 82, 109, 202
Irrtum im Jenseits (1946) 73, **73**
Ist das Leben nicht schön? (1946) 122
Iwan, der Schreckliche (1944) 143, **143**
Iwans Kindheit (1962) 83

Jackie Brown (1997) **174**
Jackson, Peter 44, 44
Jacquot de Nantes (1991) **197**
Jäger des verlorenen Schatzes (1981) **29**
James Bond, Filmserie 28, 50
Jancsó, Miklós 156, 162
Jarmusch, Jim 73, 198
Jasset, Victorin 109, 112
Der Jazzsänger (1927) 92, **92**, 100
Jean Florette (1986) 203
Jennings, Humphrey 166
Jet Li **50**
Johanna von Orléans (1928) **20**
Jones, Jennifer 179, **181**
Jones, Tommy Lee 77
Jonze, Spike 125
Jules und Jim (1961) 162, **163**
Jutzi, Phil **39**

Das Kabinett des Professor Bondi (1953) 138, **138**
Kael, Pauline 155, 161
Kalin, Tom 201
Kamerafahrt 25, 26, **26**, 27, 37, 44, 134, 156, 170
Karina, Anna 160
Karloff, Boris 43, **182**, **182**
Katzenmenschen (1942) **110**
Kazan, Elia **57**, 130
Keaton, Buster 49, 50, **51**
Keitel, Harvey **122**
Khan, Mehboob 143, **143**
Kiarostami, Abbas **103**, 121, **158**, 159
Kinderfilme **184**, 185
Kinderstars 66, 67, 87, 185, 186
Kinetoskop **12**, 12 f., **13**, 15, 16
King Kong (1933) 95, 96, **97**, 118
Kinoglaz (1924) 101
Kino-Prawda-Wochenschauen 100, **101**, 104
Kiss (1963) 91
Der König und Ich (1956) 91
Kontinuitätsmontage 28, 30 f., 60, 84
Koproduktion 133, 140
Koster, Henry 134, **135**
Krasker, Robert 44
Kubrick, Stanley 33, 33, 125, 162, 170, **171**
Kuchar, George und Mike 91
Die Kuh (1969) **169**
Kuleschow, Lew 21, 82, 84
Kurosawa, Akira 22, 44, 64, 122, 170, 189
Kurzfilme 49, 91, 114, 118, 165, 166, 185
Küss mich, Kätchen! (1953) 138

L'Herbier, Marcel 22, 26, 81, **81**, 170
Die Lady und der Herzog (2001) **206**
Die Lady von Shanghai (1947) 125
Lady Windermeres Fächer (1926) 25
Das Lächeln der Madame Beudet (1923) 25, 81
Laemmle, Carl 35, 53, 56
Lamorisse, Albert und Pascal **184**
Lancaster, Burt 53, 198
Lang, Fritz 22, 78, **78**, 189
Langlois, Henri 150
Laterna magica 8, **8**, 22, 177, 196, 197
Latham-Schlaufe 12, 38
Laura (1944) 126
Laurel und Hardy 22, **48**, 49, 100, 114, **115**
Lawrence, Florence 35, 53, **53**, 68
Léaud, Jean-Pierre 22, **22**, 67, **161**
Das Leben gehört uns (1936) 106
Lee, Ang **140**
Leigh, Janet **190**
Leigh, Vivien 39, **54**, 130
Lelouch, Claude 170
Leone, Sergio **20**, **62**, 95
Der Leopard (1963) **65**
Letters from Iwo Jima (2006) 99
Der letzte Mann (1924) 25, 26, 81, 98, 162
Der letzte Tango in Paris (1972) **176**, 177
Der letzte Tycoon (1976) **57**
Die letzte Verführung (1994) 133
Letztes Jahr in Marienbad (1961) 25, **122**, 123
Levine, Ted 25
Lèvres de Sang (1975) 110
Lewis, Herschell Gordon 145

Lewis, Jerry 49
Lewis, Joseph H. **127**
Lewton, Val 110, **110**
Das Lied der Straße (1954) 173, **173**
Linder, Max 21, **48**, 49, 112
The Living End (1992) 201
Lloyd, Harold 26, 49, 50
The Loafer (1912) 32
Lockender Lorbeer (1963) 166
The Locket (1946) 122
Lola Montez (1955) 156
Love Finds Andy Hardy (1938) **186**
Loy, Myrna 53, **112**
Lubitsch, Ernst 25, 78, 98, 202
Lucas, George 22, 47, 82, 181, 205
Lumière, Brüder 11, 12 f., 15, 134
Lumière, Louis 15, **16**, 28, 35, 49, 138, 150, 159, 177
Lupino, Ida 178
Lydecker, Howard und Theodore 47
Lynch, David 88, **93**

Die Machtergreifung Ludwigs XIV. (1966) 203
Mackley, Arthur 32
MacMurray, Fred **125**
Mädchen in Uniform (1931) 201, **201**
Mädchenlos (1920) 130
Madsen, Harald 49
Maggiorani, Lamberto 87, **120**
Magnani, Anna **121**
Make-up-Effekte 182 f.
La mala educación (2004) **200**
Mamoulian, Rouben 26
Der Mann, der die Ohrfeigen bekam (1924) 22
Ein Mann und eine Frau (1966) 170
Der Mann von der Straße (1923) 25
Man Ray 88, 91
Mankiewicz, Joseph L. 22, 59, 143
Mann, Delbert 133
Mann, Michael 162, **204**
The March of Time (1939-51) 100
Marcks, Greg 197
Marey, Étienne-Jules 11, 12
Marty (1955) 133, 152
Marx Brothers 49, **49**, 88
Die Marx Brothers im Krieg (1923) **49**
Mary Poppins (1964) 74, **75**
Die Maske (1994) 182 f.
Matches: An Appeal (1899) 118
Mathis, June 178
Matrix (1999) 206
Mayer, Louis B. 35, 56, **57**, 128
Maysles, Albert und David 165
McCay, Winsor 117
McDaniel, Hattie 87, 174
McGregor, Ewan 27
Meerson, Lazare 106, **108**, 109
Mehrjui, Dariush 169, **169**
Meine Lieder, meine Träume (1965) 16, **17**
Melbourne Cooper, Arthur 117, 118
Méliès, Georges 8, 15, 19, **19**, 22, 30, 38, 44, 88, 109, 137, 146, 156, 177
Melville, Jean-Pierre **126**
Memento (2000) 31, 122
Menken, Marie 91
Merchant Ivory 64, 202, **202**, 203
Method Acting 53, 130
Metropolis (1926) 22, 44, **78**, 118, **119**
Metzger, Radley 177
Meyer, Russ 177
MGM 56, **57**, 59, 60, 63, 73, 109, 117
Micheaux, Oscar 174, 198
Mickey Mouse 185
Miéville, Anne-Marie 194
Mills, Hayley 67
Minnelli, Vincente 63, 137, 156
Mise en Scène 37, 76, 84, 88, 109, 134, 156, 160, 162, **162**
Mitchell, Artie und Jim 177
Miyazaki, Hayao **116**, 117
Mizoguchi, Kenji 156, 159, 162
Modelle 117, 118, **119**
Monroe, Marilyn **52**
Montage 22, 25, 30 f., 82, 84, **85**, 88, 91
Montgomery, Robert 25, **25**, 130
Monumentalfilme 37, 38, 50, **58**, 121, 125, **142**, 143, 202
Moore, Michael 152, 165, **165**
Mord, mein Liebling (1944) 125, **125**, 126
Mordsache Dünner Mann, Filmserie (1934-47) 112, **112**

Morgan, Michèle **107**
Morrison, Bill **149**
Moskau, Kinderfilmstudio 185
Mother India (1957) 143, **143**
Mothlight (1963) 91, **91**
Motion Picture Patents Company (Edison Trust) 38, 43, 54, 198
Mottershaw, Frank 28
Movietone News 100, **101**, 114
Der müde Tod (1921) 78
Mulan (1998) 96
Multiplexe 59, **192**, 193
Mulvey, Laura 91, 178 f.
Die Mumie (1932) **43**
Murnau, Friedrich Wilhelm 25, 26, 30, 78, 81, 98, 150, 162, **183**
The Music Box (1932) **115**
The Musketeers of Pig Alley (1912) 159
Mutter und Sohn (1997) 83
Muybridge, Eadweard **8**, 10, 11, 12, 16, 177
My Fair Lady (1964) 96, **97**
Myers, Mike 49

Nachbildwirkung 11, 12
Nacht und Nebel (1955) 33
Nakata, Hideo 191
Nanuk, der Eskimo (1922) **164**, 165
Napoleon (1927) 81, 134, **135**, 162, 170
Die Narbenhand (1942) 22
Neorealismus 81, 87, 106, 109, 120, 121, 126, 143, 166
Die 39 Stufen (1935) 22, **23**
New Hollywood 56, 76, 173, 181, 186, 202
New Moon – Biss zur Mittagsstunde (2009) **187**
Newman, Alfred 95, **95**
Nick Carter (1908) 112
Nickelodeon 16, 34, 35, 38, 40, 53, 56, 59, 146
Niro, Robert de 57, **124**, 130, **131**
Nixon, Marni 96, **97**
No Country for Old Men (2007) **77**
Nolan, Christopher **31**, 122, 189
Normalformat 134, **135**, 170
Normand, Mabel **34**
Nosferatu (1922 und 1979) 78, 98, **183**
Nouvelle Vague 26, 76, 81, **81**, 100, 106, 100, 121, **154**, 156, 165
Nowina-Przybylski, Jan **198**

O'Brien, Willis 74, 118
O'Sullivan, Maureen **113**
Off, das 15, 28, 37, 158, 159
Off-Text 93, 100, **124**, 125, 126
Oktober (1927) 84, 87
Olivier, Laurence 96, **97**
Ophüls, Max 37, 156, 159, 162
Oscar, Filmpreis 70, **71**, 73
Oshima, Nagisa **177**
Osment, Haley Joel 67
Out 1: Noli me tangere (1971) 39
Ozpetek, Ferzen **200**
Ozu, Yasujiro 32, 159

Pabst, Georg Wilhelm 30, 78, 109
Painlevé, Jean 88
Paisà (1946) 100
Pal, George 118
Palma, Brian de 25, **32**, 33, 84, **85**, 162, 170
Pantages Theater, Los Angeles **71**
Panzerkreuzer Potemkin (1925) 84, **84**, **85**, 87
Die Parade des Todes (1925) 134
Paradise-Kino, Chicago **41**
Paradjanow, Sergei 82, 103
Paramount Decrees 40, 47, 56, 59, 60, 110, 140, 193, 198
Paramount Pictures 40, 56, 59, 60, 98, 109, 134, 146, 170
Pareno, Philippe **195**
Paris, je t'aime (2006) 114, **115**
Paris, Texas (1984) **172**
Park, Nick 117, 118, **118**
Parks, Gordon 174
Paronnaud, Vincent **116**
Parrott, James **115**
Pastrone, Giovanni 26, 37, 109
Der Pate (1972-90) 122, 130, **180**, 181, 189
Pathé 15, 35, 100, **100**, 138, 140
Pattinson, Robert 187
Paul, Robert W. 12 f., 19, 26, 98
Pauline, lass das Küssen sein (1947) **46**
Peckinpah, Sam **85**
Peebles, Melvin van 174
Pépé le Moko (1937) 106, **146**

Persepolis (2007) **116**, 117
Persona (1966) **148**
Pickford, Mary 67, 185, 198
Pirou, Eugène 177
Pixar 117, 206
Planet der Affen (1968) 44
Pleasantville (1998) 72, 73
Poetischer Realismus 76, 81, 106, **107**, 126, 166
Point-of-View-Shots (POV) siehe Subjektive Kamera
Poison (1991) 201
Poitier, Sidney 53, 174
Polyvision 134, **135**
Popcorn Venus (1973) 178
Pornografie 8, 138, 145, 177, 194
Porter, Edwin S. 19, 28, 30, 44, 50
Powell, Michael **159**
The Power and the Glory (1933) 122
The Power of Love (1922) 138
A Practical Joke (1898) 28
Premiere, Zeitschrift 68
Preminger, Otto 126, 198
Price, Vincent **111**
Produktionskodex (1934) 56, 91, **102**, 103, 128, 130, 145, 177, 182, 201
Projektion 8, 11, 15 f., 44, 137, 149, 193
Propaganda 16, 87, 100, 104, 105, 165
Psycho (1960 und 1998) 190, **190**
Pudowkin, Wsewolod 82, 84, 87, **87**, 93, 104

Quellentexte 64, **65**, 190
The Quest of Life (1916) 146
The '?' Motorist (1906) **19**
Quinn, Anthony **173**
Quirk, James 68 f.
Quo Vadis? (1913) 37, 38, 140

Rächer der Unterwelt (1946) 122
Das Rad (1923) 81
Radcliffe, Daniel **113**
Rai, Aishwarya **53**
Raimi, Sam 188, **189**
Rashomon (1950) 122
Ray, Nicholas 137, 187
Ray, Satyajit 95, 121, 189
Realismus 88, 109, 117, 156 siehe auch Neorealismus; Poetischer Realismus; Sozialrealismus
Reed, Carol 21
Die Regenschirme von Cherbourg (1964) 136
Reid, Wallace 53
Der Reigen (1950) 156
Reiniger, Lotte 119
Die Reise des jungen Che (2004) **172**
Die Reise zum Mond (1902) 19, **19**, 30, 38, 137
Reisz, Karel 166
Renoir, Jean 37, 93, 98, 106, 152, 156, 190
Republic, Filmstudio 47, 110, 112
Le retour de la raison (1923) 88, 91
Rescued by Rover (1905) 30
Reservoir Dogs (1992) **122**, 145, 198
Resnais, Alain 25, 33, **81**, 81, 122, **123**
Reynaud, Émile 8, **11**, 12, 117, 197
Richardson, Tony 166
Richter, Hans 88, 117
Riefenstahl, Leni 104, **105**
Rin Tin Tin 53
Rivette, Jacques **39**, 161
RKO 40, 59, 60, 60, 73, 74, 100, 110, 129
Roadmovies 112, **172**, 173
Robinson Crusoe (1913) **98**
Robinson Krzuo (1947) 138
RoboCop (1987) 111
Rohmer, Eric 125, **207**
Rollin, Jean **110**, 145
Rom, offene Stadt (1945) 121
Le roman de renard (1930) 118
Roman eines Schwindlers (1936) 125
Romance (1999) 177
Rooney, Mickey 67, 186, **186**
Rosen, Marjorie 178
Rossellini, Roberto 87, 100, 121, 143, 156, 160, 170, 203
Der rote Ballon (1956) 184
Rote Laterne (1991) **82**
Die rote Lola (1950) 122
Die rote Wüste (1964) 137, 156
Roundtree, Richard **174**
Rückblende 22, 122 f., **122**, **123**
Rückprojektion 74
Russell, Jane **102**
Russian Ark – Eine einzigartige Zeitreise durch die Eremitage (2002) 205, **205**

Die Saat der Gewalt (1955) 186
Sagan, Leontine **201**
Salles, Walter 169, 172, **191**
Sallie Gardner at a Gallop (1878) **10**
Samstagnacht bis Sonntagmorgen (1960) 166, **166**
Sands, Julian **202**
Sanjinés, Jorge 168, 169
Sant, Gus van 156, 190, **190**, 201
Santis, Giuseppe de **121**
Sarno, Joseph W. 177
Sarris, Andrew 155, **155**, 161
Satanas – Das Schloss der blutigen Bestie (1964) **111**
Satrapi, Marjane **116**
Schenstrom, Carl 49
Schloss des Schreckens (1961) **65**
Schneewittchen und die sieben Zwerge (1937) 117, 185
Schneider, Maria **176**
Die Schöne und das Biest (1991) 117, 206
Schreie und Flüstern (1973) 22, **23**, 137
Schüfftan-Prozess 44, 118
Schuhputzer (1946) 25, 67
Schulberg, Budd 128
Der schwarze Falke (1956) **158**, 159
Die Schwarze Liste 56, 126, 128 f.
Das Schweigen der Lämmer (1991) 25, 2001
Scorsese, Martin **45**, 73, 82, **124**, 145, 162
Scott, Ridley 138, 143, 206
Scream, Filmserie 186
Scrooge (1901) 98
The Second in Command (1915) 26
Sedgwick, Edward **47**
Der Seeräuber (1926) 137
Selig Polyscope 35, 54, 182
Selpin, Herbert 103
Selznick, David O. **55**, 181
Sennett, Mack 28, **29**, 49, 50
Serna, Rodrigo de la **172**
Serien 46, 47, 47, 53, 109
Sex, Lügen und Video (1989) 194, **195**
Shaft (1971) 174, **174**
Shanghai Express (1932) **87**
Shields, Brooke 67
Shirin (2008) **158**, 159
Shub, Esther 100
Sica, Vittorio de 25, 67, 87
Sicherheitsfilm 134, 149, 150, 197
Sie küssten und sie schlugen ihn (1959) 22, **22**, 67, 74
Sight & Sound, Zeitschrift **68**, 68 f., 155, 166
Sin City (2005) 126, 206
Siodmak, Robert 122
Sirk, Douglas 63, **63**
Sjöström, Victor 22, 109, 160
Slapstick 19, 21, 28, 44, **48**, 49, 50, 88, 112, 114, 117, 185
Slumdog Millionaire (2008) 122, **123**, 205
Smith, George Albert 21, **21**, 25, 28
Smith, Harry Everett 138
Snakes on a Plane (2006) 145, 197
Soderbergh, Steven 194, **195**, 198
Der Sohn des Scheichs (1926) 189, **189**
Sokurow, Alexander 82, **83**, 205, **205**
Solanas, Fernando 169
Solntsewa, Julia **86**, 100
The Song of Songs (1933) 26
La Sortie des Usines Lumière (1895) 15
Sozialrealismus, 84, 87, 104, 166
Spacek, Sissy **32**
Spartacus (1960) 96, **97**
Spezialeffekte 16, 19, 37, 72, 118, 182 f., 206 siehe auch In-Kamera-Effekte
Spider-Man, Filmserie (2002–07) **188**, 189
Spielberg, Steven 47, 95, **95**, 114, 133, 181, 197
Spielfilm 8 f., 81, 130, 137, 143, 194
Spiel mir das Lied vom Tod (1968) **20**, **62**
Die Spielregel (1939) 106
Die Spitzenklöpplerin (1977) **166**
Die Spur des Falken (1941) 126
Stadt ohne Maske (1948) 125
Stagecoach (1939) 50, 51
Staiola, Enzo 87, **120**
Stanton, Harry Dean **172**
Star Trek, Filmserie 112, 132
Star Wars, Filmserie 22, 28, 47, 112, **180**, 181, 205, 206, **206**
Starewicz, Ladislaw 117
Starfight (1984) 206
Starsystem 53, 87, 177
Steadicam 182, 205
Steiner, Max 95
Sternberg, Josef von 150, 160

Stewart, James **32**, 53, **170**
Stiller, Mauritz 109
Stone, Oliver 84, 194
Stop-Motion, 44, **74**, 117 f., 118
Stranger Than Paradise (1984) 173, **198**
Streik (1925) 84, 87
Stroheim, Erich von 38, **38**, 137, 143, 160
Studio Ghibli, Animestudio 116
Studiosystem 7, 37, 54, 59, 60, 67, 68, 82, 128 f., 146, 160, 198
Stunts und Stuntmen 47, 50, **51**, 206
Sturges, Preston 122
Sturm über Asien (1928) 84
Stürmische Höhen (1939) 156
Subjektive Kamera 21, **24**, 25, 26
Suleiman, Elia 168
Super Fly (1972) 174, **175**
Superman (1978) 47, 64
Surrealismus 19, 81, 88, 122
Sweet Sweetback's Baadasssss Song (1974) 174
Swoon (1992) 201
Syberberg, Hans-Jürgen 203
Synchronisierung 92, 96, **97**
Švankmajer, Jan 88, 117, 118

Der Tag bricht an (1939) 106
Tagebuch eines Landpfarrers (1951) **125**
Tait, Charles 38
Tally, Thomas 34
Tarantino, Quentin 82, 111, 122, **122**, 145, **149**, 174, 197
Tarkovski, Andrei 82, **83**
Tarzan, Filmserie (1932–48) 44, 112, **113**
Tati, Jacques 49, 93, 156
Tatis herrliche Zeiten (1967) **156**
Tatort Hauptbahnhof Kairo (1958) 121
Taxi Driver (1976) **124**, 174
Taylor, William Desmond 53
Technicolor 74, 137, 149, 210
Teeniefilme 110, 111, 125, 185, 186
Temple, Shirley **66**, 67, 182, 185
Terminator 2 – Tag der Abrechnung (1991) 206
Terrytoons, Animationsstudio 117
Tezuka, Osamu 117, 208
Thalberg, Irving G. 57
That Fatal Sneeze (1907) 18
Théatre Optique 11, 12, 117, 197
Thomas Crown ist nicht zu fassen (1968) 74
Tiger & Dragon (2000) **140**
Tigris (1913) 25
The Time That Remains (2009) 168
Titanic (1997) 122, 207
Der Tod hat schwarze Krallen (1957) **144**, 145
Tod in Venedig (1971) 64
Toland, Gregg 156, 170
Tom Jones (1963) 125, 166
Tom und Jerry, Filmserie (1940–67) 49, 117
Ton 92 f., 95, 100, 114
Tornatore, Giuseppe **67**
Toth, André de 138, **138**
Trailer 146, 147
Tran Anh Hung 168, 169
Traum ohne Ende (1945) 114
Träume zu verkaufen (1947) 88
Trauner, Alexandre 106, 109
Trickfilm 18, 19, 35, 38, 44 siehe auch Animation
Trier, Lars von **109**, 162, **162**, **163**, 177, **177**
The Trip (1967) **144**, 145
Triumph des Willens (1935) **105**
Trnka, Jiří 117, 118
Tron (1982) und *TRON: Legacy* (2010) 206
Trotta, Margarethe von 179
Truffaut, François 22, **22**, 43, 67, 74, 84, 95, 106, 112, 125, 140, **154**, 160 f., **161**, **163**, 166
Trumbo, Dalton 128
Tscherkassow, Nikolai 143
Turner, Otis **98**
Turpin, Ben 49, **114**
Turturro, John **42**
Tuttle, Frank 22
Twentieth Century-Fox 40, 56, 59, 60, 73, 100, **101**, 112, 114, 134
Twin Peaks – Der Film (1992) 93
Typisierung 86, 87

Umleitung (1945) 125, 173
Das unfertige Fertighaus (1928) **48**
United Artists 35, 59, 60, 198
Universal Studios 56, 59 f., 63, 67, 73, 110, 146, 181
Die Unmenschliche (1924) **80**, 81

Der unmoralische Mr. Teas (1959) 177
Der Unsichtbare (1933) 74
Unter den Dächern von Paris (1930) 108
Untertitel 8, 92, 98 f.
The Untouchables – Die Unbestechlichen (1987) **85**
US-Independentfilme 35, 54, 59, 76, 122, 198, 205

Der Vagabund und das Kind (1921) 67
Valentino, Rudolph 189
Vanderbeek, Stan 91
Varda, Agnès 25, 106, **197**
Varieté (1925) 22
Die Verachtung (1963) 140
Die verborgene Festung (1958) 22
Verbotene Spiele (1952) 67
Das Verbrechen des Herrn Lange (1935) 106
Verdacht (1941) 76
Verfolgungsjagd 28, **29**, 30, 44, 47, 49, 50, **51**, 159, 173
Die verlorene Welt (1925) **74**, 75, 118
Das verlorene Wochenende (1945) 126
Vertigo (1958) 170, **170**
Video 91, 194, 195
Vidor, King 134, 179
Vietnam! Vietnam! (1971) 104
Vigo, Jean 88, **89**, 106, **106**
Visconti, Luchino 64, **65**, 87, 121, 140
Die Vögel (1963) 21, **147**
Vom Winde verweht (1939) 38, **39**, 50, **54**, 137, 174

Wallace & Gromit, Filmserie 117, 118, **118**
Warhol, Andy 91, 138
Warner Brothers 35, 40, 60, 73, 92, 109, 117
Warner, Jack L. 56, 128
Wasser hat Balken (1898) 51
We Are the Lambeth Boys (1959) 167
Weber, Lois 178
Weir, Peter 22
Das weiße Band (2009) 73, **73**
Der weiße Hai (1975) 95, **95**, 181, 189
Weissmuller, Johnny 113
Welles, Orson 22, 25, **26**, 37, 78, 93, 96, 122, 125, 156, 162, 182
Wellman, William 134
Wenders, Wim 172, 173, 194
Wenn es Nacht wird in Manhattan (1970) 174
White Material (2009) **175**
White, Pearl 46, **47**, 50
Whitney, John 91, 206
Wie ein wilder Stier (1980) **45**, **131**
Wiene, Robert 78
The Wild Bunch – Sie kannten kein Gesetz (1969) 85
Der Wilde (1953) 186
Wilde Erdbeeren (1957) 173
Wilder, Billy 122, 125, 126
Williams, Frank 74
Williams, John 95, **95**
Wishman, Doris 177
Wochenschauen 16, 100, 104, 114, 133, 165
Wong Kar-Wai 136, 137, 189
Wong, Anna May 87
Der Wundermann (1954) 74
Wyler, William 141, 143, 156, 157

Xich lo (1995) 168

Yamanaka, Sadao 103
Yawar mallku (1969) **168**
Yeung, Charlie 189
Yidl mitn Fidl (1936) 198
Yol – Der Weg (1982) 102
Young, Sean 76

Zanuck, Darryl F. 56
Der Zauberer von Oz (1939) **66**, 73, 137, **137**
Die zehn Gebote (1956) 74, **74**, 143
Zeichentrickfilme 49, 59, 64, 88, 95, 110, 112, 114, 117, 133, 185 siehe auch Animation
Zelluloid 8, 12, 15, 38, 149
Zensur 13, 16, 59, 70, 103, **144**, 177, 197, 201
Zhang Yimou 50, 82
Zidane – Ein Porträt im 21. Jahrhundert (2006) 194
Zigomar (1911) 112
Zimmer mit Aussicht (1985) 202
Zinneman, Fred 128
Zoom 22, 44, 74, 170, 171
Zukor, Adolph 35, 37, 38, 54, 56, 59
2001: Odyssee im Weltraum (1968) 33, **33**, 44
Die 42. Straße (1933) **27**
Zwischentitel 22, 98, **98**, 122
Zwölf Uhr mittags (1952) 128, **128**

Bildnachweis

Der Herausgeber hat sich bemüht, alle Rechteinhaber ausfindig zu machen. Sollte dies in einem Einzelfall nicht gelungen sein, bittet der Verlag um Nachricht.

The Kobal Collection: S. 13 Das Innere von Thomas Edisons Kinetoskop; S. 16 *L'Arrivée d'un train en Gare de La Ciotat*, Louis Lumière; S. 17 *Meine Lieder, meine Träume*, Paramount; S. 20 *Spiel mir das Lied vom Tod*, Paramount/Rafran; S. 21 *Grandma's Reading Glass*; S. 25 *Die Dame im See*, MGM; S. 27 *Der Ghostwriter*, RP Films; *Die 42. Straße*, Warner Bros;S. 28 Keystone Kops, Keystone Film Company; S. 29 *Charlie staubt Millionen ab*, Paramount; *Jäger des verlorenen Schatzes*, Lucasfilm Ltd/Paramount; S. 34 Nickelodeon; S. 35 Hale's Tours; S. 38 *Die Geschichte der Kelly-Bande*, J&N Tait/Johnson and Gibson; S. 43 Boris Karloff, Universal; S. 44 *Der dritte Mann*, London Films; *Der Herr der Ringe*, New Line/Saul Zaentz/Wing Nut; S. 47 *Fantomas*, Gaumont; S. 48 *Das unfertige Fertighaus*, Hal Roach/MGM; S. 49 *Duck-Soup*-Poster, Paramount; *Austin Powers – Das Schärfste, was Ihre Majestät zu bieten hat*, New Line; S. 50 *Hero*, Beijing New Picture/Elite Group; S. 52 *Movie Stars Parade*; S. 53 *Devdas*, Damfx; S. 54 *Vom Winde verweht*, Selznick/MGM; S. 57 *The-Last-Tycoon*-Poster, Paramount; S. 58 *Cleopatra*, Twentieth Century-Fox; S. 61 Paramount Pictures Bronson Gate, Paramount; S. 62 *Spiel mir das Lied vom Tod*, Paramount/Rafran; S. 63 *All-That-Heaven-Allows*-Poster, Universal; S. 66 *Der Zauberer von Oz*, MGM; S. 72 *Pleasantville*, New Line; S. 73 *Irrtum im Jenseits*, Fox Films; S. 74 *Die verlorene Welt*, First National; *Die Zehn Gebote*, Paramount; S. 75 *Mary Poppins*, Walt Disney Pictures; S. 77 *No Country for Old Men*, Paramount/Miramax; S. 78 *Batman*, Warner Bros./DC Comics; S. 80 *Die Unmenschliche*, Cinégraphic-Paris; S. 80 *Finis terrae*, Société Générale de Films; S. 81 *Eldorado*, Gaumont Serie Pax; S. 83 *Iwans Kindheit*, Mosfilm; *Mutter und Sohn*, Sverny Fond/O-Film; S. 85 *The Wild Bunch – Sie kannten kein Gesetz*, Warner 7 Arts; S. 86 *Erde*, Vufku-Kino-Ukrain/Amkino; S. 86 *Cleaner*, Nu Image/Anonymous Content; S. 87 *Die Mutter*, Mehzrabpom, Moskau; S. 87 *Shanghai Express*, Paramount; S. 89 *Betragen ungenügend*, Jacques-Louis Nounez/Gaumont; *Fear-and-Loathing-in-Las-Vegas-Poster*, Universal; S. 92 *The-Jazz-Singer*-Poster, Warner Bros.; S. 93 *Twin Peaks – Der Film*, Lynch-Frost/CIBY 2000; S. 94 Anton Karas spielt die Musik zu *Der dritte Mann*, London Films; S. 95 *Der-Weiße-Hai*-Poster, Universal; Steven Spielberg und John Williams, Universal; S. 96 *Don Juan*, Warner Bros; S. 97 *My Fair Lady*, Warner Bros.; *Spartacus*, Bryna/Universal; S. 100 Das Filmteam von Pathé News, Pathé; S. 101 Ein Fahrzeug der Fox Movietone News; *Kinoglaz*-Poster; S. 102 *Yol – Der Weg*, Guney Film/Cactus Film; S. 105 *Triumph des Willens*; S. 106 *L'Atalante*, Nounez/Gaumont; S. 108 *Unter den Dächern von Paris*, Tobis; *Messalina*; S. 109 *Dogville*, Zentropa Entertainment; S. 110 *Lèvres-de-Sang*-Poster, Nordia Film; S. 111 *Satanas – Das Schloss der blutigen Bestie*, A.I.P.; S. 112 *The-Thin-Man*-Poster, MGM; S. 113 *Tarzan*, MGM; S. 114 *Charlie gegen alle*, Essanay; S. 115 *Paris, je t'aime*, Victoires International/Canal+; S. 116 *Persepolis*, 2.4.7. Films; *Chihiros Reise ins Zauberland*, Studio Ghibli; S. 119 *Der Fantastische Mr. Fox*, Twentieth Century-Fox Film; S. 120 *Fahrraddiebe*, Produzione De Sica; S. 121 *Rom – Offene Stadt*, Excelsa/Mayer-Burstyn; *Riso-Amaro*-Poster, Lux/De Laurentiis; S. 122 *Reservoir Dogs*, Live Entertainment; S. 123 *Slumdog Millionaire*, Film 4/Celador Films/Pathé International; *Letztes Jahr in Marienbad*, Terra/Tamara/Cormoran/Georges Pierre; S. 124 *Taxi Driver*, Columbia; S. 125 *Tagebuch eines Landpfarrers*, U.G.C; *Frau ohne Gewissen*, Paramount; S. 128 *Zwölf Uhr mittags*, Stanley Kramer/United Artists; S. 129 Die Hollywood Ten; S. 132 *Star Trek*, Paramount Television; S. 133 Lucille Ball, CBS-TV; S. 135 *Das Gewand*, Twentieth Century-Fox; S. 139 Zuschauer mit 3-D-Brillen; S. 141 *Ein Herz und eine Krone*, Paramount; S. 143 *Iwan, der Schreckliche*, Mosfilm; S. 144 *I-Was-a-Teenage Werewolf*-Poster, A.I.P.; *The-Trip*-Poster, A.I.P.; S. 145 *Snakes on a Plane*, New Line/James Dittiger; S. 147 Alfred Hitchcock, Universal; S. 153 Brigitte Bardot beim Festival de Cannes 1953, Bob Hawkins; S. 156 *Tatis herrliche Zeiten*, Specta; S. 157 *An einem Tag wie jeder andere*, Paramount; S. 158 *Shirin*, BFI; S. 158 *Der schwarze Falke*, Warner Bros.; S. 160, *A-bout-de-souffle*-Poster, SNC; Anna Karina und Jean-Luc Godard, Georges Pierre; S. 164 *Nanuk, der Eskimo*, Flaherty; S. 165 *Bowling for Columbine*, Alliance Atlantis/Dog Eat Dog/United Broadcasting; S. 166 *Samstagnacht bis Sonntagmorgen*, Woodfall/British Lion; S. 167 *We Are the Lambeth Boys*, Graphic Film; S. 168 Cyclo; *The Time That Remains*, Canal+; Antonio das Mortes, Glauber Rocha/Mapa; S. 169 *Die Kuh*, Iranian Ministry of Culture; S. 172 *Die Reise des jungen Che*, Film Four/South Fork/Senator Film; S. 173 *Es geschah in einer Nacht*, Columbia; S. 174 *Shaft*, MGM; S. 175 *Super-Fly*-Poster, Warner Bros.; S. 176 *Der letzte Tango in Paris*, Pea; S. 177 *Idioten*, Zentropa Entertainments; S. 179 *White Material*, Canal+; S. 180 *Krieg der Sterne*, Lucasfilm/Twentieth Century-Fox; *Der Pate*, Paramount; S. 181 *Duell in der Sonne*, Selznick/RKO/Lacy, Madison; S. 182 Jack Pierce und Boris Karloff, Universal; S. 183 *Nosferatu*, Gaumont; Max Factor und Clara Bow, Culver; S. 186 *Love Finds Andy Hardy*, MGM; S. 187 *... denn sie wissen nicht, was sie tun*, Warner Bros.; S. 188 *Spider-Man*, Marvel/Sony Pictures; S. 189 *Der Sohn des Scheichs*, United Artists; *Fallen Angels*, Jet Tone Productions; S. 190 *Psycho* (1998), Universal; *Psycho* (1960), Paramount; S. 191 *Funny-Games*-Poster (1997), Vega Film; *Funny-Games*-Poster (2007), Dreamachine; S. 194 f. *Zidane – Ein Porträt im 21. Jahrhundert*, Canal+; *Das Geheimnis von Oberwald*, RAI; S. 198 *Stranger Than Paradise*, Cinethesia-Grokenberger/ZDF; *Yidl mitn Fidl*, Green-Film; S. 199 *Blair Witch Project*, Artisan Films; S. 200 *La mala educación*, Canal+/TVE; Hamam, Sorpasso Film; S. 201 *Mädchen in Uniform*, Deutsche Film/Limot; S. 202 *Zimmer mit Aussicht*, Merchant Ivory/Goldcrest; S. 203 *Jean de Florette*, Renn-Films/A2/RAI2; S. 205 *Russian Ark – Eine einzigartige Zeitreise durch die Eremitage*, For a Film/Hermitage Bridge Studio; S. 206 Yoda, Lucasfilm/Twentieth Century-Fox; S. 207 *Titanic*, Twentieth Century-Fox/Paramount.

The Ronald Grant Archive: S. 2 *Cinema Paradiso*, Cristaldi Film; S. 12 Kinetoskop-Strichzeichnung; S. 13 Black Maria; S. 15 *L'Arroseur arrosé*, Lumière; S. 31 *Memento*, Newmarket Capital Group; S. 32 *Das Fenster zum Hof*, Paramount Pictures; S. 32 *Carrie*, Twentieth Century-Fox Corporation; S. 36 *Intolerance*; S. 39 *Vom Winde verweht*, Selznick/MGM Pictures; S. 42 *Barton Fink*, Working Title Films; S. 45 *Wie ein wilder Stier*, MGM Pictures; S. 46 *Pauline, lass das Küssen sein*; S. 47 *Flash Gordon's Trip to Mars*, Universal Pictures; S. 48 Charles Chaplin und Max Linder; S. 51 *Wasser hat Balken*; S. 53 *Rinty-of-the-Desert-Poster*; S. 55 Hollywood-Schriftzug; S. 56 Darryl F. Zanuck; S. 58 Warner-Bros.-Logo; S. 58 Universal-Logo; S. 58 Paramount-Logo; S. 59 Columbia-Logo; S. 59 MGM-Logo; S. 59 Twentieth-Century-Fox-Logo; S. 60 Luftaufnahme der RKO und Paramount Studios; S. 65 *Der Leopard*, *Titanus*; S. 67 *Cinema Paradiso*, Cristaldi Film; S. 71 Marlon Brando; S. 76 *Blade Runner*, Warner Bros.; S. 76 *Verdacht*, Warner Bros.; S. 79 *Das-Cabinet-des-Dr.-Caligari*-Poster; S. 82 *Rote Laterne*, Era International; S. 84 *Panzerkreuzer Potemkin*; S. 97 *King Kong*; S. 98 *Robinson-Crusoe*-Zwischentitel; S. 100 Pathé-News-Logo; S. 104 *The-Birth-of-a-Nation*-Poster; S. 106 *Am Ende eines langen Tages*, BFI; S. 110 *Cat-People-Poster*; S. 113 *Harry Potter und der Stein der Weisen*, Warner Bros.; S. 115 *The Music Box*, Hal Roach/MGM; S. 117 *Oskar, die Supermaus*, Twentieth Century-Fox Corporation; S. 126 *Der eiskalte Engel*, Compagnie Industrielle et Commerciale Cinématographique (CICC); S. 130 *Endstation Sehnsucht*, Warner Bros.; S. 130 *Mädchenlos*; S. 131 *Wie ein wilder Stier*, MGM Pictures; S. 138 *House-of-Wax*-Poster; S. 139 *Avatar*, Twentieth Century-Fox Corporation; S. 142 *Ben Hur*, MGM; S. 143 *Mother-India*-Poster; S. 161 *Die amerikanische Nacht*, Les Films du Carrosse; S. 166 *Die Spitzenklöpplerin*, Action Films; S. 174 *Jackie Brown*, Miramax Films; S. 178 Dorothy Arzner; S. 185 *Die kleinen Strolche*; S. 186 *Der Frühstücksclub*, Universal Pictures; S. 187 *New Moon – Biss zur Mittagsstunde*, Summit Entertainment; S. 191 *Honogurai mizu no soko kara* (2005), Touchstone Pictures; *Honogurai mizu no soko kara* (2002), Toho Company.

BFI Stills Collection: S. 19 *The '?' Motorist*; *Die Reise zum Mond*; S. 20 *Johanna von Orléans*, Artificial Eye; S. 24 *En la ciudad de Sylvia*, Eddie Saeta S. A.; S. 38 *Gier*, MGM Pictures; S. 51 *Höllenfahrt nach Santa Fé*, Warner Bros.; S. 57 Louis B. Mayer und MGM-Stars, MGM Pictures; S. 65 *Schloss des Schreckens*, Twentieth Century-Fox Corporation; S. 66 *The-Poor-Little-Rich-Girl*-Poster; S. 68 *Sight and Sound*, Bd. 18, Heft 9; S. 73 *Irrtum im Jenseits*, Columbia Picture Industries; S. 73 *Das weiße Band*, X-Filme Creative Pool; S. 74 *Die Zehn Gebote*, Paramount Pictures; S. 78 *Dracula*, Universal Pictures; S. 86 *Erde*, Mosfilm; S. 88 *Ein andalusischer Hund*, Contemporary Films; S. 90 *Meshes of the Afternoon*; S. 92 *Dr. Jekyll und Mr. Hyde*, Paramount Pictures; S. 102 *Geächtet*, RKO/George Hurrell; S. 107 *Hafen im Nebel*, Studio Canal; S. 117 *Die Abenteuer des Prinzen Achmed*; S. 118 *Wallace & Gromit – Auf der Jagd nach dem Riesenkaninchen*, Aardman Animations; S. 119 *Metropolis*; S. 127 *Geheimring 99*, Allied Artists Pictures Corporation/Security Pictures Inc./Theodora Productions; S. 134 f. *Das Gewand*; S. 135 BFI IMAX; S. 136 *In the Mood for Love*, Block 2 Pictures/Jet Tone Productions; S. 136 *Die Regenschirme von Cherbourg*, Parc Film/Madeleine Films/Beta Film; S. 137 *Der Zauberer von Oz*, MGM Pictures; S. 140 *Tiger & Dragon*, Good Machine International; S. 149 *Decasia*; S. 154 *Cahiers du Cinéma*, Nr. 31; S. 156 *Die rote Wüste*, Film Duemila/Federiz/Francoriz Productions; S. 159 *Augen der Angst*, Michael Powell (Theatre); S. 162 Lars von Trier; S. 163 *Antichrist*, Zentropa Entertainments; S. 163 *Jules und Jim*, Les Films du Carrosse; S. 171 *Easy Rider*, Columbia Pictures; S. 172 *Paris, Texas*, Road Movies Film Produktion; S. 173 *Das Lied der Straße*, Ponti-De Laurentiis Cinematografica; S. 177 *Im Reich der Sinne*, Oshima Productions; S. 184 *Der rote Ballon*, Films Montsouris; S. 203 *Babettes Fest*, Panorama Film A/S; S. 204 *Collateral*, Paramount Pictures; S. 205 *Russian Ark – Eine einzigartige Zeitreise durch die Eremitage*, Fora Film/Hermitage Bridge Studio; S. 206 *Die Lady und der Herzog*, Pathé Image/Compagnie Eric Rohmer.

The Bill Douglas Centre: S. 8 Emaillierte Laterna magica mit Einfachlinse; S. 9 Glasdias zu Originalzeichnungen für *Alice im Wunderland*; S. 11 Phenakistoskop und Disque Magiques, Musée-Grevin-Poster; S. 14 Cinématographe-Lumière-Poster; *L'Arroseur-arose*-Poster; S. 34 Mabel Normand; S. 37 *Les amours de la reine Élisabeth*-Plakat; S. 40 Odeon-Orgel; S. 185 *The-Super-Saturday-Show*-Geburtstagskarte.

akg-images: S. 71 Verleihung der 26. Academy Awards.

Alexander Ballinger: S. 68 *Cahiers du Cinéma* Nr. 180; *Première* Nr. 318; S. 155 *The American Cinema*, Buchcover, mit besonderem Dank an Derek Kendall.

Artificial Eye: S. 103 *Copie Conforme*.

Bloomsbury Publishing: S. 64 J. K. Rowling, *Harry Potter und der Stein der Weisen*, Titelbild, mit Dank an Bloomsbury Publishing, The Christopher Little Literary Agency und Derek Kendall.

Chicago Architectural Photographing Company Collection, The Theatre Historical Society of America: S. 41 Paradise-Kino, Chicago.

The Cinema Store (www.thecinemastore.co.ukn): S. 69 Filmzeitschriften, mit Dank an Graham, The Cinema Store und Derek Kendall.

The Cinema Theatre Association: S. 192 Warner Multiplex, Preston, Cinema Theatre Association-Archiv.

Cinémathèque Française: S. 150 Claude Chabrol und Jean-Luc Godard; S. 151 Außenansicht der Cinémathèque Française.

David Parkinson: S. 147 Zigarettenbilder.

Empire Magazine: Cover des *Empire Magazins*, Juni 2010, mit Dank an Ian Freer.

The Estate of Stan Brakhage and Fred Camper (www.fredcamper.com): S. 91 *Mothlight*.

The Kinepolis Group: S. 193 Kinepolis, Brüssel.

Ocho y Medio (www.ochoymedio.com): S. 68 CineArte, Nr. 11; *Cahiers du Cinéma* Nr. 41, mit Dank an Jesus Robles.

Reel Poster Gallery (www.reelposter.com): S. 63 *Psycho*-Poster (1960); S. 152 Plakat für das Festival de Cannes 1953.

Screengrabs: S. 16 *Der wunderbare Flimmerkasten*, mit besonderem Dank an Festival Film Production; S. 18 *That Fatal Sneeze*, mit besonderem Dank an Hepworth; S. 22 *Sie küssten und sie schlugen ihn*, mit besonderem Dank an Les Films du Carrosse; S. 23 *Schreie und Flüstern*, mit besonderem Dank an Cinematograph AB/Svenska Filminstitutet; *Die 39 Stufen*, mit besonderem Dank an Gaumont British Picture Corporation; S. 26 *Im Zeichen des Bösen*, mit besonderem Dank an Universal International Pictures; S. 30 *Rescued by Rover*, mit besonderem Dank an Hepworth; S. 33 *2001: Odyssee im Weltraum*, mit besonderem Dank an MGM; S. 39 *Berlin Alexanderplatz*, mit besonderem Dank an Bavaria Media GMBH; S. 85 *The Untouchables – Die Unbestechlichen*, mit besonderem Dank an Paramount Pictures Corporation; S. 99 *Letters from Iwo Jima*, mit besonderem Dank an Warner Bros.; S. 146 *Pépé le Moko*, mit besonderem Dank an Studio Canal; S. 148 *Persona*, mit besonderem Dank an Svensk Filmindustri; S. 149 *Inglourious Basterds*, mit besonderem Dank an Universal; S. 165 *Grey Gardens*, mit besonderem Dank an Maysles Films Inc.; S. 170 *Vertigo*, mit besonderem Dank an Universal Studios; S. 171 *Barry Lyndon*, mit besonderem Dank an Warner Bros.; 195 *Sex, Lügen und Video*, mit besonderem Dank an Outlaw Productions (I)/Virgin; S. 196 *Fanny und Alexander*, mit besonderem Dank an AB/Svenska Filminstitutet; S. 197 *Jacquot de Nantes*, mit besonderem Dank an Canal+.

Impressum

© 2012 der deutschen Ausgabe
DuMont Buchverlag, Köln
Alle Rechte vorbehalten

Die Originalausgabe erscheint bei
Laurence King Publishing Ltd., London
© 2012 für den Text David Parkinson

Grafik
Two Sheds Design

Bildredaktion
Alexander Ballinger

Redaktion
Sophie Wise

Deutsche Ausgabe

Verlagskoordination
Susanne Philippi

Übersetzung
Sofia Blind

Lektorat
Jutta Krautscheid

Satz und Umbruch
Silke Rieks

Umschlaggestaltung
Uwe Koch

www.dumont-buchverlag.de

ISBN 978-3-8321-9420-8

Printed in China

Dank

Meine Beteiligung an diesem Buch ist ganz und gar Alexander Ballinger zu verdanken. Wir planten, es zusammen zu schreiben, aber nachdem wir gemeinsam eine Liste von Schlagworten erarbeitet hatten, war Alex gezwungen, sich zurückzuziehen. Nur wenige können sich mit seinen Kenntnissen und seinem Enthusiasmus zum Thema Kino messen, und er hat mir weiterhin Ansporn und Einsichten geliefert und außerdem großartige Recherchearbeit für die Abbildungen geleistet.

Ich schulde auch Philip Cooper und Sophie Wise großen Dank, die das Projekt erarbeitet beziehungsweise lektoriert haben, mit Unterstützung von Robert Shore und Jon Allan.

Ich möchte auch die Gelegenheit nutzen, allen bei *Empire* und *Radio Times* zu danken, die mir weiterhin bezahlte Beschäftigung boten, während ich an dem Manuskript arbeitete. Außerdem danke ich meiner Familie in Merseyside, Marie Wright, Mike Nottage, Kim Thompson, Nick Dawson, Anna Lea, Adam Smith, Justin Hopper, Graeme Hobbs, Moira Rhodes, Jason Freeman, Judith Paskin, Chris Chambers, Abigail Ballinger, Andrew Lockett und Laura Morris, die mich oder meinen Laptop ständig in Schwung hielt.

Am meisten aber schulde ich Siobhan Lancaster – sie weiß warum.

David Parkinson